KB059712

교육의 미래
티칭이 아니라 코칭이다

교육의 미래

티칭이 아니라
코칭이다

폴 김 · 함돈균 지음

세종

질문으로 자라는 아이

로봇과 AI가 발달해서 평범한 사람들의 일자리를 대체하는 세상에서 우리는 어떻게 아이들을 교육해야 할까요? 밖은 점점 복잡해지고 우리의 마음은 조급해집니다. 때로는 부모 된 입장에서 더 나은 교육 환경을 제공하지 못하는 것 같아 마음 아프고, 사회와 학교를 원망하기도 합니다.

 tvN 시프트 제작진으로부터 미래 교육 관련 프로그램에 출연 요청을 받았을 때, 저는 두바이에서 신개념의 혁신 인큐베이터 국립대학교를 디자인하는 프로젝터를 맡아서 진행하고 있었습니다. 두바이뿐 아니라, 세계 여러 나라에서도 이미 도래한 4차 산업혁명의 시대에 맞추어 교육분야를 포함한 사회 전반적인 분야에서 변화와 혁신을 발 빠르게 추구하고 있습니다. 저와 같은 교육공학자는 미래 교육을 디자인하고, 여러 나라 정부와 국제기구, 그리고 많은 교육단체 및 글로벌 기업들과 다양한 교육 혁신 프로젝트들을 진행하고 있습니다. 제가 여러 나라에서 교육 혁신 프로젝트를 추진하면서 가장 안타깝게 질문하는 것은, 대한민국의 교육혁신은 과연 언제쯤 시작할까 하는 것이었습니다.

저는 고등학교까지 한국에 다니면서 하위 1%의 학생으로 살았습니다. 한국 학교에서의 주입식 교육 방식, "학생은 따르면 된다"는 요구에 반항하다가 벌도 많이 섰습니다. 새로운 체제를 경험하기를 원해 왔던 저는 영어도 습득하고 대학에서 컴퓨터 공학을 공부하고 싶어서 부모님을 설득하여 미국으로 유학길을 떠나게 되었습니다. 처음에는 영어를 한 문장도 자신 있게 말하지 못했지만, 자동차 세차, 잡화점 그리고 중국 식당 점원 등등의 아르바이트를 하며 언어를 습득했습니다. 그리고 대학에 입학하여 처음으로 수강한 교양 수업인 음악감상 수업에서 만난 교수님의 감동적인 말씀과 코칭으로 일생일대 최초의 A를 받으며, 저의 인생은 180도 바뀌게 됩니다. 그리고 나도 할 수 있다는 자신감을 얻게 되었습니다.

감히 말씀드리지만, 저는 학교와 공부를 힘들어하는 대다수 아이들의 마음을 누구보다도 잘 알고 있습니다. 그리고 모든 학생들이 코칭만 잘해주면, 그들의 엄청난 잠재력을 끌어낼 수 있다고 봅니다.

이 책에서 저는 우리 아이들을 21세기 인재로 키울 수 있는 방법을 분석하고 소개해 한국식 '미래교육 지침서'를 제시하고 싶었습니다. 모두가 원하는 인재를 키워낼 수 있는 비밀이라고 말씀드릴 수 있는 건, 이 원칙들은 미국의 사립학교에서, 인도의 빈민촌에서, 심지어 멕시코의 전기도 없는 원주민 마을에서도 똑같이 적용됐고 통했기 때문입니다. 스스로 발견할 시간을 준다면, 아이들 마음속에서 질문이 자라납니다. 그 질문을 예단하지 마시고 무럭무럭 자라게 해주세요.

이제 교육은 지식을 전달하는 암기 위주 티칭이 아니라 배우는 한 사람 한 사람의 개성을 살펴봐주는 코칭으로 바뀌어야 합니다. 이제부터라도, 수동적 아이가 되는 티칭을 강요하지 마시고, 아이를 코칭해 보는 건 어떨까요? 아이들이 마음껏 질문하고 호기심을 갖도록 환경을 조성해 주세요.

부모가 질문을 귀찮아하면, 아이도 질문을 귀찮아합니다. 부모가 바뀌어야 아이가 바뀝니다.

아이가 바뀌어야 우리 사회가 바뀝니다. 아이가 마음껏 질문할 수 있는 환경, 그 속에서 미래의 인재는 자랍니다.

여러분의 아이와 더 나은 세상을 함께 만들고자 합니다.

2020년 1월

paul Kim

Contents

두 개의 모험 - 나는 왜 이런 대화를 기획하게 되었나

생각해보면 모험은 2012년 대선 직후에 시작되었다. 당시 난 두 권의 문학평론집을 낸 문학평론가였다. 신인 티를 벗고 문단에 이름을 겨우 알리는 정도는 되는 수준이었지만, 내가 쓰는 글은 대체로 한국문학 현장의 난제를 풀고 해석하는 일에 집중되어 있어, 글이 좀 어려운 편이었고 '전문 독자'들과 만나는 경우가 많은 형태의 글이었다고 해야 할 것이다. 대중 친화형 글을 쓰는 작가는 아니었다는 말이다. 작가들 중에는 나처럼 폭넓은 독자를 염두에 두지는 않지만, 존재 자체만으로도 의미를 갖는 영역의 글쓰기, 사유의 영역을 개척해야 한다고 믿는 사람들이 있다.

2012년 대선은 이런 종류의 생각과 삶의 활동 방식을 크게 바꿔놓는 계기가 되었다. 내가 당시 눈여겨본 것은 당선자가 누구였느냐 하는 문제보다도 여야가 거의 정확하게 반으로 쪼개진 지지율 상황이었다. 그 결과에서 내가 본 것은 두 가지이다. 첫째는 정확하게 반으로 쪼개진 한국 사회이다. 당시(지금도) 한국 사회의 분위기는 총 대신 투표용지를 든 '내전' 상황처럼 보였다. 통합적 가치는 찾아볼 수 없는 극심한 갈등과 상호 적대의 사회. 둘째, 이제 한국 사회는 어떤 정치·사회적 이슈를 놓고 투표를 해도 그 결과를 예상할 수 있는 사회가 되었다는 사실이다. 세대별, 지역별, 계층별 투표 성향을 상당히 정확히 예상할 수 있다는 것은, 이 사회가 실제 팩트나 근거를 놓고서 따져보고 생각한 뒤에 판단하는 사회가 아니라는 뜻이다. 난 이런 상황을 '사고의 자동화'가 지배하는 사회로 이해했고, '생각하지 않는' 사회의 위험한 증후로 읽었다.

나는, 이러한 증후에 직면하여 지금까지와는 조금 다른 노선의 길을 선택해야 할 인생의 시기가 왔다는 판단을 하게 되었다. 사고의 자동화, 근거 없는 예단, '생각'이 작동하지 않는 사회에서 보다 책임감 있는 실천을 해야겠다고 마음먹게 된 것이다. 내가 가장 잘할 수 있는 일은 늘 하던 영역에서 찾을 수밖에 없었다. 책상 위에서는 글쓰기였고, 강의실에서는 교육이었다. 나는 지금까지 내가 성실히 수행해왔다고 생각하는 이일을 확장하기로 마음먹었다. 나는 책상 위의 글쓰기–사유를 시민의 일상 속으로 확장하기 위한 새로운 종류의 인문적 글쓰기를 발명하고 실험해보기로 했다. 추상적이고 보편적인 사유도 일상의 처소에서 가볍고 구체적인 대상들을 통해 시작할 수 있고, 전문 지식이 많지 않고 특별한 생각 훈련을 받지 않은 생활인들도 깊이 있고 창조적인 생각을 할 수 있다는 것을 증명하고 싶었고, 그래서 그것에 도움을 주려는 목적의 '인문적 글쓰기'를 시작했다. 문학작품이 아니라 일상의 물건을 대상으로 한 '사물의 철학'이나 일상 시간을 주제로 한 '시간의 철학' 같은 연재를 시작하면서, 인문적 사유를 매개로 시민과 함께 생각의 과정을 조직하고 발상

법을 훈련시키는 글을 언론 매체 등에 연재하기 시작한 게 바로 그때이다. 다른 한편으로 나는 대학 강의실에 한정된 교육 현장을 바깥으로 확장하고 다양한 세대와 계층과 지역의 시민들과 만나 '생각하는 삶'에 관한 이야기를 나누고 훈련하기 위해 '실천적 생각발명그룹 시민행성'이라는 비영리 인문 조직의 창립을 선배·동료 인문학자·작가들에게 제안하고 함께 만들었다. 학제 단위로서의 '인문학' 강의가 아니라, '생각하는 삶'을 위한 성찰의 방법론이자 태도로서 '인문 정신'을 창의적으로 발명하고 공공성을 고취·확장하는 실천을 위한 선택이었고 새로운 운동의 시작이었다.

이러한 활동은 대학을 기반으로 한 전형적인 학문 연구자가 주로 시간을 보내는 방식인 논문 쓰기나 대학 강의도 아니고, 골방 속에서 외롭게 투쟁하는 문단의 작가와도 다른 형태의 사회적 실천으로 나아가는 계기였다. 크게 보면 이런 실천은 내 공부와 글쓰기가 기반하고 있는 인문적 사유·지식을 공공적 가치 지향으로 확장하고, 예술적 방법론을 결합한 새로운 인문 교육 프로그램과 '학교'의 기획·발명, 그 방법론으로 결합될 수 있는 사회 디자인에 관한 탐색·실천으로 요약된다. 그러니까 이런 실천은 대체로 어떤 확장의 방식으로 전개되고 있는데, 예컨대 문학을 인문학으로, 인문학은 인문 정신으로, 인문 정신은 예술과 과학기술에 대한 방법론적 이해와 융합에 관한 화두로, 인문의 영역은 교육의 영역으로, 학교교육은 시민교육으로, 교육 디자인은 사회 디자인의 영역으로 확장되는 식이다. 그 과정에서 '시민행성'이라는 인문 NGO도 만들게 되었고, 대학과 지자체가 함께 만드는 시민 학교 설계에 참여하기도 했고, 미술관에서 인문 예술 융합형 교육 프로그램을 디자인하기도 했으며, 지역의 작은 학교에 프로그램을 만들어 강의에 나서기도 했다. 공공 기관에서 시민과 인문 예술 교육전문가를 위한 프로그램 기획과 강의에 나서고도 있다.

이런 일들이 뚜렷한 성과를 발휘하고 있다고 자신할 수도 없으며, 부분적이고 파편적인 일의 성격도 적지 않아서 어떤 창조성으로 축적되고 있는지 회의가 들 때가 종종 있었다. 그러나 늘 다시 나 자신에게 확인하게 되는 것은 이러한 활동이 우리 시대의 진정성 있는 인문적 실천이자 교육적 실천, 창의적 사회 디자인의 한 모델이 되었으면 하는 간절한 바람이다. 나는 왜 이런 간절한 바람을 다시 확인하게 되었을까. 이 모든 프로그램을 관통하는 하나의 화두로서 '생각하는 시민'을 만드는 일이 우리 시대의 절박한 과제이자 한국 미래 교육의 핵심이 되어야 한다는 믿음 때문이다.

스탠퍼드 대학 최고기술경영자chief technology officer이자 교육 대학원 부학장assistant dean으로 있는 폴 김 Paul Kim 교수와의 이 긴 대화는 개인적 차원에서 보자면 지금까지 진행해온 몇 년간의 인문적·교육적 실천의 연속선상에서 이루어진 것이지만, 그 이상의 매우 특별한 의미를 지닐 뿐만 아니라 시간이 지날수록 예상하지 못한 비범한 인연으로 확대되어나가고 있다. 경위를 간단히 설명하면 이렇다. 2016년 봄과 여름 사이에 나는 소속 연구원(고려대 민족문화연구원)의 특별한 배려로 60일 동안 미국의 동부와 서부를 돌며 내 자유 선택에 의해 혼자 각종 인문 예술 교육기관이나 관련 인물들, 테크놀로지 혁신을 주도하고 있는 기업들을 방문하고 인터뷰하는 기회를 가지게 되었다. 일생을 통틀어서 가장 기억에 남고 흥분이 되었던 여행-출장으로 기억될 이 계기를 통해, 나는 많은 인터뷰 기록을 남겼고, 문명의 현시점을 큰 눈으로 돌아보며 깊고 새롭게 생각할 수 있는 아이디어들을 많이 메모할 수 있게 되었다. 그와 더불어 한국 사회를 상대적으로 보는 눈을 갖게 되면서 교육 혁신에 대한 평소 바람과 절박함은 훨씬 더 커졌다. 스탠퍼드 대학의 폴 김 교수는 그 당시 어려운 시간 스케줄을 맞추어 만나게 되었는데, 매우 진지하고 일관성 있으며 스케일이 크고 혁신적인 아이디어로 무장한 교육 실천가였다. 그때 우리는 고려대학교 민족문화연구원 인문학 웹진에 실을 두 시간 정도의 인터뷰를 하고 금세 헤어지게 되었는데, 그 이후 인연이 이어져 내가 2016년 연말에 캘리포니아로 날아가 이 긴 대화를 하게 된 것이다.

이 대화가 갖는 의미는 대화가 실린 본문을 통해 충분히 확인되겠지만, 대화에 초대되는 독자들의 편의를 위해 몇 가지 차원에서 인터뷰이 폴 김 교수의 각별한 이력을 미리 인식시켜드리고자 한다. 첫째, 이 대화의 핵심을 구성하는 인터뷰이 폴 김 교수는 미국뿐만 아니라 전 세계적으로도 톱클래스에 랭크한 스탠퍼드 대학 교수로 있으면서 교육 프로그램 디자인과 행정에 깊이 관여하고 있는 분인데, 한국인으로서는 매우 보기 드문 사례라고 할 수 있다. 스탠퍼드 대학의 실제 교육 방식을 프로그램 디자인과 행정 운영자의 관점에서 들어볼 수 있는 귀한 기회이다. 둘째, 폴 김 교수는 학부에서 컴퓨터 사이언스를 전공하고 대학원에서 교육학을 전공한 분이다. 그의 교육 방법론의 핵심이자 특이점은 테크놀로지-디바이스를 이용한 교육 혁신이라는 점에서 흥미를 끈다. 셋째, 폴 김 교수는 스탠퍼드 대학뿐만 아니라 전 세계 많은 대학과 중·고등학교 교육 프로젝트에 직간접적으로 관여함으로써 교육의 전체 계열을 이해하고 지구적 시야를 확보하고 있다는 점에서 매우 특별한 교육자다. 넷째, 폴 김 교수는 미국의 엘리트 대학뿐만 아니라 개발도상국, 극빈 국가, 분쟁 지역에서 놀랍기 이를 데 없는 '국경 없는 학교' 운동을 몸소 실천하고 있으며, 여기에 스탠퍼드의 공식 교육·수업 프로그램을 결합시키고 있고, '국경 없는 학교'를 위해 세계적인 NGO를 창립하고 직접 운영하고 있다. 엘리트 제도 교육과 비제도 교육, NGO에 모두 깊숙이 관여하는 이러한 교육 실천의 모델은 서양에서도 사례를 찾아보기가 쉽지 않다. 다섯째, 폴 김 교수는 그 자신이 엔지니어이며 세계에서 가장 많은 기업 창업이 이뤄지는 실리콘밸리 기반의 스탠퍼드에서 기술혁신소장으로 있으면서, 글로벌 혁신 기업 창업을 제도적으로 돕는 서포터이자 아이디어 멘토이다. 그의 이력은 이 대화가 교육 문제뿐만 아니라 기업과 사회 혁신을 위한 유용한 멘토링이 될 것이라는 사실을 암시한다.

이 대화는 지금까지 세계시민으로 살아온 한 교육·사회 혁신가의 놀라운 모험과 아이디어를 바탕으로 하고 있다. 한국에서 태어나 고등학교까지 나왔지만, 미국으로 건너가 대학 이후 성실한 세계시민이 된 그의 관점에서 한국의 교육은 여전히 안타까운 면이 있다. 한국말을 쓰는 사람이 제 땅에 갖고 있는 특별한 애정은 당연한 것이었다. 이 대화는 풍전등화와 같은 현재 한국 사회를 지켜보며 새로운 시간이 탄생하기를 간절히 바라는 한 세계시민의 강력한 의지로 성사될 수 있었다. 이 대화에 이 땅에서 살고 있는 나의 간절함이 또한 깃들어 있다는 것은 두말할 필요도 없을 것이다. 말하자면 이 대화는 새로운 시간을 기원하는 미국-국제 세계와 한국-이 땅의 두 모험이 만나 대화하는 것이라고 할 수도 있지 않을까. 폴 김 교수의 흥미진진한 모험을 독자들이 최대한 경험하게 하기 위해 가능한 한 나는 최선을 다해 질문을 하는 방식을 취했고, 그는 최선을 다해 대답하는 방식을 취했다. 대화로 충분치 않은 폴 선생님의 모험을 독자들이 공감하게 하기 위해 폴 선생님이 그동안 적어 놓은 메모 ―일기를 부록으로 붙였다. 폴 선생님의 필치로 따라가는 이 모험은 또다른 묘미를 선사할 것이다. 이 대화가 탁한 공기가 하늘을 뒤덮고 있는 한국 사회에 작지만 담대한 꿈과 맑은 영혼이 깃든 소생의 씨앗이 되기를 기원해본다.

　이런 대화가 애초에 가능할 수 있도록 미국으로의 특별한 출장을 주선해주신 고려대 민족문화연구원 조성택 원장님과 이형대 부원장님께 깊이 감사드린다. 이런 식의 출장 지원은 완강한 한국 대학 제도 내에서 사례를 찾기가 매우 힘들다. 또 연고가 없는 실리콘밸리와 스탠퍼드 대학을 연결해줌으로써 폴 김 교수와 인연을 맺게 해주신 삼성전자의 수석 디자이너 신영선 선생님과 김다휘 디자이너께 특별한 감사 말씀을 드린다. 한국에서 나와 함께 새로운 공동체를 위한 시간 모험에 참여하고 있는 '실천적 생각발명그룹 시민행성'의 동료 선생님들께도 고마운 마음을 전한다. 이 대화에 각별한 관심과 응원을 보내주신 아트센터 나비 노소영 관장님께도 감사의 말씀을 전한다. 이 기획의 선의를 이해하고 선뜻 출판을 허락해주신 세종서적 박숙정 대표님과 애써주신 강훈 편집장님 등 세종서적 직원 여러분들이 없었다면 이 책은 빛을 보기 힘들었을 것이다. 그 노고와 격려에 깊은 감사를 드린다.

2017년 새봄을 기다리며
함돈균

Chapter
1

혁신에 관하여

사회 진화를 위한 조건들

사회적 효율성, 표준, 시계 속도

함돈균   만나 뵙게 되어 반갑습니다. 한국에 통섭과 융합이라는 말이 사회와 기업과 교육 등에서 중요한 질문이 된 지 제법 되었습니다. 그래서 저명한 자연과학자와 인문학자가 만나 대화를 하는 책이 몇 년 전 출간되어 화제가 되기도 했는데요, 하지만 저처럼 젊은 문학평론가가 교육을 테마로 해서 미국의 엘리트 대학에서 학교 프로그램과 교육 테크놀로지를 디자인하는 교수님과 마주 앉아 이렇게 긴 대화를 나누고 이런 대화가 책으로 출간되는 일은 한국 출판계에서는 거의 처음이 아닌가 생각됩니다. 더욱이 폴 선생님은 스탠퍼드 대학은 물론이고 미국 내 여러 대학의 교육 테크놀로지·프로그램의 디자인, 대학행정 디자인, 스탠퍼드를 기반으로 한 벤처기업의 육성, 그렇게 해서 성장한 글로벌 기업과의 연계, '국경 없는 학교'로 표현될 수 있는 글로벌 교육 NGO의 창립과 활동, 세계 각지의 국가 교육 시스템–공공 기관이나 유엔–유네스코 산하의 교육 활동 등 매우 특이하고 다채로운 실천 이력을 가지고 계시지 않습니까. 어린이 교육부터 대학의 엘리트 교육, 국가 제도 교육부터 비영리단체NGO, 세계 각지의 개발도상국이나 분쟁 지역에서부터 미국의 최상위 계층 교육, 교육 경영부터 교사로서 직접 교육적 실천, 문자 해득에 대한 기초 교육에서부터 모바일을 이용한 교육 테크놀로지의 개발에까지 모두 관여하며 교육철학을 실천해오셨다는 점에서 사회 디자이너social designer, 사회 혁신가social innovator로서도 전 세계적으로 드문 교육 실천의 사례라고 생각합니다. 그래서 제가 오늘 선생님과 이런 대담을 나누는 기회를 마련하게 되었고요. 특히 선생님의 진정성 있는 교육적 실천이 사회 혁신의 차원에서도 매우 시사적인 참조점이 많다 보니, 그 활동이 한국 사회에도 큰 영감을 줄 수 있다고 생각했습니다.

특히 지금 한국 사회는 선생님도 잘 아시겠지만, 해방 이후 상당한 물질적 성장을 이룩했음에도 불구하고 그것을 뒷받침해줄 수 있는 정신과 가치관이 허약하고 그걸 등한시했던 결과가 막 터져 나오고 있지 않습니까. 경제협력개발기구OECD 가입 국가 내에서 삶의 만족도 지수나 출산율은 가장 낮은 축에 속하고 자살률이나 사회 부패 지수가 세계 최고 수준이라든가, 성차별 지수나 노동시간이 세계에서 가장 높은 축에 속하기도 하고요. 그 결과 매우 불행하게도 이 대화가 진행되는 시점에는 상상을 넘어선 정치적 부패 스캔들과 권력 남용에 의한 국가 관료 체제의 붕괴로 인해 선출직 대통령 탄핵이라는 상황이 진행되고 있지요. 제가 미국의 캘리포니아까지 날아와 선생님과 이 대화를 나누고 선생님과의 대화를 한국 사회에 전하고 싶다고 생각한 데에는 이런 긴박한 한국 사회 현실에 대한 요청과 다급함이 또한 큰 몫을 했습니다. 이 대화가 한국 사회의 모든 문제의 기원에 있다고 할 교육 문제뿐만 아니라 '나라를 새롭게 다시 세워야 한다'는 시대적 요청에도 일정한 영감을 줄 수 있으면 좋겠습니다. 그런 점에서 이 대화의 시작을 이노베이션, 혁신에 관한 질문으로 시작해볼까 합니다. 이노베이션이, 혁신이라는 것이 시대의 화두가 되었습니다. 기업, 학교 모두 다 혁신을 이야기하는데, 큰 관점에서 우리가 그 혁신을 어떻게 이해하면 좋을까요? 물론 이 물음은 우리가 앞으로 대화해나갈 교육 이야기를 미리 염두에 두고 드리는 질문이기는 합니다.

폴 김 저는 아무래도 교육자니까 교육자의 입장에서 볼 때는 그렇습니다. 혁신이라고 하면 가장 먼저 어떤 새로움, 효율성을 생각합니다. 어떤 교육철학자들 얘기에 따르면 혁신은 사회적 효용성·효율성social efficiency 이지요. 그러니까 혁신이라는 키워드는 일반적으로 공리주의적 관점을 가장 먼저 떠올리게 한다는 겁니다. 또 교육을 통해서 많은 사람이 자기의 충분한 잠재성full potential을 현실화할 수 있다는 점에서 교육과 관련된 혁신이라고 할 때, 그것은 혁신을 자기 성장의 도구로 보는 경향이 있다는 걸 뜻합니다. 또 평등 사회라든지 모두가 동등한 기회를 누려야 하고 그런 권리가 있고 그것을 인정해주어야 하며 그런 권리를 최대한 활용할 수 있는 사회적·정치적 체제가 보장되어야 한다는 관점들이 많이 있습니다. 제가 보는 바도 그렇게 다르지는 않습니다. 혁신이라고 하면 체제에 대한 혁신도 있고, 또 프로세스를 더 효율적으로 만드는 혁신도 있고, 또 그런 것을 모니터링하고, 평가하고, 자꾸 개선할 수 있어야 하잖아요. 물이 고이면 썩듯이 사상이나 철학, 또 모델 같은 것은 사회가 계속 발전하고 인류 문화가 지속될 때 어떤 변화가 있어야 하고 또 그를 충족시키는 여러 가지 모델이 다시 제시되어야 하고, 평가가 되어야 하며, 이런 생태적 순환 eco system이 잘 이루어지는 게 가장 좋은 모델일 겁니다.

제가 남미·아프리카·중동·유럽·아시아 전역의 정말 많은 나라를 다녀보고 협력 사업을 해보았는데, 정치적으로나 경제적으로나 사회적으로 체계가 잘 안 만들어져 있고, 또 그들이 추구하는 가치가 물질적인 가치에서 멈췄다든지, 개인적인 이익을 추구하는 데서 멈췄다든지 하는 경우가 적지 않았습니다. 그러면 조직이나 사회 전체가 다 고통을 겪습니다. 그래서 선진국이든 후진국이든 조직 체계 institution structure가 어떻게 되어 있느냐에 따라서 그 조직이 나라의 운명을 좌우합니다. 이때 모든 국민이 그 수준에서 생각하는 그것이 표준norm이 되고, 더 나은 세상으로 가고자 생각하면 그게 또 하나의 모델이 된다는 걸 알아야 합니다. 사람들의 믿음이나 생각의 수준에 따라 변화의 방향과 정도나 수준이 결정되는데, 그것은 체계적인 구조가 있고, 또 사람들이 그 변화를 원해야 가능한 겁니다. 원하지 않고 사회의 그냥 어느 정도 하는 수준에 만족하고, 질문하지 않고, 이게 삶의 표준인가 보다 하고 사는 체제와 사회라면, 그 사회는 당연히 혁신을 추구하지도 않을 거란 말입니다. 혁신은 불편한 것이거든요. 어떤 진지한 호기심이나 절실한 질문이 없으니, 옛날에도 이렇게 살았고, 부모도 그랬고, 나도 그렇고, 내 자식도 이렇게 살 것 같으니 다 됐다며 안주하는 거지요. 이때 교육자적인 입장에서는 어떤 기폭제가 그런 생각을 계몽하고, 더 나은 세상을 만들 수 있는 모델이나 비전을 제시해줄 여러 도구들이 혁신에 포함될 거라고 생각하는 겁니다.

제가 멕시코에 집을 지으러 갔을 때였어요. 산에 살던 원주민들이 먹을 게 없고, 기후변화로 모든 게 말라가서 산에서 내려와 일자리를 찾았습니다. 막상 내려오니 농장 일밖에 없었는데, 그 사람들이 다른 사실들이나 대안적 가능성에 대해서는 잘 모르니까 '이 일자리라도 만족한다'고 생각하고 새벽 네 시에 일어나서 정말 땡볕에, 사람이 살 수도 견딜 수도 없는 그런 땡볕에서 하루 종일 오이 밭에서, 토마토 밭에서 일하고, 아이들이 엄마 아빠를 돕고, 상당히 잔인한 사이클인데 끝이 보이지 않는 걸 그대로 삶의 숙명으로 받아들이며 사는 겁니다. 부모가 그렇게 살고, 아이들이 그렇게 살고, 또 아이들의 아이들이……. 여기서 저는 과연 '혁신'이란 무엇일까, 어떻게 교육해야 할까, 깨우칠 수 있는 방법은 무엇일까, 여러 각도에서 생각해봅니다. 또 그런 틀을 깨는 '혁신 체계'를 우리가 이런 사회와 현장에 형성할 수 있는 방법이 있을까 고민하죠. 동기를 유발할 수 있는 구조가 되게끔 사회발전을 이끌 수 있는 기폭제는 무엇일까 생각합니다.

그런데 저는 기본적으로 여러 방면에서 그런 혁신적인 방법을 찾아낼 수 있다고 늘 생각하는 쪽입니다. 사회를 변화시키는 방법에서 교육은 상당히 중요한 역할을 해낼 수 있으며, 되도록이면 짧은 시간에 이 역할과 혁신을 수행해내야 합니다. 교육이 '백년지대계(百年之大計)'라고 하지만 사실 백 년이나 걸리면 당장 삶의 변화는 없을 거고, 삶의 구체적 현장은 그만큼 고통스럽죠. 어떻게 하면 가장 짧은 시간 안에 변화를 만들 수 있을까, 그리고 그 변화를 지속 가능한 sustainable 것으로 만들 수 있을까 생각해봐야 합니다. 변화를 추동시키려는 의지가 있는 사람들은 조급해서도 안 되지만 느긋해서도 안 되며, 혁신의 조건에 대해 면밀한 고려를 하고, 혁신에 대한 절박성을 확신한 후에는 수술실의 의사처럼 접근해야 합니다.

지금까지 저도 혁신이란 무엇일까 고민이 많았습니다. 체계, 구성, 프로세스에서, 아니면 개선하는 과정에서 정보의 전달, 중요한 것은 감동의 전달 과정도 필수적이라는 겁니다. 여기에서 지식만 전한다고 해서 변화가 일어나는 게 아니라는 사실을 알 필요가 있습니다. 사람들이 감동하고, 이해하고, 또 영감 inspiration 이 있어야 참여하기 마련이니까요. 물론 외부에서 도움을 줄 수도 있고, 또 외부에서 들여온 불씨가 활활 타올라서 내부적인 불을 일으킬 수도 있겠지요. 여러 각도로 혁신을 바라볼 수 있다고 생각합니다.

함돈균　한국 사회에서도 혁신에 대한 요구가 많은데, 대체로 기업이나 정부 편에서 주로 경제적 효율성의 측면에서만 생각을 하는 것 같아서, 종합적인 견해가 듣고 싶었습니다. 선생님께서는 대학의 연구자이면서 교육자로, 또 소셜 이노베이터로서 역할도 하시니까, 무엇이 부족해서 혁신을 얘기하기도 하지만 혁신을 어떻게 규정해야 하는지 그 조건이 무엇인지 인식을 재검토하는 측면도 있고 해서요.

폴 김　혁신은 사회적 필요성 때문에 어쩔 수 없이 화두로 등장하기도 하지만, 무엇보다도 그 사회가 혁신을 원하고 혁신에 대한 질문을 해야 합니다. 과연 혁신이 필요한가, 혁신은 무엇인가 물어야 합니다. 기업체를 봐도 기업가 트레이닝이나 창업가 정신 교육을 하지 않습니까? 그런 면에서 조금 색다른 얘기를 해볼까요. 회사들이 망하는 중요한 이유가 있어요. 그중 하나가 바로 질문을 안 하기 때문입니다. 혁신은 질문을 할 때 생겨납니다. 우리의 제품이나 서비스가 적절한가? 미래의 변화에 잘 대처하고 있는가? 우리 제품이 경쟁력이 있는가? 끊임없이 질문하는 기업체는 살아남습니다. 그런 질문도, 끊임없는 자성도, 그럴 수 있는 시스템도 갖추지 않으면 지속성sustainability도 없을 것이고 이노베이션도 없을 겁니다. 기업 운영 면에서도 그런 얘기를 할 수 있습니다.

함돈균   그 말씀에 동의합니다. 그런데 그 질문이라는 것이 혁신과 관련될 때에는 관습적 질문이 아닌 경우가 많습니다. 여기서 질문한다는 것은 현재의 표준 상태를 흔드는 겁니다. 혁신적 질문이란 그냥 물어보는 게 아니고, 근본적으로 기존 체제를 흔든다는 거지요. 그건 이미 성취하여 안정적인 체계를 흔들 각오가 없으면 혁신은 있을 수 없다는 말입니다. 다시 말해서 혁신이 왜 안 일어나느냐 하면 혁신이 일어나면 기존의 기득권을 버려야 하거든요. 회사도 마찬가지입니다. 혁신을 하려면 여태까지의 기득권을 버려야 하는데, 하나도 안 버리면서 개선해보자고 하니까 혁신이 일어날 수가 없습니다. 혁신-질문은 그 자체가 반체제적인 성격이 있죠.

폴 킴   말씀하신 대로 근본적으로 질문을 할수록 상당한 체제 변화를 불러올 수 있고, 근본에서 멀어질수록, 즉 기존 체제 관점에서 덜 위험할수록 질문의 가치가 떨어진다고 볼 수 있습니다. 물리학에서도 지구가 태양을 돈다고 했을 때 옛날에 논쟁이 많았잖아요. 태양이 지구를 돈다고 반박도 했지요. 근본적인 부분을 건드리는 증명을 하고 질문을 했으니까 가능한 일 아니겠습니까. 떨어지는 사과를 보고 뉴턴이 '지구가 사과를 잡아당기는 거야' 생각하고 '근데 왜 잡아당기지? 무슨 힘이 있는 거지?' 라고 질문을 계속해왔듯이 말입니다. 질문에 대한 답을 찾다 보니 과학이 발전하게 되는 것이지요. 사실 사과가 떨어져도 '그냥 떨어지겠지' 하고 별생각 없을 수 있잖아요. 그런데 우리는 아이들을 교육할 때 왜 떨어지는지, 무슨 힘으로 떨어지는지 이런 건 안 가르쳐. '중력이란 무엇인가' 이런 식으로 정의를 가르치고 말잖아요. 그러니까 우리는 이런 시스템에서 알렉사 Alexa*를 만들고 있는 거예요. 그래서 저는 근본적인 부분에 대해 질문할수록, 질문이 근본적일수록 질문의 가치가 크고, 파급효과 또한 크다고 봅니다.

함돈균   파괴력도 크고요.

폴 김   그게 혁신에 더욱 가까운 거죠. '우리는 왜 날지 못하지?' 질문했을 때, 라이트 형제가 '우리도 날 수 있을지도 몰라' 해서 비행기를 구상하니까 주위 사람들에게서 욕도 먹고, 웃음거리가 됐잖아요. 하지만 질문에 대한 지속적 열정·헌신commitment이 있으니 계속 해나가면서 마침내 질문에 대한 답을 찾아낸 거죠. 미국이라는 나라를 보면 전체적으로 제도institution가 참 잘되어 있는 것 같아요. 도전 정신과 그것의 현실화 말이죠. 유럽의 청교도 시대부터 신대륙에서 살 수 있지 않을까, 달나

---

* 글로벌 유통 기업 아마존(Amazon)에서 만든 인공지능 비서. 현재 기초적인 수준의 질문을 인식하고 이에 답하여 시스템 실행을 명령하는 능력을 갖추었다.

라에 한번 가볼까, 질문해왔다는 거죠. 그런 면에서 미국이라는 나라가 도전 정신이 있고, 근본적인 질문도 많이 했기 때문에 강국이 면도 있다는 생각이 들어요. 결국 혁신을 일으키는 것은 근본적인 질문이고, 근본에 가까운 질문을 할수록 가치, 파급효과, 혁신의 가치가 크다는 것이죠.

함돈균 그런데 혁신에 대한 반발이나 두려움은, 얼핏 보면 처음에는 그것이 혁신적 질문인 줄 모르기 때문에 새롭고 근본적인 질문일수록 일상적 효율성과 충돌하는 것처럼 보이고 '딴지'를 거는 것처럼 인식되는 경우가 많아서 비롯되기도 한다고 생각합니다. 그래서 이것이 기존 시스템에 대한 단순한 딴지 걸기가 아니라 중요한 문제 제기라는 생각이 들게끔, 그렇게 받아들여지게끔 하는 어떤 방법론적 디테일이나 프로세스 같은 게 필요하지 않을까 생각이 들어요.

폴 김 좋은 지적입니다. 민주주의라는 체제를 예로 들어 설명해보죠. 제 생각에 민주주의는 최상의 사회 구조라고 할 수도 없고 아직도 발전되어야 하는 많은 가능성이 있는 구조라고 봅니다. 각설하고 민주주의를 놓고 보면, 민주주의라는 것을 떠올리고 평등, 참여와 같은 키워드들을 생각했을 때 옛날 사람들 입장에서 이 제도는 혁신이었겠죠. 군주주의 사회에 사는 사람이 봤을 때는 '저게 뭐지? 왕을 투표로 뽑네? 리더를 투표로 뽑네' 하고 생각했을 겁니다. 민주주의적인 사회를 실현하고자 했던 사람들은 '이게 더 효율적이다. 투표해서 대의적 질의를 하는 것, 모든 국민이 참여할 수 없으니 리더를 뽑아 리더가 국민을 위해 열심히 뛸 수 있는 체제가 사회적 효율성을 진화시킬 수 있다'고 만든 겁니다. 제가 볼 때 앞으로는 이것도 함 선생님이 말씀하신 방법론적 디테일을 통해 변화할 수 있을 것 같아요. 무엇보다도 테크놀로지가 그런 것에 더 진화된 효율성을 가져와서 민주주의라는 체제 혁신에 기여할 수 있는 환경이 조성되고 있다고 보거든요. 그래서 새로운 체제나 솔루션을 빨리 이룬다든지, 잘 운영되게 한다든지, 하는 측면의 효율성이 혁신의 또 다른 프로세스로 추가될 수 있다는 겁니다. 물론 테크놀로지 혁신이라는 것 자체가 어떤 종류의 사회적 혁신을 위한 해결 방안이 될 수도 있고요. 그래서 비행기도 생겨나고, 컴퓨터나 인터넷도 생겨나지 않습니까. 그런데 이 모두가 서로 보완하는 관계라는 게 중요합니다. 효율성과 해결 방안의 관계는 상호 보완적인 관계입니다. 인터넷이 생기니 소셜 네트워킹이 따라오고, 전자 투표가 생겨나니 전자 정부가 따라오고, 전자 정부 체제가 되고 보니 부산물by-product로 여러 해결 방안이 생겨나잖아요. 그러니 이제 상생하고 서로 발전할 수 있는 고리가 된다는 것이지요.

혁신은 사회적 고통을 제거하는 일

함돈균 혁신의 조건이랄까 그것의 수용과 관련한 디테일에서 '사람'의 문제는 어떻습니까. 가장 중요한 요소가 아닐까요. 저는 전방위적인 사회 혁신의 처음과 끝이 모두 '사람'과 관련이 있고, 그래서 결국은 사람을 키우는 문제인 '교육'에 관한 것과 밀접한 연관성이 있다고 생각하는 차원에서 선생님과 이런 대화를 나누고 있기도 합니다만.

폴 김   혁신이 안 되는 사회는…… 결국은 다 사람이죠. 아까 말씀드린 대로 사람들이 그 사회의 어떤 상태를 표준이라고 생각하고 있으면 절대로 혁신은 안 일어납니다. 지금 현 상태를 유지하려는 사람들이 많으면 절대로 진화가 일어날 수 없어요. 물론 진화 evolution 냐 혁명 revolution 이냐 얘기했을 때, 혁명적인 것이 일어날 수도 있어요. 그런데 많은 경우 그 또한 진화의 증거가 됩니다. 혁명적인 것이 일어나려면 체제나 환경, 컨디션이 맞아떨어져야 합니다. 그렇게 혁명이 되도록 환경이 만들어질 수 있는 것은 아주 긴 시간 동안 진화가 일어났기 때문에 가능했던 거죠. 그래서 제가 진화에 대한 얘기도 많이 합니다. 사회적 진화라는 측면에서 봤을 때, 그것을 원하고 추구하고 질문하는 사람들이 늘어날수록 진화의 시계 속도 clock speed 가 빨라집니다. 그렇지 않으면 시계 속도가 너무 느려져요.

파푸아뉴기니 같은 데 가보면 시계 속도가 너무 느린데 사람들은 또 편안해하고 빠른 변화를 원하지 않습니다. 그런데 사회적인 진화나 혁명에서도 어떤 힘이나 사회적 요구나 압력이 있어서 우리가 그리로 가야 한다고 자꾸 몰아붙일 때, 그런 생각들이 점점 많아지고 서로 교류를 하면서 새로운 세상, 솔루션이 생겨나는 겁니다. 우리나라도 촛불 집회를 하고, 많은 사람이 나와서 '우리가 원하는 세상은 저쪽이다. 저 방향이다'라고 자꾸 얘기하면 그들을 통해 더 많은 사람이 인식하고 공부하고 깨우치고 동참하듯이 혁신도 마찬가지입니다. 기업체에서도 지향하는 구성원들이 많아야 하고, 구성원들의 교류도 많고, 적극적으로 아이디어를 주고받을 수 있는 환경이 될 때 빨리 진화를 경험할 수 있습니다.

대학을 보면 어떻습니까. 참 변화가 없지 않습니까. 비슷한 사람들이 모여 비슷한 시스템 안에서 비슷한 훈련을 하고 계속 비슷한 생각을 하고 시계 속도도 멈춰 있는 상태예요. 그렇기 때문에 500년이 지나도 대학은 어딜 가나 대체로 그 모양새에 별 차이가 없습니다. 그런데 기업체는 어떻습니까. 리더가 들어와서 시계의 운용 속도도 올리고, 발전적이고 진보적인 성향의 구성원을 핵심 자리에 앉히면 변하잖아요. 그런 것과 똑같다고 생각합니다. 사회적인 변화를 원하면 그런 생각을 하는 많은 사람이 자유롭게 교류할 수 있도록 환경을 만들어줘야 합니다. 혼자는 안 되고 변화를 추동시킬 수 있고 응원하고 교류할 수 있는 지지 세력이 있어야 진화나 변혁이 가능한 것이지요.

함돈균 저도 근 몇 년간 인문학을 매개로 사회 변화를 추동시키는 역할에 관심을 갖고 실천을 해온 셈인데요, 확실히 진화, 그중에서도 사회적 진화라는 건 진화에 대한 갈망이 있고 필요성을 인식하고 그것을 서포트해줄 수 있는 일정한 세력-체계의 형성이 필수적이라는 생각이 듭니다. 그게 '사회적' 진화·혁신의 본래 의미이기도 하고요. 그런데 폴 선생님께서 말씀하시는 시계 속도 얘기를 인문학자 입장에서 보면, 이런 생각이 혹시 선진 자본주의에 살고 있는 지식인들에게 부지불식간 스며 있는 기술주의적 관점을 은연중 대변하는 시각은 아닌가 하는 의구심도 듭니다. 그러니까 혁신이란 것이 삶에 일정한 방향성이 있다고 생각하고, 그 방향성을 축으로 시계 속도를 앞당기는 것이라고 할 수 있다면 말입니다. 어떤 사회는 변화는 없지만 국민의 행복 지수가 높은 사회가 있고, 어떤 삶이 좋은 삶인가를 고민하는 사람들 중에는 기술적으로 혹은 사회 체계가 잘 완비된 사회이지만 그 사회가 굉장히 불행하다고 느끼는 이도 적지 않습니다. 현대성modernity에 대한 가장 중요한 철학적 반성 중에는 사회와 역사에 과연 방향이 있는가, 그러니까 진화나 진보라고 전제하는 그 방향성은 실제 존재하며, 그 기준은 누가 정하는 것인가, 변화를 추구한다는 것이 어떻게 보면 변화에 대한 '강박'에 기초한 것은 아닐까 하며 근본적 회의를 제기하는 이들도 있습니다. 프랑스의 자크 아탈리 같은 지식인이나 그 이전에 영국에 버트런드 러셀 같은 수학자도 너무 빨리 돌아가는 일상-시간에 대한 반성이나 '게으름에 대한 찬양' 같은 걸 하지 않았습니까? 지금 저희 대화 시점에서 지나치게 나아간 질문일 수도 있지만, 발터 베냐민 같은 지식인은 완비된 시스템과 테크놀로지의 관점에서 역사의 진보나 방향성을 설정하는 일은 공허한 '신학'에 불과하다는 아예 발본색원적인 철학적 반론을 제기하기까지 했는데요.

폴 김　　까다롭지만 아주 좋은 질문이라고 생각합니다. 거기에 대한 현재 제 생각은 이렇습니다. 제 생각은 지극히 현실적이고 실용적인 실천가의 관점에서 이루어집니다. 지금 당장 아프리카라든지, 개발도상국의 소외된 계층이 받는 극단적인 고통을 두고 그 고통을 분명히 인식하면서도, 그리고 실행을 통해 개선 가능한 일인데도 유예하거나 '점진적으로'라는 명목으로 지연하는 것은 사실상 '범죄'입니다. 무책임한 일이라고 봐요. 그 무책임성은 고통의 현장 외부에서 그것을 인식하고 있는 사람들에게도 해당됩니다. 하루라도 빨리 시정해서 고통을 멈추게 해야지, 그 고통을 유예하면 안 된다는 말입니다. 이런 경우를 혁신의 차원에서 생각하면, 혁신이라는 건 어떤 추상적 사회 담론이 아니라, 그 고통의 개선과 제거라는 현실적 절박성과 그 현실에 대한 솔루션을 뜻합니다. 그런데 병에 걸리거나 배고파 죽고, 얼어 죽고, 총 맞아 죽는 상황을 어떤 보편적 표준이라고 구성원들이 생각하면 '항상 이랬으니까, 우린 원래 어지럽고, 정신없고, 늘 이렇게 죽는다' 하고 그걸 받아들입니다. '우리는 기대 수명 life expectancy 이 40세밖에 안 된다'고 포기하죠.

함돈균　그건 카를 마르크스가 『자본론』을 쓰던 당시 극단적인 산업화 과정에 영국 노동계급의 평균 수명이 스무 살 남짓밖에 안 되는 현실에 대해 사회 구성원들에게 인식의 각성을 촉구하고 정치적으로 개입하려 했던 생각을 떠올리게 하는군요.

폴 김　특정한 정치사상에 관해서는 저는 교육자니까 세세히 모르겠습니다만, 혁신이 사회적 고통에 대한 능동적 개입이어야 한다는 점에서는 모든 혁신 이론가가 비슷한 동기와 공감대를 가지고 있을 겁니다. 실제로 제가 멕시코에서 만난 농촌의 노동자들은 40세쯤 되면 죽습니다. 매일 오염된 물만 먹고 사니까요. 저도 마셔봤는데, 너무 쓰고 못 먹습니다. 결국 병이 났어요. 그곳 봉사자들 다 병이 나서 열흘 동안 앓았어요. 근데 거기 사는 사람들은 그 물을 매일 먹습니다. 그걸로 먹고 씻고 밥하고 다 합니다. 그런데 아이러니는 정작 본인들은 그런 고통을 모를 수도 있다는 거지요. 물이니까 먹고, 40세가 되면 으레 그렇듯이 '자연적으로' 죽는다고 아는 거죠. 그러니 그 고통을 객관적으로 인지하는 사람들이 있다면 그들이 시계 속도를 빨리 올려서 변화를 경험할 수 있도록 해주는 게 맞지 않을까요. 그 사람들이 싫어해도 백신 맞아야 한다고 설득하고 밀어붙여야죠. 주사 놓고 사람들 고생시키고 아프게 하지만, 그런 백신을 맞지 않으면 홍역에 볼거리에 장티푸스 같은 병에 걸려서 죽는단 말이죠. 그 사람들은 본인들이 뭘 모르는지 모르잖아요. 그런데 그 사람들이 원하지 않는다고 해서 할 수가 없다는 건 말이 안 된다고 생각해요. 그때 리더가 나서서 반드시 백신을 맞아야 한다고 설득하고 추진해야죠. 죽게 놔둘 수는 없잖아요. 그런 사회에서는 그게 바로 혁신적 사고이고 리더십이죠.

그런 면에서 무관심하고 부주의한 세상 시계를 빨리 고쳐야 한다는 겁니다. 그 사람들이 원하지 않더라도 해야 할 일이지 않을까요. 옛날에 토종 남아메리카인들이 전멸한 이유가 수두나 온갖 전염병이 들어와서 다 죽었잖아요. 그 사람들이 싫어한다 해도 조금이라도 더 아는 사람이 고칠 수 있는 방법을 제시해주고, 강제성을 띠더라도 인류의 건강과 안녕을 위해서 해야 되는 일들 아니겠습니까. 리더십이 바로 그런 겁니다. 갈등이나 폭력 없이 잘 이해시키고 교육해서 변화를 가져오게 하는 것, 그게 바로 리더십이죠.

지속적열정헌신, 단순함, 맥락화

함돈균 고통의 개선이라는 차원에서 혁신을 이야기하시니, 이해가 잘 되고 선생님의 혁신관은 추상적이거나 단순한 기술주의가 아니라는 오해도 풀리고 감동적인 면이 있습니다. 우리가 혁신을 이야기하거나 사회적 진화와 진보를 이야기할 때, 어떤 추상적 지식 담론같이 공허하다는 생각을 평소 적잖게 해왔기 때문에 절박성에 근거한 선생님의 말씀은 제게도 오늘 이후 좋은 화두가 될 것 같습니다. 그럼에도 불구하고 다시 한 번 비슷한 질문을 덧붙여보려고 합니다. 선생님의 생각 중에 고통받는 현장 외부에 있는 인식의 주체들이 고통 현장에 있는 이들의 상황에 개입해야 한다는 관점은 역사적인 전거나 지구의 현재 상황을 현실적으로 감안할 때도 결국은 근대 유럽인의 계몽주의와 비슷한 논리 구조를 가지고 있다는 인상이 자꾸 듭니다. 예로 드신 남아메리카 토착민들이 전염병으로 멸종한 사례는 역사적 전거로 보자면 실은 유럽인들의 남미 침략 과정에서 들어온 새로운 바이러스 때문이라는 게 의학적 중설이 되고 있습니다. 이를 좀 과장되게 해석해서 이렇게 질문하면 지나친 것일까요? 각성하지 못한 고통 현장의 주체-토착민들에게 더 각성한 외부 주체들이 '진실-진리'를 가르치고 리드하는 것이 유의미하다고 생각했던 근대 유럽인의 계몽주의의 위험성과 그것은 어떻게 다른가 하고 말입니다.

폴 김　　그게 예를 들어서, 옛날에 벨기에 사람들이 콩고에 가서 계몽시킨답시고 다이아몬드 다 꺼내 가고 금광 찾아서 다 뽑아 가면서 철도를 놓고, 그런 식으로 식민지를 만들었잖아요. 그런 리더십은 상당히 위험한 거죠. 소수의 이익과 맹목적인 신념 때문에 과학적 근거도 없고, 경험에 바탕을 두지도 않고 무작정 해치워버리는 리더십이니까요. 경험과 과학적 뒷받침이 충분한 근거들로 판단을 해야 하는데, 그런 것을 배제하고 맹목적인 신념을 따르는 리더십은 정말로 위험하고 악한 것이 될 수 있습니다. 계몽을 할 때는 맹목적인 신념이 아니라 과학적인 데이터, 경험적인 데이터들을 모아서 결정을 내리고 또 리더십을 발휘해야 하고 그래야 참된 계몽이 될 수 있다고 봅니다.

함돈균　　그러니까 계몽 자체가 문제가 아니라 계몽의 근거가 되는 신념의 미신성·맹목성, 의도의 불순성 등이 문제가 된다는 말씀이군요. 혁신 또한 추상적으로 얘기할 것이 아니라 무엇에 관한 혁신이라고 하는 목적과 대상과 주체 이런 부분들이 정확하게 정의되는……. 그렇다면 그건 저도 대체적으로 동의할 만한 관점입니다. 그런 생각까지 부정한다면 인간 삶에서 이루어지는 모든 교육 행위와 지식으로 이루어지는 문화적 실천들을 원천적으로 부정하게 되는 것일 테니까요. 그렇지만 저도 책상 도련님에다가 고통받는 현장의 실천가가 되어보지는 못해서인지, 고통받는 현장에 대한 타인의 개입과 '계몽'이라는 화두가 원천적으로 의구심을 해소하는 건 아니라는 말씀을 솔직히 드리고 싶군요…….

폴 김　　화두는 화두로 일단 남겨두십시오. 다만 혁신의 조건에 대해 지금 이야기하고 있으니까, 그에 관해 말하자면 근거와 목적이 명확해질수록 가치 있는 혁신이 된다는 말씀을 드리는 겁니다. 예를 들어 총을 만드는 것도 기술의 혁신이지만 그것 때문에 많은 사람이 죽고 다치잖아요. 그럼 그게 과연 혁신인가, 라고 다시 질문했을 때 아니라는 답이 나올 수 있다는 거예요. 여기에는 목적이 무엇인가 하는 가치 지향적 질문이 생략되었거나 가치 지향이 보는 사람에 따라 잘못되었다고 판단할 수 있기 때문이죠. 핵무기나 원자폭탄이 과학계에서는 상당한 혁신이겠지만, 그게 생명·평화와 같은 보다 포괄적이고 미래 지향적인 인류 보편 가치에 근거해서 봤을 때는 아니라는 겁니다.

함돈균　　말씀을 정리해보지요. 혁신의 키워드로 근본적 질문, 혁신의 필요성에 대한 주체의 인식, 그러니까 표준에 관한 인식, 리더십, 지속 가능성, 지속적 열정·헌신 등을 강조하셨습니다. 이 외에 추가해주실 이야기는 없습니까?

폴 김 단순함 simplicity 과 맥락화 contextualization 도 있습니다.

함돈균 단순함과 맥락화라고요? 좀 더 구체적으로 말씀을 듣고 싶군요.

폴 김 어제 스탠퍼드 대학 학생들이 뭘 만들었다고 봐달라면서 제게 보내온 이메일을 예로 들어보지요. 혁신적인 디바이스를 만들었다고 해서 보니까 전기 없는 곳에서도 쓸 수 있도록 돌려서 충전을 하는, 옛날에 이미 해봤던 것들을 보내왔더군요. 그래서 학생들이 공부를 안 하는구나 생각했습니다. 숙제를 제대로 잘하면 실수를 반복하지 않을 텐데 말이죠. 이렇게 구상을 하라고 피드백을 했습니다. 자기네들이 제 수업을 들으면서 이게 혁신이다, 라고 얘기를 많이 해요. 근데 문제가 뭐냐면 심플하지 않으면 사람들이 이해할 수가 없다는 걸 모른다는 거죠. 스탠퍼드 대학에서 제가 스마일 SMILE: Stanford Mobile Inquiry-based Learning Environment 프로그램을 처음 디자인할 때도 버튼이 파워 버튼 딱 하나밖에 없었어요. 나머지는 컴퓨터가 알아서 해줍니다. 그게 바로 혁신인 거예요. 사용자 입장에서는 버튼 하나의 차이가 제품 선택과 실제 사용에 있어 실제적·심리적 장애를 넘어서는 데에 아주 큰 영향을 미칩니다. 버튼 하나 누르면 알아서 해줘야 합니다. 이 버튼, 저 버튼 눌러야 하고 선택이나 옵션이 많아지고 복잡해지면 이해가 안 되기 때문에 모든 것이 '딱' 준비가 되어야 해요. 옵션이 많아지고 복잡해지면 이해가 안 되니까 도구적 실용성이 떨어지는 겁니다. 그러면 그 디바이스의 지속 가능성은 채택이 처음부터 안 되니 아예 생각해볼 수도 없죠. 이미 이륙도 못 하고 불시착하는 상황이 벌어지기 때문에 단순함이 그렇게 중요하다는 겁니다.

맥락화도 중요합니다. 국제 활동을 하는 비영리단체들이 『신데렐라』 같은 이야기책을 컨테이너로 자주 아프리카 등의 지역에 보냅니다. 그런데 잘 생각해보면, 사실 그런 스토리들이 극단적 상황에 노출된 그 땅의 삶에 무슨 가치가 있으며 메시지가 뭐냐는 것이죠. 그럼 그런 단체들은 '책을 읽을 수 있게 하는 것 자체가 좋은 거다, 교육적 효과가 있다' 이렇게 말하지요. '책을 많이 갖다 주면 애들이 글을 잘 읽지 않을까?', '책 자체가 교육적인 행위 아닌가', 이런 생각은 나쁜 생각은 아니지만 실은 일차원적인 생각인 겁니다. 글은 잘 읽는데 읽고 있는 글 자체의 메시지가 별로라면 어떨까요. 어떤 철학적 생각을 개진하게 하는 것도 아니고, 도덕적으로나 윤리적으로 긍정적인 것도 아니고, 어쩌면 잘못된 교훈이나 환상을 심어 줄 수도 있는 스토리를 '책'이라는 관성적 관념에 근거해서 단지 그냥 읽기만 잘하면 된다? 이건 지역의 특색이나 삶의 실제 여건을 전혀 고려하지 않는 거예요. 나쁜 일은 아니지만 관념적이고 철저하지 못한 것으로, 비영리단체들에게 오히려 심리적 자기 위안을 줄 뿐이지요. 그건 혁신이 아니고 경우에 따라서는 의도하지 않은 악이 될 수 있다는 얘기가 나올 수도 있습니다.

또 이런 면도 있어요. 맥락화 차원에서 생각해봐야 하는 문제입니다. 아프리카 아이들이 신발이 없으니 신발을 줘야지 하고 컨테이너로 마을에다 구호품으로 신발을 보냈어요. 상당히 간단한 일이에요. 신발이 없으니까 신발을 주면 된다고 여기죠. 그런데 맥락화를 생각하지 않은 실천이 될 수도 있어요. 그랬을 때 어떤 문제가 생긴 적이 있냐 하면, 그 지역에 있는 영세 신발업자들이 다 망했어요. 신발을 컨테이너로 무료로 막 나눠주니 망할 수밖에 없는 거죠. 그 지역 생태계에서 그 영세 신발 가게나 업자들의 역할이 있는데도 말입니다. 또 이런 일도 있습니다. 동아프리카에 상당히 가난한 무슬림 커뮤니티가 많은데 그쪽에 가면 무슬림이 많고, 무척 가난하고, 아이들이 영양실조에 시달리고 있습니다. 그래서 비타민을 보내줘야겠다 생각하고 컨테이너로 비타민을 가져다줬어요. 그런데 알고 보니 그 원재료가 돼지의 장기에서 영양분을 추출해 만든 비타민이었던 겁니다. 그걸 나중에 안 지역민들이 자신들의 신앙을 모욕했다며 그 일을 시행한 비영리 재단 사람들을 여럿 죽인 일도 있었습니다. 이렇게 맥락화를 여러 방식으로 생각해봐야 합니다. 혁신이라고 자신하면서 이런저런 솔루션을 제시하는 사람들도 많고, 단체들도 많아요. 제가 스탠퍼드의 학생들을 가르치기도 하고 그러면서 미국 아이비리그 대학들과 협업을 해보기도 하지만 그들 역시 그런 맥락화가 부족한 '실험실 혁신'이 적지 않습니다. 지역 여건이라든지 그들의 신념이나 믿음, 유산heritage, 문화 등은 신경도 안 쓰고 오로지 실험실에서만 사용되는 고립된 솔루션, 문제problem 이렇게만 보는 겁니다. 문제와 해결 방안은 절대 이런 이원적 관계가 아니거든요. 그래서 저는 항상 강조합니다. 혁신을 생각하려면 와이드 렌즈wide lenz가 필요하다고 말입니다. 광각으로 찍히는 와이드 카메라처럼 넓게 펼쳐 볼 수 있는 와이드 렌즈로 전체를, 생태계eco system 전체를 봐야 한다고요. 이런 와이드 렌즈가 없으면 반드시 문제가 생기니까요.

함돈균　그렇군요. 단순함과 맥락화라는 게 참 중요한 문제이면서도 아주 구체적인 접근과 포괄적이고 전방위적인 지식, 주체와의 눈 맞추기, 심지어는 현장에 살고 있는 사람들조차 보지 못하는 관점까지 포섭해야 한다는 점에서 매우 어렵다는 생각이 듭니다. 게다가 단순함의 경우는 디바이스나 시스템을 만드는 사람 입장에서는 어떤 심리적 차원에서 극복해야 하는 문제도 있을 것 같습니다. 경지에 접근하지 못한 대체적인 디자이너나 엔지니어의 경우, 복합적인 초이스를 가진 디바이스나 프로그램을 디자인할 때 생기는 심리적 만족도 있거든요. 아무래도 겉으로 더 멋있어 보이는 경우가 많으니까요. 단순함과 혁신이 갖는 문제는 과학적 발견과 그 발견의 공식적 표현으로서 그것을 어떻게 원리화할 것인가 하는 '공리화' 문제와 매우 유사한 느낌을 줍니다. 뛰어난 과학 이론일수록, 아니 '공식'으로 공리화가 가능한 원리는 모든 것을 포괄할 수 있는 보편 이론이 되어야 하고, 그 표현은 단순해야 한다는 거죠. 왜 과학자나 수학자들은 간단히 표현되는 수식일수록 보편적이고 아름다운 이론이라고 하지 않습니까. 선생님의 혁신론에는 컴퓨터 사이언스를 전공한 과학자—엔지니어로서의 경험이나 아이디어도 상당히 중요한 역할을 하는 듯합니다. 이야기를 하다 보니, 폴 선생님과 저는 지난번에 길지 않지만 교육 인터뷰를 한 적이 있기 때문에 간단히 생략하고 넘어갔는데, 이 대담집의 독자 입장에서는 '지속적 열정·헌신' 정도로 제가 이해하고 있는 '커밋먼트commitment'라는 단어의 의미와 지속 가능성의 문제에 대해서도 더 이야기를 들려주시면 좋겠다는 생각이 드는군요.

폴 김　지속 가능성을 얘기할 때 많은 사람이 아까 말한 이원론적인 생각을 주로 합니다. 고립된 상태로서 '문제'를 보고 그 솔루션에만 집중하는 경우가 상당히 많습니다. 물을 끌어 올리는 회전목마 놀이기구의 개발 과정 실례를 들어볼까요. 어떤 경제적 낙후 지역에서 워터 펌프, 즉 우물에다가 모터를 달려고 보니 전기가 없어요. 전기를 연결하려니 발전기, 기름이 있어야 하는데 그런 게 없습니다. 그러자 어떤 '혁신가'들이 아이들이 회전목마를 막 돌면서 놀면 그게 펌프가 되어서 물이 솟아나고 마을 사람들이 물을 쓸 수 있다는 아이디어를 떠올렸지요. 아이들 놀이의 결과가 동네의 에너지 자원으로 돌아오니 이런 '꿩 먹고 알 먹고'가 어디에 있겠습니까. 투자를 많이 받아서 여러 곳에다 설치를 했어요. 근데 다 망했죠. 왜일까요? 막상 설치해보니까, 그 지역 아이들은 밥도 못 먹어서 힘들어 죽겠는데 걔네들 보고 그 놀이기구를 뺑뺑 돌면서 놀라고 하니 그게 말이 됩니까. 그나마 일주일 동안 해보니 24시간을 돌리면 물이 1갤런 나오고 이게 말이나 되겠어요. 말도 안 되는 혁신이라는 거죠. 아이디어의 촉발, 그 접근 방법approach은 좋았다고 생각해요. 디바이스의 단순함도 충족됩니다. 아이들이 돌면서 놀기만 하면 되니까. 그런데 그다음 스텝에서 맥락화에 실패했다고 할 수 있습니다. 이때 또 중요한 것이 있습니다. 이 실패의 단계에서 매우 중요한 것이지요. 실패했으면 다시 돌아가서 뭐가 잘못됐는지를 분석해서 될 때까지 계속 해보라는 거예요. 처음의 그 열정을 가지고. 그런데 혁신을 추구하는 많은 사람이 잘못하는 게 실패하면 그걸로 그만이라는 거예요. 그 촉발된 아이디어를 계속 수정하는 과정 없이, 다른 데 가서 다른 아이디어 만들어봐야지 하는 식입니다. 이게 바로 '커밋먼트'가 없는 겁니다. 함 선생님이 번역하신 대로 책무나 아이디어의 최적화된 실현을 위한 '지속적 열정·헌신'

이 없는 거지요. 실패했으면 고치고 또 해보고 실패하면 또 배우고 시도하고 될 때까지 계속 해봐야 하는데 그런 정신이 없습니다. 대학에서 리서치할 때도 보면, 그냥 반짝하고 마는 그런 혁신이 많아요. 혁신의 상징처럼 언급되는 MIT 미디어랩Media Lab이나 스탠퍼드 디스쿨D-school에도 이런 반짝 혁신의 사례는 많습니다. 다른 말로 표현하자면 지속 가능성이 없는 거죠. 그렇기 때문에 지속 가능하기를 원한다면 한결같은 지속적 열정·헌신이 필요하다고 제가 강조하고 있는 겁니다.

함돈균　그건 다른 식으로 말해서 혁신은 그 자체만을 맹신한다면 폭력이 될 수 있다는 얘기이고, 혁신은 좋은 삶을 위한 한 방편이지 그 자체를 발명하는 게 목적이 아니라는 뜻이기도 하겠습니다. 방편의 삶은 실천적인 것이어야 하고, 우리 식으로 말해 '실학(實學)'이어야 한다는 거고요. 제가 보기에 그렇다면 커밋먼트의 문제라는 건 맥락화 문제와도 밀접한 관련이 있을 것 같네요. 반짝이는 아이디어의 실패가 많은 경우 현지 맥락화를 충분히 고려하지 못하기 때문에 발생하는 실험실 혁신인 경우가 많고, 그건 맥락화를 위한 여러 번의 실패를 당연한 것으로 받아들이고 감수할 수 있는 지속적 열정의 문제니까요.

폴 김　그렇습니다. 정확한 통찰이십니다. 알기 쉽게 제 예를 들어볼게요. 저는 교육 여건이 극단적으로 좋지 않은 지구촌 곳곳의 교육 실천 과정에서 현지에서 사용할 수 있는 모바일 기기를 만들면서 제 동료 교수와 학생들이 보기에도 미친 사람처럼 보이는 일을 적잖게 했습니다. 초기에 제가 맥시코를 비롯해서 라틴아메리카 지역 교육 실천에 나섰을 때 매우 어려웠던 것은 전기를 사용하거나 배터리를 구매할 수 없는 현장에서 모바일기기를 어떻게 돌릴 수 있느냐 하는 맥락화 문제였습니다. 그런데 맥락화를 현실화시키려면 커밋먼트 없이는 절대로 되지 않습니다. 그래서 저도 그때 여러 가지 방법을 강구하고 그 생각만 하며 지내던 중에 우연히 바람에 연을 날리는 아이들 모습을 보게 되었어요. 저는 그 순간 바람으로 전기를 얻을 수 있겠다는 아이디어에 사로잡혔죠. 그날부터 하늘에 띄워 올린 연의 종류가 한두 가지가 아닙니다. 그러다가 헬륨풍선까지 고안하게 됐죠. 당시 스탠퍼드 대학원에 있던 항공공학 연구자와 협업해서, 공중에 바람개비를 돌려서 배터리를 충전하는 헬륨풍선을 학교 근방에서 무수히 날렸습니다. 당시 저는 너무 힘이 들어서 '난 교육을 하는 사람인데 이런 거까지 만들어야 하나', 하는 회의를 이겨내야만 했습니다. 그때 재미있던 기억이 저 때문인지 확인은 되지 않았지만, 어느 날 보니까 스탠퍼드 대학에 '캠퍼스 내에서 하늘로 풍선을 날리지 말 것' 뭐 이런 식의 푯말이 붙은 거예요. 그때 함께 그걸 만들었던 연구자들과는 아직도 그 기억을 공유하며 인연을 맺어가고 있는데요, 아무튼 실제로 현실이 되는 혁신이라는 게 이렇게 힘이 듭니다.

함돈균　　혁신이라는 게 그 자체가 목적이 아니라 좋은 삶, 선한 삶을 위한 방편이라는 점을 명심하고, 삶의 현실에 실제로 적용될 수 있는 솔루션을 만들어야 한다는 생각이 듭니다. 한국식으로 말해서 실학이 되어야 한다는 건데, 이게 참 복합적인 눈과 생각을 가져야 하는 거군요. 제가 인문 정신에 관해 강의하거나 글을 쓸 때, 한자어 인문(人文)에서 문(文)이 '문양' '무늬' '패턴'이기 때문에 결국 '인문 정신'이라는 게 복수형으로서의 삶이라고 말합니다. 이 뜻에 해당하는 영어 'humanities'도 복수형이라고 말하죠. 그러니까 복합적 시각을 공존시키는 게 인문 정신의 정수라고 강조합니다. 선생님 말씀대로라면 와이드 렌즈죠. 그러니까 실학도 혁신도 인문도 와이드 렌즈가 필요하다고 말할 수 있지 않을까 생각됩니다.

그런데 선생님 말씀을 이렇게 듣고 있자니 선생님이 가지고 있었던 혁신적 아이디어가 혁신적 실천으로 이행하는 현실화 사례, 솔루션들이 더 궁금해지네요. 차차 이야기를 더 하게 되겠지만 말이 나온 김에 이 얘기를 경청하고 있을 독자들을 위해서 폴 선생님의 사례를 지금 기억나는 대로 조금만 더 들려주실 수 있을까요?

폴 김   흔히 'walk the talk'를 하라고 하지요. '가르치는 대로 실천하라'는 말들을 교육자들은 특히 많이 듣습니다. 이론적으로 맞는 말이라는 것은 알겠는데, 과연 말을 잘한다고 그 사람이 실천도 잘 할까는 의문입니다. 지금까지 말씀드린 얘기들이 복합적으로 결부된 몇 가지 사례를 말씀드려볼게요. 성공 사례만이라고는 할 수 없고요, 공부가 되는 사례들이라고는 할 수 있습니다. 테크놀로지와 교육이 어떻게 혁신적으로 결합될 수 있는가에 대한 방법론적 영감을 줄 수도 있고요.

창의적 혁신을 이야기 할 때, 제가 적용 application 과 맥락화를 자주 이야기합니다. 적용에 관해서는 기존 체제나 시스템에 새로운 아이디어나 기술을 적용하여 혁신을 추구하는 것일 텐데요. 1997년으로 거슬러 올라가면, 그 당시 인터넷이 점차 보급되고, 'Netscape'라는 웹브라우저가 많이 활용될 시기였습니다. VRML Virtual Reality Modeling Language이라고 가상현실 환경을 구성하는 코딩체계도 또한 보급되고 있었을 때죠. 제가 그때 그걸 보고서는, 어떻게 교육에 활용하면 좋을지를 고민하다가, 가상현실 병원을 만들었던 일이 있습니다. 가상현실 공간에 병동이 있고, 각 병동에 입원환자와 응급환자들이 있고, 의과대학교 학생들이 웹상에서 가상현실 병원을 돌아다니며 환자를 진단하는 겁니다. 예를 들면, 어떤 70대 노인이 복부 통증을 호소하고 있는 방에 들어가서, 무엇을 통해 검진할 것인지를 판단하고, 필요한 검사를 오더하지요. 복부 청진기 소리를 들어보고 싶다든지, 복부 촉각을 느껴보고 싶다든지, X레이사진을 요구하고 싶다든지, 소변검사를 요구하고 싶다든지 등등 여러 옵션들이 나열되어 있죠. 의과대 학생이 어떤 검사를 결과적으로 요구하는지도 중요하지만, 어떤 순서대로, 왜 어떤 검진을 요구하는지의 과정도 중요하지 않겠습니까? 그래서 이와 같이 학생의 선택, 순서, 시간 등을 모두 기록하고, 최종결론 진단서를 작성해서 제출하면, 교수가 학생의 진단서, 그리고 시스템에서 자동 생성된 모든 기록을 함께 검토할 수 있는 시스템을 개발했던 거죠.

의학교육에 매우 도움을 줄 수 있는 시스템이었는데, 기술적용은 교육공학적으로 적절했지만, 맥락화에서는 부적절한 케이스입니다. 실패는 아니지만, 스케일 업 scale up 하기에는 문제가 있었지요. 왜일까요? 이유를 알아맞혀 보세요.

함돈균   글쎄요. 들기로는 아주 획기적인 교육 시스템이자 학습 환경으로로 생각되는데요.

폴 김　　　다 좋은데, 문제는 그 당시 인터넷의 속도였습니다. 그때 대부분 인터넷을 접속하려면 전화선에 모뎀을 꽂아서 사용했지요. 삐~ 소리가 나면서 인터넷이 연결되는 그런 시스템. 상당히 느렸다는 말씀입니다. 저의 가상현실 병원을 활용한 교육 시스템은 아이디어가 좋았지만, 실제 학생들이 어디서든지 이 시스템에 접속해서 학습하기에는 인터넷 속도가 그 당시에 따라와 주지 않았다는 겁니다. 가상현실을 인터넷상에서 활용하려면, 상당히 많은 양의 데이터를 전송해야하는데, 맥락화 관점에서 당시 기존 인프라를 간과한 것이죠.

함돈균　　　아 재미있는 사례네요. 지금은 그럼 적용하기에 적절하지 않은가요?

폴 김　　　네. 지금은 당연히 가능하죠. 적용의 시기를 잘 맞추는 것도 혁신에 대해서 중요한 부분이라고 생각합니다. 너무 빨라도, 너무 느려도 안 되죠. 보통 기술을 개발할 때, 개발기간을 고려해서, 미래를 예측해서, 적절한 시기에 적용해야 혁신은 현실화될 수 있습니다.

함돈균　　　그렇다면 지금 변화된 상황에서는 당시 아이디어도 지금 상황에 따라 다시 맥락화되어야 하지 않을까요?

폴 김　　　현재 인공지능AI, 사물인터넷IoT 등과 관련된 솔루션들이 쏟아져 나오고 있지 않습니까? 많은 대기업들이 미래의 먹거리를 찾아 혈안이 되어 있는데, 지금 AI와 IoT 솔루션을 개발하는 데 참여하면 아마도

늦을 겁니다. 저라면 AI와 IoT 관련 솔루션들이 어느 정도 보급되어 있는 단계를 가정하고, 의학 관련 혁신 아이디어 솔루션을 개발하면 적절할 것으로 봅니다. 예를 들어서 집집마다 화장실 변기에 대·소변 검진 기기가 장착되어서 이미 한 사람의 건강검진을 집에서 일상 데이터 기반으로 실시간으로 하는 솔루션이 개발되고, AI를 통해 적절한 의학적 제안이 개인 핸드폰을 통해 전달된다고 가정하면요, 그런 상황이 이미 되었다면, 그러면 그 상황에서는 어떤 솔루션이 필요할까 하는 질문을 해야겠죠.

함돈균　　지금 말씀하신 대로라면 현 시점의 기술을 바라보면서 따라가지 말고, 그 다음 단계에 필요한 솔루션을 미리 생각하라는 말씀이시군요.

폴 김　　그렇습니다. 공이 어디로 움직일 때 그 공을 따라 같이 갈 것이 아니라, 그 공이 다음에 어디로 갈지 예측해서 거기로 미리 가서 공을 기다리는 거죠. 혁신적 아이디어에 있어서 적용, 맥락화, 그리고 순차적 예측 sequential prediction 을 할 수 있어야 한다는 거죠.

　　많은 프로젝트를 수행하면서, 또 한 가지 중요한 요소로 배운 것은 '실행 execution '입니다. 모든 상황이 같다고 할 때, 어떻게 실행했느냐에 따라 결과가 다르게 나온다는 말입니다. 이런 경험은 제가 전에 미국 최대 규모의 온라인 대학교 시스템을 개발하면서 배운 것입니다.

함돈균　　미국 최대 온라인 대학교요? 어떤 대학교인가요?

폴 킴　　네, 피닉스 대학교 University of Phoenix 라고 1976년에 설립되어서 1987년에 이미 온라인 대학 프로그램을 개설하여 운영하였고, 1990년대에만 하더라도 한 달에 약 1,000명의 새로운 학생을 입학시키던 대학에 제가 혁신교육 시스템을 개발해준 적이 있습니다. 1994년에 미국 나스닥에 상장을 했고, 대학의 가치가 180억 달러까지 되었던 대학이었죠. 약 500,000명의 학생에게 교육 프로그램을 제공하는 상당한 규모의 특이한 대학교였답니다. 그렇게 많은 학생을 미국 여러 개 주와 국제 캠퍼스 그리고 온라인 캠퍼스를 합해 100개가 넘는 개별 캠퍼스로 운영하다보니 많은 애로사항이 있었지요. 혁신과 관련하여 제일 큰 도전은 어떻게 모든 분교에서 똑같은 교육 프로그램을 운영할 수 있을까 하는 문제였습니다. 모든 똑같은 조건에서 분교 캠퍼스 학장이 실행을 어떻게 하느냐에 따라서 대학교 캠퍼스 운영의 명암이 갈리곤 했죠. 이와 관련해서 상당한 대학경영 관련 노하우가 있습니다만, 지금 강조하고 싶은 것은 똑같은 상황에 똑같은 솔루션이라도 어떻게 일을 진행하느냐에 따라서 확연히 다른 결과를 낳는다는 사실입니다.

함돈균　　미국처럼 여러 개의 주가 나뉜 연방국가에서 참으로 보기 드문 흥미로운 대학이네요. 거기서도 특별히 혁신적인 툴이나 학사운영 제도를 개발하셨나요?

폴 킴　　네. 제가 개발한 것은 'Faculty Virtual Office FVO'라는 것이었습니다. 5천 명이 넘는 교수진이 미국 전국 방방곡곡에 퍼져 있어 함께 회의도 할 수 없고, 교수법 공유나 새로운 수업 개발 등 여러 가지 학사운영에 있어서 애로사항이 많았습니다. 대학에 속해 있는 교수진들이 한 조직에 속해 있으면서도 한 유기적 커뮤니티에 속해 있다는 느낌을 가질 수가 없었던 거죠. 그래서 FVO라는 시스템을 개발 운영함으로써 모든 교수가 가상공간의 라운지에서 정보를 습득하고, 다른 교수들과 정보교환을 하고, 실시간 회의를 하면서 하나의 커뮤니티에 속한 느낌을 제공하는 장소를 제공한 것이었어요. 1998년 당시만 해도 인터넷상의 교수 라운지는 매우 새로운 환경이어서 처음에는 교수들이 그리 친숙해하지 않았지만, 시간이 지나면서 상당히 좋은 호응을 보였습니다. 이와 같은 사례는 문제를 정확히 파악하고 그에 대한 적절한 솔루션을 적시에 잘 적용한 사례라고 기억합니다.

대학운영에 많이 참여하면서 한국에서는 보기 힘든 사례도 종종 있습니다. 제가 2001년에 스탠퍼드 대학에 부임한 뒤 2년이 지났을 때였습니다. 스탠퍼드에서 어느 정도 정착했을 당시, 저보다 약 10년 정도 나이가 많은 박사 동기에게 연락이 왔습니다. 그분은 저와 박사 동기였지만 여러 대학에서 컨설팅 등을 하면서 학사운영에 경험이 풍부한 분이었죠. 대학교 행정 관련 경험이 많아 박사학위도 그쪽으로 공부한 분이었어요. 그분은 월스트리트쪽과의 교류도 많았고, 대학교에서 높은 직위로 재직한 경험도 가지고 있었는데, 한동안 각자의 길을 간 뒤 저와 다시 연락이 되었을 때는 미국 중부의 한 대학교 총장으로 임명되어서 저의 도움이 필요하다는 것이었습니다. 그분이 취임한 대학교는 혁신과도 거리가 멀었고, 테크놀로지를 제대로 활용하지 못하는 그런 대학교였습니다. 예를 들면, 학생 관리프로그램이나 여러 운영관련 시스템들이 개별적으로 운영되어서, ERP Enterprise Resource Planning가 전혀 구현되지 않은 상황이어서,

필요한 리포트 작성, 학사관련 데이터 분석 등이 통합될 수 없는 큰 약점을 가지고 있었습니다.

제가 그 대학교에 도움을 주기에는 많은 시간과 인력이 요구되는 상황이었습니다. 그래서 당시 스탠퍼드 대학원 학장에게 문의를 했죠. 상황을 이야기하고, 앞으로 2년간 격주로 그 주에 가서 부총장을 맡겠다고 했습니다. 비행시간만 4시간 거리에 떨어져 있었던 차라 아무리 격주로 움직인다고 해도 쉬운 일은 아니었습니다. 당시 학장은 스탠퍼드를 떠나지만 않는다는 약속을 한다면 해보라고 허락했죠. 그래서 2년간 4시간 비행거리에 떨어진 대학에 스탠퍼드 학생들을 데리고 가서 프로젝트를 맡게 하였고, 그 대학을 21세기 대학으로 바꾸는 데 노력한 적이 있습니다. 스탠퍼드에서 교육대학원 학생들은 물론 경영대학원 학생, 공과대학생들을 참여시켜 대학운영 전략기획, 마켓리서치, 시스템 개발 등 여러 분야에서 좋은 보수를 받으며 실무 경험을 갖게 하였습니다. 스탠퍼드 학생들은 대학운영에 실질적으로 참여해서 경험을 얻었고, 그 대학은 많은 혁신적인 전략과 시스템 개발을 통해 큰 도움을 받았습니다. 한국 상황으로 비교하자면, 제가 서울대학교에 재직하면서 서울대 교육대학원, 경영대학원, 공과대학 학생들을 데리고 비행기 타고 4시간 날아서 베트남의 한 대학교에 가서, 그 대학을 21세기 대학으로 만드는 프로젝트를 2년간 수행한 셈이죠. 그것도 격주로 비행기로 출퇴근하면서 말이죠.

이 계기는 저에게도 스탠퍼드에서 기존 대학원 수업에 실험의 기회를 주었습니다. 매주 3시간 만나는 수업을, 한 주는 대면수업 그 다음 주는 온라인으로 수업하게 되어서 소위, 'Blended Learning'이라는 하이브리드 hybrid 식 수업을 운영한 거죠. 제가 스탠퍼드에 있는 주는 대면수업, 다른 대학에서 부총장 역할을 할 때에는 온라인 수업으로 스탠퍼드 학생들을 지도했습니다. 이 시간은 제게 여러 가지 새로운 시도를 하게 했습니다. 각종 온라인 수업에 필요한 솔루션들을 활용해 보았고, 좀 더 많은 디지털 프로덕션을 요구하는 과제물을 학생들이 만들어 제출하고 발표하게 했습니다. 학생들의 호응도 매우 좋았고, 수업 성취도도 높았습니다. 이런 일이 지금이라도 한국 교육 현실에서 가능할까요?

함돈균   아마 지금 한국 상황에서는 쉽지 않을 겁니다. 그만한 융통성은 상호 신뢰와 용기 속에서 가능한 것이고, 또 혁신을 추구하고 실행하는 주체들을 응원하고 격려하는 사회적 분위기도 있어야 하고요. 자연스럽게 교육행정에 관한 이야기로 넘어갔는데 이런 실천 사례도 테크놀로지를 이용한 교육혁신 사례만큼이나 제게는 흥미롭군요. 스탠퍼드 대학 내에서도 교육행정과 관련한 사례가 있으신가요?

폴 김   스탠퍼드 대학 교육혁신센터에는 연구개발팀원들이 여럿 있습니다. 제가 이곳의 운영에 관여하면서 팀원들에게 자기 시간의 10%정도는 개인 열정과 관련한 일에 참여해도 좋다고 했습니다. 연구개발팀원이 지난 4월에는 인근 고등학교 학생과 함께 네팔에 가서 고아원을 방문하여 그곳의 아이들을 대상으로 스마일 워크숍을 진행했습니다. 최근에는 인도의 고아원을 방문하여 그곳에서 스마일 워크숍을 했구요. 이와 같은 팀원들은 상당한 실력의 소프트웨어 엔지니어들입니다. 같은 동네에 위치한 구글이나 페이스북이나 애플 등에 인력을 빼앗기지 않으려면 개인 열정을 최대한 존중해야 합니다. 센터의 근본적인 취지와 부합한다면 최대한 국제사회 봉사활동에 참여할 수 있게 하는 것도 그 일환입니다. 마침 개발도상국을 방문하여 교육세미나와 워크숍을 진행하는 것에 관심이 많은 연구개발팀원들이라 저는 이 일을 적극 지원하는 것입니다. 실리콘밸리에서 대기업은 항상 최상의 탈렌트를 가진 사람들을 데려가고 지속적인 교육을 시킵니다. 저의 경우에는 그런 대기업 연봉이나 회사주식과 경쟁할 수 없으므로 국제 봉사활동의 기회를 통해 열정을 충족시키는 계기를 많이 만들어 주는 것이죠.

함돈균   다양한 사례들을 이야기해주셔서 저희가 다음 이야기를 진행하는 데 좋은 길라잡이와 흥밋거리를 던져주신 것 같습니다. 고맙습니다.

테크놀로지가
디자인하는 미래
인공지능 시대의 교육 혁신

테크놀로지의 자율성과 위험 사회

함돈균　　이제 혁신에 관한 좀 다른 차원의 얘기로 넘어가 보죠. 앞서 저희가 혁신에 관한 조건이나 요소 같은 일반론적 차원의 이야기를 했고, 특히 폴 선생님께서 그와 관련하여 이런 문제들을 실천적 차원의 실례를 통해 아주 쉽고 간명하게 말씀을 해주셔서 이해에 큰 도움이 되었습니다. 문명론적 차원의 문제라고 할까요. 혁신, 이노베이션이라는 게 점점 더 테크놀로지와 깊은 연관성을 맺는 것 같습니다. 제가 지난번 미국을 방문했을 때 동부와 서부 양쪽에서 인문-예술-테크놀로지와 관련된 다양한 공간을 방문하고 관련자 인터뷰를 진행했습니다. 그때 몇 분이 말씀하시는 공통된 의견 중에 미국의 부의 창출이 월가에서 실리콘밸리로 이동한 지 이미 한참 되었다, 금융 자본주의 시대가 끝났다는 뜻이기도 하고, 사회 모든 영역에서 테크놀로지의 영향력이 대단히 강화되어 심지어는 종속이 심화되고 있다는 증거이기도 하다는 얘기가 있었습니다. 실제로 제가 그때 오픈스쿨로 열렸던 뉴욕의 대안 디자인 대학 강의에 참여했던 적이 있었는데요. 컴퓨터 엔지니어링과 디자인 교육, 사회 이노베이션이 매우 긴밀히 연결되어 있어서 분리가 될 수 없을 정도의 융합 프로그램을 진행하고 있었습니다. 이런 의견들과 관련해서, 테크놀로지 혁신이 시대적 화두가 된다면 우리가 지금 시점에 앞으로의 전망이라고 할까, 또는 지금 이 시각 문명의 현재를 어떻게 바라봐야 하는 건지 궁금함이 있습니다. 테크놀로지라는 게 사실 옛날부터 어떤 방식으로든 발전해온 도구를 이야기하는 것이고 계속 변화해왔지 않습니까. 그런데 지금 시점이 문명론적 차원에서 다들 '4차 산업혁명'이니 뭐니 하고 테크놀로지 대혁신의 분기점에 있다고 이야기하고 있는데 이게 실제 그러한 것이라고 볼 수 있는지 인문학자이면서 새로운 인문 프로그램을 디자인하고자 하는 기획자로서도 궁금합니다. 자본주의를 뾰족하게 보는 사람들은 그런 기술 차별화 전략 자체가 다음 산업화로 넘어가기 위한 자본의 이윤 전술이라 보기도 하거든요. 한국의 경제 단계, 사회 구조에 4차 산업혁명은 맞지 않는 허구라고 비판하는 학자도 꽤 있습니다.

폴 김　　지금까지의 테크놀로지는 어떻게 보면 사람들이 자기 일을 더 편하게 하자는 목적으로 기술적·도구적 효율성을 높이는 데에 초점이 있었다고 볼 수 있습니다. 이제 앞으로의 사회는 테크놀로지 스스로의 힘에 의해 테크놀로지를 디자인하는 사회로 전환되는 초기 단계라고 생각해요. 왜 그런가 하면 인공지능 기술이 점점 가속화되면서 테크놀로지가 그들 스스로 테크놀로지를 디자인하는 사회로 접어들고 있다는 겁니다. 물론 1, 2년 사이에 일어나는 일은 아닙니다. 수십 년에 걸쳐서 일어날 일들이지만 인공지능의 발전이 상당히 빨라지고, 점점 가속화되고 있는 것은 분명합니다. 우리도 이미 컴퓨터로 그림도 그리고 음악도 만들고, 컴퓨터가 인터넷을 통해 거의 모든 질문에 답을 제시해주고 있지 않습니까. 앞으로는 사람이 시켜서만 하는 게 아니라 컴퓨터가 스스로 생각해서 하는 단계에 접어드는 중요한 시점의 초기 단계라고 보고 있어요. 우리가 이 상황을 어떻게 해석하고, 어떤 준비를 해야 하는지, 정말 4차 산업혁명 과정인지 이런 것들이 명확하지는 않아요. 하지만 그만큼 테크놀로지가 완전히 새로운 개념으로 변화되는 시점에 있는 것은 분명합니다.

함돈균   4차 산업혁명은 경제 구조의 문제이기 때문에 단순히 과학기술 혁신 개념과는 다르다고 생각합니다. 그러나 지금 말씀하신 부분은 분명 지금의 테크놀로지하고는 다른 기점으로 현 시각을 볼 수 있는 근거인 것 같네요.

폴 김   왜냐하면 지금까지는 인터넷이 상당히 혁명적으로 몇 초 만에 전 세계 어디든 이메일이 오가고 통신이 되게 하는 시대를 열었지만, 이것은 인간이 일에 착수해서 생겨나는 것들이잖아요. 그런데 상당히 초기 단계이긴 하지만 이제부터는 인간이 인공지능 스스로 판단하고 결정하도록 테크놀로지에게 권한을 물려주는 시점이 도래하고 있는 거죠. 그럼 예를 들어 앞으로 인공지능에 의해 구축되는 홈 방어 시스템이 나올 텐데, 가령 로봇 어시스턴트가 생길 거란 말이에요. 그러면 드론을 자기들이 컨트롤하는 거예요. 사람이 드론을 제어하는 게 아니라 이 컴퓨터 어시스턴트가 10분마다 드론을 돌려서 집 주위에 이상한 사람이 온다든지, 위해를 끼칠 만한 게 있으면 스스로 판단해서 막든가 제거한다든가 하는 거죠. 간단하게 그렇게 생각해보세요. 금방 생길 일이에요. 그런데 친구들이 찾아왔는데, 인공지능들 생각에 '도둑 같아', '강도 같아', '막아야 돼'라고 잘못 판단해서 상처를 입히든가 죽게 한다든가 그럴 수도 있단 말이에요. 그 판단을 우리가 기계한테 넘겨줬으니까요. 그런 부분이 지금 테크놀로지가 앞으로 나아가는 데 있어서 상당히 중요하고, 실수할 수 있고, 위험 요소가 꽤 높아지는 사회의 기점으로 넘어가고 있는 증거입니다.

그런 의미에서 테크놀로지가 테크놀로지를 컨트롤하는 시점의 초기 단계이기 때문에, 앞으로 더더욱 이런 부분은 위험해질 수 있습니다. 해킹이라도 당한다고 생각해보세요. 바이러스가 침투했다 하면 정말 위험한 상황이 벌어질 수 있는 거죠. 물론 처음 바이러스를 심은 것도 사람이겠지만 이제 자동 로테이션을 하면서 테크놀로지 스스로 테크놀로지를 컨트롤하기 시작하면 정말 위험한 상황이 벌어질 수 있습니다. 병원에 있는 로봇들이 갑자기 이상한 주사를 놓는다든지, 적정량 이상의 수액을 제공한다든지 하는 상황이 되면 얼마나 위험합니까. 옛날보다 테크놀로지가 상당히 많이 발전한 요즘에도 비행기 사고가 적지 않게 나잖아요? 일전에 모 항공사의 비행기가 샌프란시스코 공항에서 착륙을 시도하다가 사고가 난 적이 있었죠. 그게 이런 시각에서 해석하면 기계에 너무 의존해서 그래요. 그 당시 사람이 기계를 잘 모니터링하면서 조종했으면 사고를 면할 수 있었겠죠. 근데 사람이 기계를 너무 믿고 '아 속도가 어느 정도 줄어들면 컴퓨터가 자동으로 엔진 출력을 높여줄 거야' 하는 확인되지 않은 추측을 하고 있었던 겁니다. 그런데 가장 중요한 시점에서 엔진 출력이 자동으로 안 들어오니까 'Go around'를 외치고, 엔진 출력을 수동으로 올렸는데, 이미 늦었던 거죠. 그래서 추락한 거예요. 기계에 너무 의존하고, 너무 많은 권한을 주고, 사람이 모니터링을 제대로 안 하게 되니까 엄청나게 큰 사고들이 오히려 쉽게 일어날 수 있다는 겁니다. 이제 기계가 스스로 생각해서 판단하고 권한을 많이 가지게 되고, 사람들은 기계에 대한 맹신을 하고 게다가 추측을 더 하게 된다면, 더 큰 재앙이 일어날 확률이 높아집니다.

교육 에코 시스템

함돈균   말씀을 들어보니 참 딜레마적인 문제네요. 요즘 자동차 업계나 IT 업계 모두에 화두가 되고 있는 자율 주행 자동차의 예가 떠오르기도 하고요. 자동차에 자율성을 부여하여 안전성과 편리성을 증가시키려는 노력이 운행에 관한 판단력을 전적으로 기계에 위임함으로써 늘 높은 위험성에 인간을 노출시키기도 하는 딜레마 말입니다. 울리히 벡이라는 사회학자가 테크놀로지의 발전이 치명적이고 거대한 기술적 위험에 인간을 노출시키는 '위험 사회 risk society'로 인간을 진입시켰다는 지적이 지금 기술 혁신의 시대에 갈수록 더 잘 맞는 사회가 되고 있다고 생각되네요.

하지만 테크놀로지 혁신을 일방적으로 비관적인 측면에서만 보는 것도 테크놀로지에 대한 방어적이고 수동적인 태도라는 점에서 바람직하지만은 않다고 봅니다. 예를 들자면 우리가 이제 본격적으로 이야기하려는 교육 문제와 관련해서도 그렇지요. 이 얘기를 본격적으로 하기 위해서 우선 폴 선생님의 전 지구적이고 다양한 교육 활동 경험에 비추어서 거시적 차원의 사회 혁신의 문제를 교육 혁신의 관점과 결부지어 말씀해주시지 않겠습니까?

폴 김　　이야기가 너무 포괄적일 수 있으니 제 경험에 한정해서 사회적 혁신과 교육 혁신의 문제를 간단하게 생각해보면요. 초창기에 아이들이 공부를 하려면 일단 읽어야 하잖아요. 그래서 저는 읽고 쓸 수 있는 능력literacy이 상당히 중요하다고 생각해서, 교육의 공공성을 지구적 차원으로 확대시키는 일에 관심을 가지면서 일단 이 능력을 키우는 기초적이고 부분적인 차원에 집중한 때가 있었어요. 문자 해득력조차도 갖추지 못한 지역, 학교의 개념 자체가 없거나 학교라는 것이 존재할 수 없는 여건에 처한 지역에서는 이것이 교육 혁신이며, 아이들에게 이 능력을 만들어내는 것이 그 자체로 지구적 차원에서는 사회 혁신의 기초라고 생각하기도 했던 것이지요.

　그다음 단계에서 생각한 것이 아이들이 아무리 공부를 잘해도 사회적 출구가 없는 경우가 참 많다는 것이었어요. 앞으로는 많이 달라지겠고 또 그래야겠지만, 아프리카의 최빈민국가들에서 살고 있는 아이가 설령 아무리 공부를 잘해도 직장이 없어 그 공부가 쓸모 없는 경우가 현재는 허다합니다. 아무리 똑똑해도 자기 나라를 떠나지 않는 이상 어디 가서 돈을 벌 수도 없고 지식을 사용할 방법이나 통로가 아예 없는 경우가 많거든요. 그래서 이제 저는 직업 창출까지 도와줘야 한다는 생각에까지 이르는 거죠. 그런데 이제 그다음 단계는 직업 창출을 했을 때 이 아이들이 의미 있는 삶을 살 수 있느냐, 그것까지 고민해야 한다고 생각하게 됩니다. 아이들이 직업의 신성함, 노동의 신성함 등을 깨닫고, 또 그 일을 함으로써 사회적 효율성이나 나아가 공익을 추구하는 직업이나 노동의 의미를 자각하고 자부심을 느낄 수 있어야 참 직업이라고 생각하거든요. 돈만 많이 벌지 별로 도움이 안 되는 그런 일들도 사회에는 많죠. 악의로 하는 일도 많이 있을 거고, 자부심보다는 어떻게 보면 비리나 다른 방법을 통해 개인의 이득만 취하는 직업도 있을 수 있잖아요. 정말 미래의 직업, 이상적인 직업을 생각하면 그 일에 종사하면서 더 큰 선greater good을 향해 나아가고, 또 사회적 효능social efficiency을 추구하고, 사회에 공헌할수록 자기 자신의 의미, 자기의 정체성, 존재감을 찾을 수 있지 않을까요. 일에 종사함으로써 자부심을 느낄 수 있는 직업을 만들어주는 게 가장 이상적이라는 생각까지 했습니다. 그러니까 처음에는 읽고 쓰고 셈할 줄만 알면 된다고 생각해서 기초적인 문자 해득력을 위한 공부와 셈하기numeracy를 위한 공부를 가르치다가, 그다음 단계에서는 비판적인 사고critical thinking를 잘하고 판단하고 많이 질문하면서 스스로 직업을 창출하거나 아니면 그 사람이 필요로 하는 직업을 우리가 찾아주는 직업 교육 트레이닝을 하고, 이제는 직업 자체의 정체성까지 고민하게 됐다는 뜻이죠. 그러니까 여기에서는 교육 혁신의 문제가 직업 교육과 직업의식, 심지어는 노동과 관련한 직업 생태계나 미래의 직업에까지 생각이 이르게 되는데, 이건 사회 혁신의 기초를 이루는 또 다른 측면이라고 볼 수도 있겠습니다.

함돈균　그런 스텝은 교육 프로세스 일반론으로 이해할 때에도 생각해 볼 만한 지점이군요. 제가 일련의 교육 프로그램을 만드는 일도 해보고, '학교'를 만드는 일에도 관심을 가져왔는데 결국에는 생각이 그 교육 프로그램을 실행할 주체들의 직업과 정체성, 그러한 교육 프로그램이 직업 형태를 통해 실현될 수 있는 유통 경로와 시장 등등 교육 프로그램을 둘러싼 사회적 생태계 전체를 어떻게 만들 것인가 하는 지점에 자연스레 다다르게 되더라고요. 여기에서 저는 공공 교육 프로그램을 디자인하는 일이 사회 디자인의 문제와 분리될 수 없다는 확신을 하게 되었죠. 선생님 표현대로라면 에코 시스템이 되겠네요.

폴 김　정확히 저와 같은 생각입니다. 지금까지 제가 만든 교육 NGO와 스탠퍼드 대학 교육 대학원의 교육 프로젝트를 연계하면서 저는 이 활동을 1단계, 2단계, 3단계까지 생각했는데, 이제 교육의 목적이 3단계까지 가야 한다는 결론에 이른 겁니다. 출구가 없으니 1단계에서 끝나봐야 직업도 없고, 2단계를 거쳐도 사회적 효능, 더 큰 공익이나 바람직한 직업 정체성과는 전혀 상관없는 나쁜 길이나 잘못된 직업으로 빠질 수도 있기 때문에, 1, 2, 3단계를 다 갖춘 시스템, 모델을 추구해야 한다는 거지요.

함돈균　그럼 그런 활동이나 생각들이 테크놀로지와 관련해서는 어떤 연관성을 가질 수 있는지 교육용 디바이스를 직접 발명하기도 하는 공학자로서 얘기해주시겠습니까?

폴 김   지금까지 테크놀로지를 교육에 접목하려고 한 시도가 상당히 많았는데, 제가 봤을 때 많은 부분 잘못된 접근이었다고 생각해요. 예를 들어 테크놀로지를 제일 많이 사용하는 사례가 파워포인트나 프로젝션 같은 도구였다는 거죠. 저도 아주 예전에는 그냥 강의를 하다가 시각적 도구를 이용해서 강의를 녹화해 여러 사람들에게 보여준다는 식으로 테크놀로지를 활용했습니다. 테크놀로지가 정보를 전달하는 수단, 정보를 보여주는 수단에 집중되고, 어떤 기술을 실행하는 수단으로만 단순하게 활용되고 있었다는 거죠. 지금까지 많은 교육 회사나 솔루션이 그런 차원에 집중했다면 앞으로 테크놀로지와 교육의 접목은 그런 차원이 아닐 겁니다. 어떤 변화냐면, 지식을 전달받거나 잘 보여주거나 이해할 수 있게 하는 수준이 아니라, 테크놀로지를 통해 새로운 지식을 창조하고 생산할 수 있는 수준의 교육으로 나아가야 합니다. 그다음에 요즘 현장 실습, 현장 중심 교육, 문제 중심 교육 이런 말을 많이 하는데, 실질적으로 참여할 수 있는 교육, 참여하고 만들고 평가해서 공유할 수 있게 하는 테크놀로지야말로 교육공학 education technology 이 가야 할 길이라고 생각합니다.

함돈균   테크놀로지에 의해서 교육의 주체가 실질적으로 바뀐다고 할까, 확장된 경험하고 관련이 되겠네요.

폴 김   그렇죠. 과거에는 교육의 주체, 지식의 원천 source 이 전달자, 그러니까 교사나 교수였어요. 하지만 지금은 교육의 주체가 '나', 학생이에요. 내가 주도하는, 그래서 자기 주도 모델과 연관이 되는 거죠.

함돈균 테크놀로지도 그러면 학습자들의 자기 주도 학습 방향과 밀접한 관련이 되고, 그것에 실질적인 도움을 주는 그런 디바이스나 시스템이어야 한다는 말씀이시죠?

폴 김 학생들에게 자율권을 주고 배움의 주체가 자기 능력을 실제로 배가시킬 수 있는 디바이스, 교육 테크놀로지의 개발이 진정한 교육공학의 방향이 될 수 있다는 거죠. 지식의 원천이 전에는 교수, 교사, 강사였잖아요. 이제 21세기에는 교수나 교사가 정보의 원천이 아니에요. 이미 다원화되어 있고 인터넷 찾아보면 다 나옵니다. 정보 수집의 방식이 상당히 효율적이고 분산적이고 다양화되어 있단 말이에요. 그런데 아직도 대다수 교사들이 절대로 받아들일 수 없는 게 그래도 교사는 권한이 있어야 하고, 권위가 있는 존재여야 한다고 생각하거든요. 더 정확히 말하면 교사가 교육 현장의 주도권을 쥐고 있어야 한다는 생각이지요. 교사나 교수들이 그런 걸 두려워합니다. 본인들이 지식의 원천인데 왜 학생들이 주도하려고 하느냐면서 현장의 주도권을 넘겨주는 일을 상당히 두려워하는 현상이 있어요. 그들이 빨리 주도권을 포기하고 빨리 이 의식에서 벗어나야 합니다. 그런 것을 던져버리고 그들 또한 학습자 learner, 학생이 되어야 해요.

저는 교수와 교사가 학생이 될 때 오히려 진정한 교수, 교사가 될 수 있다고 생각해요. 배우지 않는 교수와 교사가 어떻게 좋은 교수, 교사가 되겠어요. 같이 배우고 탐구하고 연구하고 지도적 역할을 하려면 교수, 교사들이 먼저 학생이 되어야 한다고 말하고 싶어요. 사실 대학의 목적이 그런 것 아닙니까. 저는 스탠퍼드 대학의 학생, 특히 교육 대학원생들에게 정말로 잘 가르치고 싶으면 가르치지 말라고 해요. 가르칠수록 학생의 학습 잠재력은 줄어들고, 자기 능력을 내적인 힘에 의해 스스로 향상시킬 수 있는 기회를 없애는 현상밖에 일어나지 않기 때문이지요. 왜냐하면 가르칠 때는 설명을 하거든요. 이건 이거고, 저건 저래서 그런 거고 하며 다 알려줍니다. 그러면 학생이 생각하거나 질문할 기회가 없어요. 설명해주는 대로 외우고 암기하고, 시험을 치르는 모델인 거죠. 그렇기 때문에 진정한 교사 teacher 가 되고 싶으면 교습 teaching 을 하지 마라, 대신에 질문을 던지거나 문제를 보여주거나 감동이나 영감을 줄 수 있는 상황을 만들어 스스로 깨우쳐 탐구하고 싶어 하게 하고, 스스로 호기심을 갖게 해야 한다는 겁니다.

좋은 교사는 가르치지 않는다

함돈균 　　참 멋진 말씀인데요. 어떻게 보면 테크놀로지와 교육의 그러한 연관성은 단지 기술 시대의 문제가 아니라 문화적으로도 정치적으로도 거스를 수 없는 대세가 될 수밖에 없다는 생각입니다. 이 방향은 철저한 다원주의 사회, 정보 공유 사회, 또 민주주의 사회에 매우 잘 부합되는 교육 모델이고, 교사와 학생들 간의 관계 역시 그러하다는 생각이 듭니다. 한편으로는 이런 생각이 들어요. 제가 지난번 미국 방문 때 피츠버그 대학 교육학과 교수님과 굉장히 인상 깊은 인터뷰를 했습니다. 그때 대화하면서 미국식 교육과 한국식 교육의 큰 차이를 확인하고는 스스로 반성도 하면서 또 한편으로 의아함도 들었던 부분이 바로 폴 선생님의 지금 말씀과 비슷한 것이었습니다. 그 교수님은 강의를 할 때 70분짜리 강의면 20분 정도만 얘기를 하고 나머지는 그들 스스로 생각하고 의견을 도출할 수 있게끔 토론을 시킨다고 합니다. 교사·교수의 강의가 수업의 주가 아닌 거예요.

그런데 그런 교육 모델이 매우 인상적이면서도 동양의 전통적 교육 모델과 비교해보면 다른 관점으로 해석해볼 여지도 있는 것 같습니다. 교사가 꼭 교사의 권위주의 때문이 아니라 '스승'이라는 관점에서 지적 영감을 주는 멘토가 되는 경우도 있거든요. 한국에서 지금 굉장히 재미있는 모델을 실험하는 대안 대학이 있습니다. 파주타이포그라피학교^{PaTI}라고 디자인 대학교인데, 유명한 북 디자이너이자 타이포그래퍼인 안상수 선생님이 만든 상당히 주목을 받는 학교예요. 이 학교에서는 매우 자유로운 실험적 모델로 학교를 운영하면서도 교사를 일반적인 교사라 하지 않고, 오히려 더 높여서 '스승'이라 해요. 학생들은 학생이라 부르지 않고 '배우미'라고 부릅니다. 스승과 배우미라는 명칭은 표면적으로는 가르치는 사람의 권위를 더 높이고, 학습자가 가르침 받는 태도를 훨씬 강조하는 입장인 것처럼 보입니다. 그런데 실상 학교 운영의 실제를 보면 둘 다 존중하면서 학습자의 자율성을 최대한 존중하는 자유로운 운영을 보여줍니다. 어떻게 보시는지요, 폴 선생님의 모델과 이런 모델은요. 실험학교가 운영되기도 하는데, 동양적인 모델일 수도 있고, 그런 모델과 이 모델 사이에 공유점을 찾을 수도 있는지, 아니면 차이가 상당히 많다고 보시는지 궁금합니다.

폴 김   여러 측면에서 볼 수 있는데, 제가 보는 입장에서는 멘토도 좋고, 조언자 adviser 도 좋습니다. 그런데 제가 제일 좋아하는 단어는 '코치 coach'예요. 저는 코치라는 말이 참 좋아요. 저는 학생들을 '스타 star'로 보기 때문이죠. 학생들을 세상에 내보낼 때 그들은 스타라고 할 수 있어요. 스타는 코치가 만들고, 코치가 스타를 만들려면 그 아이에 대해 정말 잘 알아야 해요. 풋볼 팀이나, 스포츠 팀에도 코치가 있잖아요. 그러니까 코치는 자기가 아는 걸 쏟아내어 가르치지 않는 대신 스타가 될 학생들 하나하나의 특성이나 자질에 대해 깊은 관심을 갖고 잘 알아야 하고 잦은 피드백을 해줘야 합니다. 전통적 교사나 스승 모델과 코치 모델 중 어떤 것이 더 어려울까요.

함돈균 코치는 감독하고는 다른 개념입니까?

폴 김 그렇죠. 코치는 너무나도 잘 알아야 해요. 장점과 단점, 강점, 약점, 잠재력을 정확히 알아야 제대로 된 코칭이나 방향 제시를 해줄 수 있어요. 스승이 물론 아까 말한 현자의 입장에서 마더 테레사나 간디 같은 분이 좋은 말씀을 해주실 수 있습니다. 좋아요, 그런 분은 스승이에요. 그런 말씀을 해주고 철학적인 방향을 제시해주는 선생님, 스승. 그런데 제가 보는 현재의 교육제도, 그러니까 개별 교육이 아니라 시스템적인 차원의 에듀케이션 education 에서 볼 때는 코치 모델이 더 맞는다는 생각이 들어요. 왜냐하면 간디가 저에게 좋은 말을 해줄 때는 저에 대해 몰라도 상관없어요. 마더 테레사도 마찬가지예요. 제게 좋은 말을 많이 해줄 수 있지만 내가 어떤 사람인지 전혀 몰라도 아무 상관이 없어요. 근데 코치는 잘 알아야 해요. 뭘 잘하고, 뭘 못하고, 어떤 상황에서 어떤 반응을 보이고, 어떤 상황에서는 정말로 잘할 수 있는지, 코치와 학생 사이에는 그런 자신감이 형성되어야 해요. 학생은 코치에 대해 믿음이 있어야 하고요. '코치가 나를 너무 잘 알기 때문에 이렇게 저렇게 방향 제시를 해줄 때 내가 최대한의 잠재력을 끌어낼 수 있어'라고 믿음이 형성되어 있어야 하죠. 또 코치는 '나는 저 학생을 맡았고, 많이 겪어보니 이런 상황에서 정말로 스타 레벨의 퍼포먼스를 할 수 있어'라는 믿음과 신뢰 관계가 상호 관계에서 형성되어야 해요.

그래서 200명 앞에서 강의하면 그런 게 있을 수가 없어요. 열두 명쯤이 좋고 시간이 많이 할애되면 20명, 30명까지도 가능하겠죠. 정말 중요한 것은 약점과 강점을 정확히 알고 방향 제시를 해주고, 그 아이에게 맞는 교육 방식을 적용해야 한다는 겁니다. 예컨대 초등학교 4학년인데 글도 못 읽고, 숫자도 모르고, 곱셈도 전혀 모르는 아이가 있었는데 제가 그 아이의 코치를 맡았어요. 아이를 링에 내보내려면 지금 관찰하고, 얘기해보고, 어떤 생각과 고충, 장점과 단점이 있는지 파악해서 제가 가장 적절한 처방전을 주어야 하잖아요. 그래서 읽기 프로그램을 만들고, 제 생각에 적절한 것으로 아이에게 자신감을 주고, 아이가 자기애와 자기 자신에 대한 신념을 갖도록 해야죠. 할 수 있다는 신념을 아주 빠르게, 시간이 많지 않으니까 그런 처방전을 제공해야 하는 거예요. 이 얘기는 실제 제가 코치로서 겪은 일입니다. 그래서 글도 못 읽던 아이가 나중에 제 코칭에 의해 좋은 대학에 장학금을 받고 들어갔다는 얘기를 듣고, 제가 상당히 자부심을 느꼈거든요. 교사에게도 좋은 겁니다. 그런 관계가 이상적인 관계가 아닌가 싶어요. 그래서 코치가 더 적절한 표현이 아닐까 생각합니다.

함돈균   듣고 보니 '코치'로서의 교사 모델이라는 게 쉽지 않고 오히려 상당한 헌신을 요구하는 모델이라는 생각이 듭니다. 저는 제 학창 시절을 돌아볼 때 초등학교 때부터 대학교, 심지어는 대학원에 이르기까지 한국 교육에서 선생님이 말씀하신 식의 '코칭'을 받아본 적이 없는 것 같습니다. 그래도 다른 학생들에 비해서는 교실에서 교사에게 상대적으로 관심을 받는 학생일 수도 있었음에도 불구하고 제가 가진 재능이나 생각들에 대한 교사의 관심은 전무했어요. 이런 상황에서 한 학생의 잠재력을 키워주고 성장시켜 '스타'로 만든다는 일은 꿈도 꿀 수 없지요. 심지어는 대학에서조차 마찬가지였던 것 같습니다. 네가 선택해서 들어온 학과니까 네가 모든 걸 알아서 하고 취직자리도 알아서 잘 찾아봐라, 뭐 이런 식의 분위기가 한국의 대학 분위기인 것 같습니다. 아마 이런 제 경험은 한국 교육에서는 지극히 일반적으로 공유될 수 있는 공통 경험이 아닌가 싶습니다. 그런데 선생님 말씀을 한국에 전하면 교사든 학부모든 이런 반론이 예상되기는 합니다. '폴 선생님 말씀은 참 좋은 말씀이다. 그러나 그건 교육 원론이고, 미국 같은 나라의 교육 환경에서나 통하는 얘기다. 한국 실정과 너무 안 맞는 교육 이상론이다' 하고 말이에요.

폴 김   당연히 반대하는 사람도 많이 있겠죠. 특히 교사나 교육 당국의 입장에서는 지금 학생이 60명인데, 코치할 시간이 없다느니 언제 뭐를 해야 한다느니 할 수 있겠죠. 그러면 이러한 일이 가능할 수 있도록 시간과 조건을 만들어야죠. 모델이 좋으면, 교육의 비전에 관해 수긍이 간다면, 현실론을 언제까지나 고수하면서 불평하고 불만을 토로할 게 아니라 여건을 수정하고 모델을 바꿔버리라는 거예요. 아닌 걸 왜 자꾸 고집하는 걸까요. 우리가 혁신에 대해 이야기하고 있지만, 이러한 것도 일종의 '저항'입니다. 변화를 위한 진통이 두렵고 불편하니 기존 시스템의 기득권을 놓지 못하는 거예요. 목표 설정을 바꾸고 시스템을 그 방식으로 최적화시키는 전환의 노력은 치밀하게 아이디어를 디자인해보면 생각보다 그리 어렵지 않습니다. 주먹구구라 어렵고 부작용도 많은 것이지요. '혁신'이란 변화와 관련한 전체 상황을 예비하고 대안을 강구하는 일입니다.

함돈균   동의합니다. 수단이나 방법은 목표를 성취하기 위한 하위 항목이지요. 그런데 한국에서는 사회 여러 부문을 보아도 이게 거꾸로인 경우가 많은 것 같아요. 수단이나 방법이 목적이나 목표를 오히려 먹어버리지요. 어떤 좋은 목표나 이상적인 모습을 설정하고 그것을 실현시키기 위한 최적화된 과정·수단·방법을 설정하는 게 아니라 현실의 조건이나 주어진 방법·수단이 이 정도이니 목표를 거기에 맞추라는 식입니다. 그러니 영원한 현실론만 있는 거지요. 제가 한국에 살고 있다 보니 이 말씀을 들으면서 한국적 상황이 상기되고 몹시 답답한 마음이 드네요. 이 영원한 현실론에 의해 폴 선생님이나 제가 초·중등학교를 다니던 시절에도 제기되었던 교육 문제가 근본적으로는 거의 개선되지 않은 채 그대로 답습되고 있는 것이지요. 한국 사회가 그동안 얼마나 물리적으로 성장을 해왔는데 교육이 학습자 개인에 대한 개별적 관심과 성장에 영향을 주지 못하는 이 완고한 답습 체제란 대체 무엇이란 말입니까.

한국의 교실,
스탠퍼드의 강의실

한국식 교육 vs 미국식 교육

교육 불평등

함돈균 이제부터 이야기를 폴 선생님의 전문 영역이기도 하고, 우리 책의 테마인 교육 문제에 좀 더 집중시켜볼까 합니다. 너무 포괄적인 질문이긴 한데, 위기 속에서도 여전히 세계 정치와 경제, 문화에 상당한 헤게모니를 쥐고 있는 나라 미국의 교육에 대해서 어떤 인상을 갖고 계신지 궁금합니다. 미국이라는 나라가 교육에 있어 지향하는 전체적인 목표나 지향점 같은 것이 있다고 할 수 있을까요? 있다면 어떤 것일까요?

폴 김 미국 교육에 대해서는 많은 각도로 볼 수 있을 것 같아요. 미국이라는 나라는 연방 국가federation 잖아요. 많은 주state가 모여서 한 국가를 만드는 형태이기 때문에 각 주별로 교육정책이 다 달라요. 그리고 또 각자 규정이 다 다르고, 역사관이라든지 이런 것까지 상당히 많은 차이

점이 있어요. 자율성을 상당히 보장하고, 주 안에서도 카운티^{county}가 있고, 카운티들의 자율성이 또 보장되잖아요. 대한민국으로 치면 도(道)가 있고, 도 안에 각 교육청들이 있고, 그 안에 시(市)에도 개별적인 자율성이 있는 것처럼요. 한국은 어떤지 모르겠지만, 미국은 그 자율성을 최대로 보장하려고 노력하거든요.

그래서 어떤 지역이나 학교에 모이는 기금, 즉 세금이 어떻게 모이느냐에 따라서 교육의 질이 확연히 차이가 나요. 부자 카운티, 부자 시티에 사는 아이들은 양질의 교육을 받을 수 있어요. 세금을 많이 내니까요. 그래서 미국 교육의 중요 특징은 자율성이 보장되는 대신에 평등성을 보장할 수가 없다고 일단 말할 수 있어요. 잘사는 동네 아이들은 좋은 학교, 못사는 동네 아이들은 좋지 못한 학교로 구분이 되는 거죠. 그래서 미국에서는 전체적으로 보면 교육 여건의 평등성을 보장하는 일은 거의 불가능하고 이 상황을 바꾸기도 거의 불가능합니다. 주체들의 자율성을 최대한 보장하는 대신 재정^{funding}이 상당히 많은 걸 결정하기 때문이죠. 스탠퍼드 대학이 있는 팔로알토^{Palo Alto} 쪽은 학교가 랭킹, 퀼리티로 따지면 1에서 10까지 있다고 볼 때 10이거든요. 근데 거기서 20분만 걸어가면 학교 퀼리티가 2인 곳이 나옵니다. 거리로는 1마일밖에 차이 안 나는데, 어떻게 그렇게 다른 차이가 있느냐, 바로 재정 문제예요. 저는 미국 교육의 재정 문제가 상당히 불만입니다. 그래서 가난한 집에서 태어난 아이들은 계속 가난할 수밖에 없어요. 교육의 기회를 제대로 접할 수 없고 양질의 교육을 받을 수 없기 때문에, 또 좋은 직업을 가질 수 없고, 악순환이 계속되는 모순된 체제라는 거죠. 자율성의 보장이 주목적이었지만, 이제 재정 체계 때문에 절대로 평등성이 보장되지 않는 문제가 있다는 겁니다. 그래서 교육을 국영화 nationalize나 연방화 federalize 한다는 말도 있었어요. 모든 학교가 주 정부가 아니라 연방 정부에서 제공하는 재정으로 운영하면 모두가 평등하지 않겠느냐고 얘기하죠. 그런데 그건 또 주 정부에서 상당히 싫어해요. 알아서 다 할 테니 주의 정책에 간섭하지 말라는 거죠. 그러니까 중앙정부가 교과서의 통일된 지침을 지시한다는 식의 대한민국 국정교과서 같은 것은 상상할 수도 없는 일이지요. 미국에서도 지금과 같은 불평등한 교육 품질에 대해서는 아직까지 해답이 없습니다.

함돈균 사립학교와 공립학교 간의 차이도 상당하다고 알고 있습니다만, 어떤가요?

폴 김 그렇기도 하고 그렇지 않기도 합니다. 팔로알토 안에도 사립학교와 공립학교가 있는데, 여기서는 퀄리티가 비슷해요. 재정 상황의 유사성 때문이지요. 그런데 대체로는 사립학교에 보내려면 돈이 더 있어야지요. 그래서 조금 더 잘사는 사람들은 사립학교를 선호해요. 재정도 그 결과 사립이 나아지지요. 사립학교와 공립학교의 차이점 가운데 교육의 질에 직접적으로 연관이 되는 건 학교 내의 자율성 문제입니다. 공립학교는 주 정부에서 정하는 교과서, 체계나 방향, 순서가 다 정해져 있어서 그것을 다 끝내야 해요. 주 정부에서 제시한 기준에 맞춰야 한다는 거죠. 사립학교에서는 그런 게 없어요. 제한이 없기 때문에 교사들이 마음껏 새로운 것을 시도해보고, 이것도 해보고, 저것도 해보고, 물론 자치적인 지역적 기준이 있기야 하겠지만, 상당한 자율성이 보장되기 때문에, 많은 새로운 시도를 해볼 수 있고, 실패하면 다시 해보고 하는 혁신에 대한 여지가 생겨요.

함돈균   교과서 같은 것은 따로 없습니까?

폴 김   없는 경우도 있고, 교사가 마음대로 할 수도 있고, 물론 학교에서 정해줄 수도 있고, 자율성이 더더욱 보장되는 거죠. 사립학교는 교원 노조teacher's union 같은 데에 영향을 덜 받기 때문에 상당한 자율성을 가지고 마음대로 새로운 시도를 해볼 수 있지만, 공교육에서는 그런 일이 가능하지 않고 어떤 기준을 꼭 지켜야 하기 때문에 일정 성적이 나와야 패스가 가능하니까 선생님들이 시험에 대한 강박증이 상당히 심합니다. 아이들이 시험에서 이 정도 성적을 내야 욕먹지 않고 계속 가르칠 수 있다는 생각을 하는 거죠. 그러니까 결국 공교육에서는 시험에 집중하고 시험 중심적인 교육이 되고 암기식 교육밖에 할 수 없는 거예요. 이건 한국 입시 교육 상황과 어떤 면에서 비슷한 부분도 있습니다.

반면에 사립학교에서는 테크놀로지의 다양성을 활용한 많은 시도를 하고 선생님의 자율성이 더 크기 때문에, 학생들에게도 여러 가지를 시도해볼 수 있고, 학생들이 팀 프로젝트라든지 시간을 넘겨서 단원unit을 끝내지 못하는 한이 있더라도 많은 경험을 할 수 있게 하는 거죠. 사립학교에서는 그런 자율성이 더더욱 혁신을 가능하게 한다고 봅니다. 그런 점에서 사립학교가 유리하죠. 물론 저는 공립학교, 사립학교 모두에 도움을 주고 있어요. 공립학교는 교육 자원이 모자라는 곳에 자원을 제공하는 차원에서, 사립학교는 혁신을 하려는 것들에 대한 연구나 협업, 실험

등을 같이 해보고 있어요. 그래서 제가 혁신적인 것을 해보고 싶다 하면 사립학교가 유리합니다. 공립학교는 어떤 혁신적인 게 인증이 되고 증명이 되면 그것을 공립학교에 가서 한번 해보려고 시도하는데, 대부분 불가능한 이유가 이미 스케줄이 꽉 차 있고, 자율성이 전혀 보장되어 있지 않기 때문에 혁신을 가져오기에는 너무 힘든 상황입니다. 공립학교와 사립학교의 관계가 그렇습니다.

함돈균　큰 차원에서 미국 교육이 지향하는 교육 이상 ideal type 이나 인간형이라든가 하는 지점들이 있습니까?

폴 김　어떤 그런 공통적인 건 없다고 봐요. 미국이 국가적으로 추구하는 것은 없다고 봅니다.

함돈균　그런데 제가 미국 사회에 대해 잘 알지는 못하지만, 전체적으로 자율성이 굉장히 보장되는 사회처럼 보이지만, 공공 기관이라든가 박물관에 가보면 애국주의적이라고 할까요, '아메리카 시민'이라고 하는 상 같은 게 있다는 느낌을 외국인으로서 받기도 합니다.

폴 김　그것은 일정한 교육정책의 결과라기보다는 문화적 측면이 결합된 정서적 차원의 것과 더 가깝습니다. 미국인들의 자부심, 도전 정신, 최대 강국이라는 생각, 또 그것을 지켜가고자 하는 의지 같은 것들 말입니다. 그래서 교과서에도 미국 초기 정착자들이 얼마나 많은 아메리칸인디언들을 죽였느냐 하는 얘기는 없고 청교도 정신 같은 좋은 얘기들만

나오잖아요. 멕시코에서 텍사스, 캘리포니아를 뺏은 애기는 안 나오죠. 전쟁 당시 어떤 용감한 미국 군인의 애기는 있을지 모르지만, 캘리포니아를 약탈한 애기는 거의 없어요. 미국인들의 공통된 정서는 어떤 자부심이나 청교도 정신에서 나온 자연스러운 결과물이지 어떤 일관된 교육 정책으로 보기는 어렵습니다.

함돈균   적극적인 차원에서 이념을 가르치지는 않지만 미국이라는 나라가 태생적으로 안고 있는 원죄 같은 것이 있는데, 그런 부분은 괄호 쳐놓고서 애기를 시작하기 때문에 그것이 교육과 무관하다고 말하기는 애매한 지점이 있는 것 같습니다.

폴 김   그런 건 어느 국가나 있는 체제 지향적 측면이지 미국 교육의 특수성은 아니라고 봅니다. 어느 국가나 별로 자랑스럽지 못한 부분들이 있죠. 사실 따지고 보면 미국에는 그런 게 너무나 많습니다. 악한 것, 악행을 자행한 것들, 전 세계적으로 악한 행동을 한 것들 등 셀 수도 없이 긴 리스트가 나올 거고, 진짜로 다 파헤쳐서 알게 되면 사람들이 놀랄 테지요. 그런데 알고 보면 대한민국에도 그런 부분이 없다고는 할 수 없겠죠. 어느 나라건 체제를 만드는 방식에는 그런 메커니즘이 필연적으로 작용하기 때문에 그걸 미국 교육의 특수한 의도가 빚어내는 거라고 보기는 어렵다는 겁니다.

함돈균   그 말씀을 듣고 보니 그것도 그렇군요. 그런데 서구라도 유럽의 시민은 미국의 시민과 많이 다른 것 같아요. 유럽의 교육이 미국의 교육에 비해 상대적으로 보편 지향적 측면이 있기 때문인지 자기 나라에 대해 비판적이고 냉소적인 측면이 있다고 한다면, 미국은 훨씬 더 국가 지향적이라는 겁니다. 그건 제가 보기에 교육의 방향이나 교육 이념과 어떤 연관성이 있지 않으냐 하는 인상이 들거든요.

폴 김　유럽의 국가들보다는 미국이 또는 미국인의 성향이 한국에 더 가깝다는 생각이 들기는 합니다. 유럽의 국가들은 의무보다는 권리를 더 따지기 때문에 권리에 대해 데모도 많이 하고, 그리스 사태를 봐도 돈을 다 가져가 놓고 돈을 안 갚아도 되는 상황을 추구한다든지, 이탈리아도 젊은 사람들이 직업이 없어서, 지금 스페인, 유럽 모두 취업률이 무척 심각하거든요. 일자리 창출이 제대로 안 되고 있기 때문에 권리 주장도 쉽지 않지만, 그래도 나라가 망해도 내 권리는 끝까지 찾아야 한다는 생각이 있어요. 상대적으로 미국은 한국하고 조금 더 가까워요. 권리도 중요하지만 국가에 대한 의무도 중요하다고 생각하는 면이 있죠. 한국은 그렇잖아요. 의무에 대해서 상당히 적극적이죠. 예를 들어 IMF 위기 때 국민들이 자발적으로 금반지, 돌 반지 꺼내서 나라에 내놓는 일은 어느 나라에서도 상상할 수 없는 사건이에요. 대한민국이 매우 특별한 나라라는 것을 전 세계에 알려주었죠. 서양인들은 그때 이걸 보고 깜짝 놀랐습니다. 유럽의 국가에서 재정이 파탄난다고 해서 한국 사람들처럼 옷장에 깊숙이 보관하던 귀금속을 나라에 갖다준다는 것은 상상하기 힘들지요. 그런데 미국은 가능할 수도 있어요. 아마 서양에서 그런 일이 가능한 유일한 나라가 아닐까 생각합니다. 미국은 국가에 대한 시민의 의무에 대해 상당히 책임감 있는 정신을 문화적으로 전 사회적으로 강조하기 때문에 나라가 망하는 것을 보고만 있지는 않을 겁니다. 또 미국이 전 세계로 선교사 내보내는 데 1위잖아요. 2위가 대한민국이고요. 전체 국민 비율로 선교사 수를 따지면 그렇다는 거죠. 어떤 책임감, 의무감 같은 게 강한 문화가 있는 것 같아요. 그만큼 의무도 그렇고 전 지구적 시민 의식 global citizenship이나 책임감responsibility에 대해 상당히 많이 생각하는 국민이 또 미국 국민들이고, 그래서 봉사활동이나 시민의 책임성에 대한 교육도 많이 강조하는 나라가 미국이죠.

함돈균   그렇군요. 교육 현장에서 굉장히 중요한 것이 또 교사 아니겠습니까. 그래서 미국에서 교사들이 갖는 위치랄까, 교사 스스로 생각하는 자기 정체성이랄까 이런 것도 궁금합니다. 교육 현장을 생각해보면, 결국 교사와 교실에 있는 학생, 교육 프로그램, 교과서 같은 것이 학교교육의 핵심이라고 생각하거든요. 우리나라 교육은 무엇이 문제인가 하고 생각해볼 때 큰 차원에서 보면 제도나 입시라고 말할 수도 있겠지만, 저는 학창 시절 학교에 다니면서 과연 교사라는 존재들이 교육적 본질과 관련해서 어떤 생각을 하고 학교에 나오는 걸까 의심할 수밖에 없는 상황과 시간을 겪었습니다. 사회 시스템의 감시자-통제자 역할을 자처하면서 살고 있지 않나 하는 생각이 들었거든요. 어린 나이였지만 그리 신뢰할 수 없었던 사회-국가가 규정한 통상적 사고 바깥에서 제가 자유롭고 비판적인 사고를 개진하거나 피력하면, '다른 생각'을 했다는 이유만으로 학생을 때리고 처벌하는 경우가 비일비재했고요. 실제로 전 그런 이유로 교사들에 의해 유지되고 통제되는 '학교 폭력', 학생에 의한 폭력이 아니고 말이죠, 학교 폭력에 시달리며 그 시절을 졸업할 때까지 힘겹게 버텨

내야 했지요. 중·고등학교 시절을 돌아보면 분노의 기억이 너무 강합니다. 철학자 미셸 푸코는 학교를 군대나 경찰과 다르지 않은 병영 체제, 사회 감시 체제의 일부라고 말했는데, 전 그게 무언지 겪어봤기 때문에 잘 이해가 됩니다. 아마 제 나이 또래 이전 한국에서 학창 시절을 보낸 사람들은 무슨 말인지 이해할 겁니다. 교육이라는 시스템 안에서 교사들이 본인들의 위상이랄지 역할이랄지 그런 정체성에 관한 생각들이 있을 텐데, 이런 학창 시절을 겪은 저 같은 한국인이라면 그 점에 회의적이고, 다른 나라의 교사들도 이런가, 자기 정체성과 관련해서 어떤 문제의식을 가지고 있는지 늘 궁금할 수밖에 없습니다.

폴 김 저 역시 한국에서 고등학교까지 졸업했는데 좋은 기억이 별로 없습니다. 교사 폭력이 일반적이었고요, 부모가 촌지를 가지고 오지 않으면 그 부모의 학생은 이유없이 맞는 기억도 나고요. 또 제가 깜짝 놀랐던 일이 친구 따라 한 번 과외를 갔더니 담임선생님이 있었던 거예요. 너무나도 큰 충격이었죠. 저희 부모님께서 참 잘하신 게 저희를 방목했거든요. 상관을 안 하시는 거죠. 되든 말든 망하든 배운 게 있겠지, 그래도 살아남겠지 하는 교육 방식이 참 좋았던 것 같아요. 그래서 저도 과외고 학원이고 요구한 적도 없었어요. 저는 제 컴퓨터를 가져본 적도 없어요. 그래서 당시 애플 컴퓨터가 나왔을 때인데, 친구들이 학원을 가는 거였어요. 거길 따라갔더니 컴퓨터 매장이 있고 그 뒤 강의실에서 친구들이 공부를 하는 거였어요. 저는 등록도 안 했고 부모님한테 얘기한 것도 아니기 때문에 창문 밖에서 강의실 안을 들여다봤어요. 컴퓨터에서 저렇게 코딩을 하면 저렇게 작동을 하는구나, 하고 노트에 적어 가지고 매장에 설치된 컴퓨터로 해보고 코드 넣고 돌려보고 그랬어요. 친구들은 그 안에서 제대로 교육받고 있을 때, 저는 매장에 설치된 데모용 컴퓨터로 그렇게 컴퓨터를 배웠어요. 어떻게 보면 참 슬픈 시절 같지만, 결국 제가 스스로 자율 학습을 한 거잖아요. 그렇게 살았어요. 부모님은 별로 관심이 없었고, 방목을 했죠.

그렇게 완전 방목 상태에서 스스로 알아서 크고 알아서 하고 싶은 걸 찾는 게 좋은 교육 방식이에요. 스스로 알아서 판단하는 능력을 키우는 거죠. 제가 중학교 때부터 한국의 체제가 마음에 안 드니 떠나야겠다, 다른 데를 가자, 막 그랬거든요. 학교 선생님과도 저는 관계가 상당히 안 좋았어요. 당시 한국의 학교는 부모를 이유 없이 호출하고 뒷돈을 받고 하는 일이 일상적인 관행이었지요. 저는 부모님을 모시고 오라는 선생님의 얘기를 안 들어서 그 이유로 맞기도 했습니다. 그래서 12년 동안 좋은 기억이 없어요. 공부도 하기 싫고, 학교도 가기 싫고, 왜 그렇게 시간을 낭비해야 하나 생각하면서 빨리 탈출하고 싶었어요. 학교가 다 이런 건 아닐 거야, 뭔가 다른 게 있을 거야, 이건 맞지 않아, 이런 생각을 하면서 컸어요.

그래서 미국으로 건너오니 미국에서 아까 말씀드린 코치 같은 개념들을 본 거죠. 대학 수업을 들으면서, 영어가 안 되는 시기에 첫 수업으로 음악 감상 강의를 들었어요. 음악을 듣고서 5페이지짜리 에세이를 써야 하는데 영어를 못하니 그럴 능력이 안 되죠. 몇 줄밖에 못 쓰니까 선생님이 이게 '무슨 에세이야, 이게 뭐야' 그랬거든요. 그래서 나는 '이러다 F 맞겠다, 미국에서 처음 듣는 수업인데 F로 시작하다니' 생각했어요. 그런데 선생님이 '너 음악에 관심이 없는 거야, 쓸 말이 없는 거야?' 묻길래

'저는 감상이 풍부하고, 할 말이 많은데, 영어가 안 돼서 못 한 거예요' 했더니 선생님이 '한글로 써 와' 하는 겁니다. '어떻게 읽으시려고요?' 물으니 '한글로 일단 5페이지를 써봐. 풍부한 감정을 한번 표현해봐' 하셔서 한글로 쓰는 건 쉬우니 5페이지를 써서 갔어요. 그랬더니 사전을 가져와서 설명하라는 거예요. 그래서 앉아 가지고 이건 이렇고 하며 설명을 했어요. 선생님도 시간을 상당히 많이 할애한 거죠. 그게 바로 '코칭'이었던 거예요. 그때 선생님이 '이 학생은 감정이 풍부하고 좋은데, 단지 언어적인 부분이 약하다'고 보고 '영어가 아직 익숙하지 않은 게 문제일 뿐, 이 강의는 영어 수업이 아니라 음악 수업이니까 나는 영어에 대한 점수를 줄 생각이 전혀 없다. 네가 쓴 에세이를 들어보니까 잘 썼다' 그래서 제가 그 수업에서 A를 받았어요. 그게 코치예요. 만약 그때 시작부터 F를 받았으면 계속 안 좋았을지도 몰라요. 그런데 그 선생님이 그렇게 코칭해줬기 때문에 자신감을 찾을 수 있었어요. 영어 수업이 아니라 음악 수업이니 음악적인 것만 평가하겠다면서 제 영어 실력은 전혀 상관이 없다는 말에 감동을 받았죠. 그런 코칭 시스템이 있는 미국이 참 부러워요.

한국의 대학 강의실, 스탠퍼드의 강의실 ─왜 학생들은 질문하지 않는가

함돈균   저랑 한국에서의 학창 시절은 비슷한 기억을 갖고 계시네요. 그에 반해 미국의 '코칭'으로서의 교육은 참 부럽습니다. 한국과 미국의 이런 차이는 교사는 누구인가, 무엇을 하는 존재인가 하는 정체성에 관한 차이와도 관련이 있겠죠. 그런데 다른 건 그렇다 치고 코치로서의 교사들은 일일이 사람의 성장에 관여하니 쉽지는 않겠습니다.

폴 선생님께서 미국 대학으로 건너온 이야기를 꺼내셨으니 그럼 이제는 자연스럽게 미국 대학 얘기를 해봤으면 합니다. 한국의 일반 시민들이 알고 있는 미국 대학 얘기란 대부분 대학 입학과 관련한 대학 서열이나 공식적으로 알려진 몇 개 대학의 매우 표피적인 정보들이나 인상들, 뭐 그런 건데요, 사실 저도 외국의 대학 실체에 대해 정확히 무얼 알고 있는 건 없습니다. 그래서 스탠퍼드에도 15년이나 계셨고, 많은 미국 대학과 협업도 하시고, 대학 행정이나 운영에도 관여하시는 분으로서 한국 대학과 미국 대학 사이에 가장 분명한 차이라고 하면 어떤 게 있을지 들어보고 싶습니다.

폴 김　　미국의 대학은 대학 간 수준이나 상황이 낮과 밤 정도로 차이가 있기 때문에, 일반적으로 얘기하기는 불가능합니다. 제가 재직하고 있는 스탠퍼드 대학이나 아이비리그 같은 이른바 선도 대학 leading university 과 일반 대학들을 나눠서 봐야 할 것 같아요.

함돈균　　그러면 이렇게 먼저 얘기해볼까요. 미국의 일반 대학이 전반적으로 지금 겪고 있는 절실한 문제점을 학생 입장에서요, 다들 좋은 점만 얘기하니 실감 있는 예를 중심으로 문제점을 먼저 들어보고 싶습니다.

폴 김　　여러 가지 측면이 있어서 짧은 시간에 이야기하기는 매우 어려운 문제입니다. 우선 미국 대학생의 입장에서 실감하게 되는 면이라면 학비 문제가 있어요. 지금 미국은 늘어나는 학비에 학생들의 빚이 엄청나고, 졸업 후 그 빚 그대로 안고 사회에 진출하는 사람들이 많아요. 그들이 짊어지는 고통이 상당히 심화되고 있고요. 그런 면이 있는가 하면 또 아이비리그나 이런 대학을 다니는 학생들은 그런 걸 별로 겪지 않아도 되는 상황이 많죠. 이미 올 때부터 주어진 환경이 학비나 다른 걱정을 안 해도 되는 학생들이 많으니까 평등하지 못한 부분이 상당히 많아요. 그리고 아이비리그나 이런 대학에서 똑똑한 학생들을 독식하기 때문에 자기네들만의 생태계를 지속할 수 있는 환경이 되는 겁니다. 그렇지 못한 학교들은 유능한 학생들을 확보하지 못하기 때문에 경쟁력 면에서 상당히 뒤처질 수밖에 없어요. 또 아이비리그 같은 학교는 연구 중심 대학이다 보니 유능한 학자들을 최고 연봉을 주고서 데려올 수 있지만, 다른 학교는 그런 게 쉽지 않기 때문에, 또 경쟁력이 달라지죠. 또한 아이비리그는 네임 밸류name value가 있어서 재정 지원을 받고 기부donation도 받기가 수월한데, 다른 대학들은 그렇지 않으니까 항상 재정적으로 시달림을 받아요. 또 연방 정부 재정federal funding이라든지 주 정부 재정state funding에 대한 제약이 더욱더 많아지고 있기 때문에 대학들이 앞으로 어떻게 살아남을지에 대해 점점 고민이 깊어지고 있습니다. 반면 아이비리그 대학들은 별로 그런 고민을 하지 않아도 되는 점들이 일반적이면서도 큰 차이라고 할 수 있겠죠.

함돈균   일종의 양극화네요. 그럼 교육 여건이 좋은 미국의 상위 대학과 한국 대학의 가장 주목할 만한 차이는 무엇일까요? 미국 대학 교육의 경쟁력을 높게 평가할 만한 차원에서요. 반대로 한국의 대학 상황에 대한 문제 위주로 말씀해주셔도 좋겠습니다.

폴 김　　가장 큰 차이는 대학의 전반적 분위기, 강의실 안의 활기에서 그 실감을 일단 찾아야 할 것 같습니다. 제가 스탠퍼드에서 강의를 할 때에는 강의실에서 누가 강의를 하는지 알 수가 없는 상황이 벌어집니다. 학생들이 너무나 활발하게 토론하고 반론하고 아이디어를 제안하고 이상적인 말들을 많이 해요. 그러다 보니 강의실에서 교수가 주도권을 쥐고 있지 않고, 강의자가 누구인지 교수와 학생이 옷까지 비슷하게 입는 일이 많아서 외부인이 보면 잘 모르는 경우가 많습니다. 강의실 안의 활기, 피드백, 탈권위주의, 학습자 중심, 적극성 등에서 아주 활발한 풍경을 볼 수 있습니다. 그런데 한국에서 강의를 하면 아무도 질문을 안 합니다. 저 강의가 시험에 나오는지만 생각하는 것 같아요. 공부를 하거나 아이디어를 교실에서 실제로 서로 나누러 왔다기보다는 학점에 중요한 요소들만 필기하러 온 거 같은 느낌을 받습니다. 제가 특강을 해보면 교수와 학생, 학생과 학생 간 생각의 공유 같은 건 찾아보기가 어렵습니다. 그러니까 한국의 대학은 교육의 목표 등을 다시 한 번 심각하게 고려해봐야 하는 상황인 것 같아요. 교수나 학생이나 학교 운영자나 모두 말이에요. 직업에 대한 생각도 접근 방식이 전혀 달라 보여요. 좀 극단적이지만 간명한 예를 들어볼까요.

　한국 학생들은 대학에서의 공부를 취업을 위한 과정으로 한정하고 있다는 인상이 많이 들고, 그것조차도 이런 식이지요. '어떻게 삼성에 들어갈 수 있는지 알려주세요, 삼성에 취업하려면 뭘 공부해야 되나요' 뭐 이런 식. 연봉 높은 직장에 어떻게 취업하는가가 대학에 온 목적인 것처럼 행동하고, 대학 당국도 더 높은 학문적 이상이나 인류적 이상에 대한 관심은 별로 없어 보여요. 그런데 스탠퍼드의 학생들은 직업의 차원에서도 전혀 다른 식으로 생각합니다. '내가 삼성을 만들려고 하는데 어떻게 생각하세요?' 이렇게 제게 질문을 합니다. 혹은 '나는 이렇게 하면 삼성을 만들 수 있겠는데 왜 안 된다고 생각하십니까? 삼성 만드는 데 필요한 사람을 소개해주세요' 하고 당당하고 도전적이고 저돌적으로 교수에게 요구를 해요. 그런 학생들 30명 앞에서 수업하는 것과, 한국에서 30명 학생들과 수업을 해보니 확실히 달라요. 질문이 없고, '그거 하면 취직 잘돼요? 돈 많이 벌어요?' 이런 너무나도 극단적으로 현실주의적이고 도전 정신 없는 생각과 질문을 하죠. 그래서 한국에서 교수들은 교육자로서 어떤 교육 목표를 갖고 있고, 자기 직업에서 어떤 보람을 찾으려는 것인가 궁금할 때가 많습니다.

함돈균 참, 뼈아픈 말씀인데 정곡을 찌르는 지적입니다. 저도 언제부턴가 한국 대학 강의실의 활력이 왜 이렇게 점점 떨어지는지 늘 의문이었는데, 어쩌면 그건 선생님이 말씀하신 대로 노골적인 현실 안정주의가 학생들에게 전면화되고, 교수들이 또한 그에 대해 다른 방식의 적극적인 교육적 모색을 해보지 않는 '직업인'이 되고 있기 때문은 아닌가라는 생각을 해봅니다. 어떤 철학자의 표현을 빌려 말한다면 '생활 세계의 식민화'가 대학에도 이미 철저히 진행된 결과겠죠. 사실 전 한국에서 입시만 있는 중등교육 체제뿐만 아니라 진정한 교육적 대화와 영감이 많이 사라진 대학 교육에 대해서도 실망감을 갖고 있어서, 인문 예술 교육에 관한 새로운 사회적 모색과 대안적 활로를 찾는 활동에 관심을 갖게 되었다고 볼 수 있습니다.

폴 김   그렇군요. 그래서 스탠퍼드 같은 대학에서는 남다른 도전 의식을 오히려 더 갖게 됩니다. 세상에 특별한 것 없는 대학들이 무수한 가운데에 스탠퍼드는 정말 남다른 공부를 해보겠다고 마음먹은 학생들이 오기 때문에 학생들에게 최상의 메시지, 최상의 아이디어, 최상의 기회를 제공해야만 한다고 생각합니다. 그래서 학생들은 남다른 도전 의식을 갖고 능동적으로 공부하고 학교는 그런 잠재력을 키워주기 위해 최선을 다해야 한다는 책임감을 갖고 있습니다. 전반적으로 한국에서 대학 교육은 상당히 수동적이고 부정적인 요소가 많이 관찰되죠. 학습의 동기 유발이 안 되어 있고, 학생들이 추구하는 목표나 스케일도 말씀드린 대로 다르고, 참여도도 상당히 떨어지고, 교육 학습 행태가 전반적으로 볼 때 놀라울 정도로 수동적이에요.

함돈균   학생 입장, 강의가 이뤄지는 강의실을 중심으로 얘기를 하셨는데, 교수라든가 대학 제도나 대학 운영상의 문제는 어떤가요?

폴 김   이게 닭이 먼저냐 달걀이 먼저냐의 문제인데, 어디서부터 사이클을 바꿔야 하는지 참 힘들어요. 교수들한테 자율성을 보장해주고 연구를 하게 하려면, 연구 펀딩을 적절하게 해주고 자율적으로 하게 해야 하는데, 그렇게 되면 한국대학에서는 돈을 다른 데 쓴다든지 이상한 데로 가는 경우도 적지 않기 때문에, 제도적으로 더 강압적이고 더 디테일하게 감시하고 자율성을 보장하기가 쉽지 않은 상황이 되는 것 같아요.

그러다 보니 행정 제도의 요구를 만족시키는 연구를 해야 하고, 성과가 중요하고, 타임라인이 상당히 엄격하게 적용되죠. 형식적 성과주의가 되는 겁니다. 그런데 이 성과주의도 행정 요구를 맞추는 수준이기 때문에, 연구에 대한 강압적 국가 규제, 행정 규제가 연구 결과의 수준을 담보하지도 못하는 것 같습니다. 학생 시절부터 상당히 수동적인 교육제도에서 공부하고 자라나서, 교수가 되어도 그런 틀을 벗어나기 어려운 문화가 생겨난 거죠. 미국은 그렇게 성과주의가 아니라, 진짜 뭔가 사회적으로 임팩트를 만들어내겠다는 열정을 가지고 연구를 하는 문화이고 그래서 또 상당한 연구 자율성을 보장합니다. 스탠퍼드는 연구를 어떻게 하든, 불법적인 일이 아니면 아무도 터치하지 않아요. 물론 교수들도 자기 연구에 대한 자부심이 상당하기 때문에 불법적인 일이 일어날 수도 없거니와 하려는 사람도 없죠. 이런 차이를 미국에서 보고 있으면 저도 한국인으로서 그런 부분들이 참 안타까워요. 어떻게 해야 전반적 교육 체제와 분위기가 바뀌고 대학 문화도 바뀔 수 있을까요? 시간이 약일까요. 아무래도 한국의 학생들이 자기 주도형 학습을 하고, 능동형 학습자로 자라서 교수가 된다면 미래에는 달라지지 않을까요.

함돈균   흔히 한국의 학문 연구자들의 성과 중심이라는 것이 제가 볼 때는 학문적 차원이나 사회 혁신에 기여하는 실질적인 성과라기보다는, 형식적으로 논문 편수를 맞추고, 프로젝트성 기금을 수주하는 데 특화되어 있는, 그래서 서류적인 성과나 연구 용역이 많다는 데 문제가 있습니다. 한국의 연구자들 중에는 어떤 장기적 학문 전략이나 목표나 학문의 사회적 소명을 각성하고 연구한다기보다는 정부 산하 연구 재단이 내

건 연구 테마의 기금을 타기 위해 연구 팀을 급조해서 구성하고, 그렇게 연구비를 수주 받고, 그 대가로 필요한 논문을 한두 편 써내고 하는 일을 반복하는 분들도 적지 않습니다. 사회적 실천성, 사회의 절박한 문제 해결에는 학문 연구자들이 관심을 가질 겨를도 없고 의지도 별로 없이, 폴 선생님이 이 대화에서 말씀하신 혁신의 조건대로라면 맥락화도 없고, 커밋먼트도 현저히 부족한 그런 일들이지요. 전 이런 걸 한국 사회가 내적으로 쇠퇴하고 있는 증후의 하나로 읽어요. 지식 엘리트 집단 전체의 잠재력이 현저히 떨어지고 학문−교육과 삶을 잘 연계하지도 못하고, 제도를 잘 이용하여 어떤 상황만 모면하면 된다는 타성이 한국의 대학 시스템에 강하게 스며 있다는 생각이 자주 드는데, 가장 큰 문제는 이런 문화를 오히려 연구자들에게 정부(교육부)가 조장하고 압박하는 경향이 매우 크다는 겁니다.

폴 김 제가 말씀드린 성과주의가 바로 그런 얘기입니다. 그런 점에서 미국 대학에서 주목할 것이 망한 프로젝트에 대한 태도입니다. 사실 스탠퍼드나 MIT 같은 곳에서도 성공하지 못한 프로젝트들도 많아요. 왜 했지 싶은 프로젝트들도 상당히 많은데, 그럼에도 자율성이 최대로 보장되기 때문에, 왜 했지 하다가도 이렇게 연결될 수도 있구나 하는 무계획적인 데서 놀라운 성과가 나올 수도 있다는 거죠. 물론 망한 프로젝트에 대해 이런 학교들은 관대합니다. 성공 프로젝트는 이런 망한 프로젝트에 대한 관대함, 실험적 관용에 근거해서 나올 수 있다는 걸 잘 알고 있기 때문이죠. 또 스탠퍼드는 연구의 다양성·실험성, 아이디어의 창조성을 상당히 존중하기 때문에 융합 연구를 매우 존중하고 추구하는 환경을 제공합니다. 공대와 의대, 의대와 교육대, 교육대와 비즈니스 스쿨, 비즈니스 스쿨과 법대 등 잘 맞지 않을 것 같은 분야의 융합을 보장하는 연구 환경, 열정적으로 연구하는 문화가 연구 생태계 안에 존재합니다. 그래서 성공적인 대학으로서 운영되고 있지 않나 생각합니다.

다양성, 경쟁 교육, 공공선

함돈균   예전 대화에서 스탠퍼드 대학의 교육 프로세스에서 다양성 diversity 을 특별히 강조하셨던 기억이 있습니다. 그것도 이야기해주시지요.

폴 김   네, 저는 다양성을 교육에서 상당히 중요한 가치로 생각하고, 스탠퍼드 대학의 가장 큰 교육 경쟁력도 여기에서 나온다고 생각합니다. 한국 교육이 초등교육부터 대학 교육까지 가장 참조해야 할 점 가운데 하나가 바로 다양성입니다. 제가 한국 교육에서 가장 허약한 부분이라고 생각한다는 뜻이기도 하지요. 다양성은 많은 각도에서의 다양성을 말합니다. 인종적 다양성, 지적 다양성, 교육 프로그램의 다양성, 스탠퍼드는 거의 모든 다양성을 다 지원하고 있어요. '다양성 위원회'라는 것도 있고, 다양성을 추구하고 보장하는 문화와 체계가 잘 갖춰져 있습니다. 왜 그럼 다양성을 이렇게 중요하게 생각하느냐, 다양성에서 혁신 innovation 이 나오거든요. 생각지도 못한 데서 연결 고리가 이어지면서 새로운 사물이나 아이디어가 창출될 수 있기 때문에 다양성을 보장하는 제도가 아주 잘 되어 있어요.

함돈균 교육 현장이나 강의실 안에서는 다양성이라는 것이 문화적인 조건이나 환경, 분위기라고 생각되는데, 그게 교육제도 안에서 실질적으로, 또는 현장에서 어떻게 구현되는지 예를 들어주시죠.

폴 킴 지적 다양성이라고 하면, 예컨대 학생들이 황당한 질문을 하는 경우죠. 말도 안 되는 생각을 하면서 토론하자고 해도 인정해주는 거예요. '너도 기회가 있으니까 한번 얘기해봐, 왜 그렇게 생각하는데, 어떻게 할 수 있는데, 가능성이 뭔데' 하고 인정해주는 거죠. 여기서 아주 중요한 것은 교육철학적 관점에서 볼 때, 이런 존중의 태도가 학생들을 그냥 너그럽게 봐주는 게 아니라, 학생 개개인을 지적 원천intellectual source으로 보고 있다는 사실입니다. 학생들을 배움의 대상이 아니라 지적 진보에 공헌할 수 있는 지적 원천으로 보고 대하는 거예요. 왜냐하면 입학 제도를 통해서 엄청난 경쟁률을 힘들게 이겨내고 들어온 아이들이잖아요. 그만큼 상당한 필터링을 거쳤기 때문에, 일단 힘들게 들어온 이후에는 지적 다양성을 최대한 보장해주고, 생각을 충분히 능동적으로 탐구하고 공유하고 실현해볼 수 있는 환경과 제도를 제공하는 겁니다. 예를 들어 학생이 '이런 수업 듣고 싶은데요'라고 하면 스탠퍼드에서는 만들어 줘야 해요. 보통 그렇지 않잖아요. '이런 수업 있으니까 들어' 하고 말죠. '이러저러한 수업을 듣고 싶고, 이러이러한 주제로 이런 연구를 하고 싶어요. 우리 학생들끼리 논의를 해봤는데, 우리가 이런 수업을 한번 해보고 싶은데요' 하면서 학생들이 수업도 실제로 만들어요. 그리고 수업 제안서를 가져오라 해서 괜찮으면, '너희들이 한번 해봐' 하고 해당 분야 전문가들을 학생들이 초빙해서 초청 강연을 듣는, 그런 수업도 있습니다. 기획도 학생들이 하거든요. 그렇게 독립적인 연구를 인정해줍니다. '이번에 아프리카에 가서 이러저러한 프로젝트를 하면서 그 교수의 전공 분야와 결합하여 공부하겠다'고 하면 검토 후 학습할 수 있는 제도와 교육 환경을 보장해줍니다. 학생들의 그런 독립적인 요구가 지극히 일상적인 요구로 이해되고 수용되지요. 그런 점들이 아마 이후 대학의 교육 생산성에 있어 아주 큰 차이와 결과를 낳지 않나 생각합니다.

함돈균   부러운 환경이네요. 그런데 저는 그런 환경의 제공이 사실 인식의 프레임만 전환한다면 한국 교육에서도 실현하기 어려운 게 절대 아니라고 생각하는데요, 그건 어떤 문화, 분위기와도 매우 관련이 있는 것이라서 물리적인 재화가 전적인 것만도 아니고요. 다양성의 문제가 정치·사회·문화적 진보만이 아니라 교육의 차원에서도 매우 중요한 방법론이 될 수 있다는 생각이 드는군요. 다양성에 대한 이야기를 해봤으니, 또 하나 견해를 여쭤보고 싶은 궁금한 이야기가 있습니다. 한국 교육이 어느 때부터 갖게 된 일반적인 사고 프레임 가운데 하나가 '경쟁'이라는 관념입니다. 경쟁이 최고의 사회적 효율성을 가져다준다는 논리가 교육에도 일반적인 논리로 되어 있지요. 그런데 그 경쟁이 지극히 협소하게 이해되고 있어서 개인 등수 올리기에만 초점이 맞춰져 있는 것 같아요. 혼자 남보다 뛰어나면 되는 게 경쟁이라는 식으로. 중·고등학교뿐만 아니라 대학에서도 상대평가로 '등수' 비슷한 걸 매깁니다. 성적을 매겨야 하는 학기말이 되면 대체 이 등수 매기기가 무얼 뜻하는지 한심하게 느껴질 때가 많아요. 대학에서조차 말이지요. 절대적인 수준으로 교육의 성취도를 보는 것이 아니라 누구보다 낫거나 못하다는 기준으로 등수를 매깁니다.

여기에는 협동을 통해 만들어지는 집단 창조성이나 팀워크에 대한 고려는 아예 없고요, 서로를 모두 경쟁자로 여깁니다. 스탠퍼드 상황은 어떻습니까.

폴 김　스탠퍼드에서는 개개인에게 등수를 매기듯이 경쟁 평가되는 환경은 본 적이 없고요, 팀끼리 경쟁을 하기는 해요. 팀 경쟁을 하면 팀워크나 팀 프로젝트 등 팀 안에서 먼저 협력해야 하잖아요. 협력을 해서 다른 팀과 공정한 경쟁을 할 수 있는 환경은 동기 유발의 입장에서 상당히 좋은 것 같습니다. 그런데 팀은 또 바뀌잖아요. 다음 주에는 다르게 팀을 꾸리고, 우리 팀이 끝까지 가는 게 아니라 다양한 팀을 구성해서 많은 지적 원천과 상호작용하면서 새로운 아이디어를 창출하고, 또 새롭게 발견할 수 있는 환경을 만드는 차원에서 팀 경쟁을 하되 팀을 다양하게 자주 바꾸는 식으로 수업을 하다 보면 교류가 상당히 더 많아집니다. 학생들끼리, 또 다른 능력과 성격의 학생들과 연계해서 상호작용하다 보면 사회성도 배울 수 있고, 또 다른 방식이나 접근을 하는 학생들과 협력하다 보면 아이디어의 적용 방식에서도 새롭게 배우게 되겠죠.

함돈균　한국에서 교육과 경쟁이라는 것은 대체로 개인에게 집중되어 있는 것 같아요. 개인이 경쟁력을 가져야 한다고 생각하고, 또 그 경쟁력으로 무엇을 할 것이냐를 생각해보면 개인의 생존 능력을 키우는 데 집중되어 있는 거죠. 경쟁의 방식도 문제지만 경쟁의 최종적 과실로 무엇을 할 것인가, 누구와 어떻게 나눌 것인가 하는 질문도 생략되어 있어요. 그래서 이번에 대통력 탄핵 사건에서 적나라하게 드러나듯이 한국이라는 나라를 보면 그 경쟁에서 이겼다는 소위 사회 엘리트라는 존재들이 어떤 종류의 경쟁력을 갖춘 것인지 참담한 질문이 자주 생깁니다. 대학을 관찰해도 그렇고 진짜 창조적 경쟁력을 갖춘 게 아니라 그냥 등수가 남들보다 높은, 무늬만 엘리트가 너무 많아요. 개인 경쟁에서 시험 점수 등수가 높아 타인을 누른 고시형 엘리트들이 사회를 위해 자기 경쟁력을 어떻게 사용할 것인가 하는 공공선에 대한 고민도 별로 없고, 경쟁을 이긴 자의 보상 심리와 사회적 특권 의식에 깊이 침윤되어 있습니다. 기회가 주어진다면 가능한 한 사회의 재화를 독식하겠다는 식이고. 학교에서 교육 프로그램을 보더라도 중·고등학교 때부터 대학에 이르기까지 팀 프로젝트가 거의 없어요. 협력을 어떻게 해야 하는지, 가르쳐야 하는지 교수도 교사도 경험이 없기 때문에 잘 모르고 서투른 경우가 많고요. 이런 협력프로세스에 대한 교육 디자인은 저 역시 서투릅니다.

요즘 한국에서 '융합'이라는 말이 대세인데, 이걸 저는 그래서 좀 다른 지점에서 생각해보기도 합니다. 융합 교육 프로그램은 저도 방법론적으로 새로운 교육 프로세스를 만들어 보고싶기 때문에 생각도 많이 해보는 것인데, 생각해볼수록 여기에는 단지 방법론의 문제만 있는 게 아니라 문화나 태도의 문제가 결합되어 있다는 생각이 듭니다. 한국의 대학 사회에서는 '융합'이라는 말에 알레르기 반응부터 보이는 경우도 적지 않은데, 묻지 마 융합 방법론에 대한 이유 있는 저항 때문인 경우도 있시만, 무조건적인 알레르기 반응도 적지가 않지요. 아무래도 이런 이유 중에는 협력과 협업을 경험해보지 못하고 배워보지 못한 교육 문화가 원천적으로 아주 큰 제약을 가하고 있다는 생각이 들어요. 그건 다원적이고 민주적 가치에 기초한 삶의 형태, 교육 프로세스에 익숙하지 않은 세대가 느끼는 관성과 불편함의 문제이기도 하지요. 물론 '융합'을 교육 방법론이 아니라 기업 생산성을 위한 방법론으로 보는 것 같은 교육부의 비교육적 관점도 큰 불신의 요소구요. 제가 지난번 미국 방문에서 MIT 미디어랩이나 스탠퍼드 디스쿨에서 아주 인상적이었던 것 중의 하나가, 이런 경쟁력 있는 교육 연구 기관에서 개인과 개인을 경쟁시키는 게 아니라, 팀을 통해 창조성을 배가시키려고 하고, 창조적 생각을 가능하게 하는 집단의 잠재력을 극대화시킬 수 있는 협력적·융합적 교육 프로세스 구축에 총력을 기울이고 있다는 사실이었습니다. 팀이 개인보다 강하고, 경쟁력도 협력하는 훈련을 통해 키우는 경쟁력이지요.

폴 김   동의합니다. 그렇게 보면 경쟁 교육의 문제를 아까 말씀드린 다양성의 차원에서 이해할 수도 있을 것 같습니다. 예를 들어서 이 친구는 매니지먼트를 잘하고, 저 친구는 커뮤니케이션이 뛰어나고, 저 친구는 프레젠테이션을 너무 잘하고, 또 저 친구는 코딩을, 저 친구는 엔지니어링한 생각을 잘한다고 하면, 이런 학생들이 모여서 창업한다고 할 때와 비슷한 학생들 모아놓고 창업한다고 할 때 어느 팀이 더 경쟁력이 강하겠어요? 다양한 기술이 있는 팀이 훨씬 더 뛰어날 수가 있거든요. 그런 환경에서 프로젝트를 성공적으로 이끌고 잘 적용한 팀이 훨씬 더 잘하죠. 그런 환경이 자꾸 시뮬레이션되고 있습니다. 스탠퍼드가 수업에서 그런 것을 자꾸 시키고 팀 경쟁력을 강화하는 법을 강조해서 가르치다 보니까 그 결과 지금 글로벌 경제에서 나타나는 것이 바로 실리콘밸리를 기반으로 한 학생 창업입니다. 벌써 학부 2학년 정도 되면 창업을 해서 학교에 안 나오는 학생도 여럿 봤습니다. 저도 그런 학생들 많이 만났어요. 2학년인데 찾아와서 이렇게 창업하려고 하는데 어떠냐고 의견을 물어요. 펀딩 소개해달라고 하면 소개해주고, 다들 창업해요. 실리콘밸리에 있는 대학이다 보니까, 기업가 정신^{entrepreneurship}이 상당히 강하게 학생들 전체에 전달이 되어 있는 분위기이고, 학교에 팀 프로젝트 등이 매우 자연스럽게 문화화되어 있는 게 지대한 영향을 미치죠. 다양한 기술을 조화롭게 잘 운영하는 시너지를 찾을 수 있는 능력들을 자연스럽게 배우는 것 같습니다.

함돈균 그러면 아까 더 큰 선에 대한 이야기가 잠깐 나왔는데, 그 부분을 이 맥락에서 더 말씀해주실 수 있을까요?

폴 김 지금 이 맥락에서 더 큰 선^{greater good}이나 공공선이라 하면, 스탠퍼드의 실리콘밸리라는 생태계에 있으면 자연스럽게 사회적 혁신이라는 개념에 물들게 된다는 사실을 환기시켜드리고 싶어요. 비즈니스 스쿨에 사회혁신센터^{social innovation center}라는 데도 있고, 관련 NGO도 꽤 많고, 스탠퍼드에는 사회적 혁신과 관련된 펀딩도 상당히 많고, 그러다 보니 공공선을 추구하는 정신이 학생들에게도 자연스럽게 스며들어요. 그래서 세계의 평화와 발전에 기여할 수 있는 프로젝트, 아프리카나 인도, 개발도상국에서 뭔가를 이룰 수 있는 프로젝트들에 학생들이 상당히 적극적으로 참여합니다. 기회가 있으면 다 참여하고, 수업 과정을 바꿔서라도 그런 연수를 가려는 학생들이 상당히 많고, 그걸 통해서 어떤 배움을 경험하고자 할 때 교수들의 지원도 적극적이고, 관련 프로그램들도 꽤 많습니다. 사실 스탠퍼드 학생들은 마음만 먹으면 쉽게 가고, 많이들 가고,

그래서 공공선에 대한 아이디어들이 상당히 많이 공유되고, 관련 프로젝트들이 자연스럽게 많이 생성되기도 합니다. 일반적인 관점에서 공공선은 교육의 정책적인 부분에서 사회적 효능 social efficiency이나 전 지구적 책임감 global responsibility과 관련이 있는데, 이를 위해서는 전 지구적 현실에 대한 개념과 사회적 요구 및 필요성, 파급효과, 그런 것을 어릴 때부터 키워줘야 합니다. 제가 기획한 '천일 스토리 One thousand one story'＊ 프로젝트도 그런 맥락에서 신데렐라 스토리 같은 거 읽지 말고, 우간다의 소년 군인이 어떻게 잡혀가서 그런 고통을 견뎌내며 잘되었는지, 또 팔레스타인에는 왜 갈등이 생기는지, 인도에는 불가촉천민 계급이 왜 아직도 존재하는지, 이런 살아 있는 자기 스토리들을 발굴하고 쓰고 읽으면서 자연스럽게 공부하는 거예요. 세계시민 의식 global citizenship을 가지려면, 세계시민이 되어야 하고, 지구적 공동체의 상황을 알아야 하지 않겠어요. 지구적 현실의 실제 삶이 어떤 상태에 있는지 그 상황을 정확히 파악해야 그것을 위해 무엇을 할 수 있는지를 생각할 수 있습니다. '천일 스토리' 프로젝트가 중요하다고 생각하는 이유 중 하나가 지금 현재 진짜 문제들이 뭔지, 아이들이 어릴 때부터 파악하고 있어야 한다는 겁니다. 아이들이 이런 것을 잘 파악해야 무엇이 필요한지, 필요한 공부가 뭔지, 무엇을 전공해야 세상에 기여할 수 있는지도 생각해볼 수 있다는 거죠. 갑자기 이런 것을 이룰 순 없어요. 모든 교육은 갑자기 되는 게 없어요. 오

＊ 폴 김 교수에 의해 수행되고 있는 글로벌 비영리 프로젝트. 학교가 없거나 정상적 교육 환경을 갖추지 못한 극빈국의 지역·계층과 분쟁 국가·지역 등의 아이들이 자기 삶에 근거한 이야기를 기록하게 해서 그 이야기를 출판하고 보급하는 어린이 출판 문화 프로젝트이다.

랜 시간과 여러 경험과 관련된 맥락에 노출되어 있을 때 교육이 되고, 내 것이 되고, 실천할 수 있는 계기가 됩니다. 이게 또 바로 리더십이죠. 리더십 교육이 무슨 추상적인 정치 이론을 아는 그런 게 아니에요. 그런 교육정책, 지원 체계가 국가 교육 시스템과 대학 교육 시스템에 모두 필요합니다. 그런 면에서 공공선은 지구적 본질global essence, 지구적 채무global responsibility에 대한 인식인 거죠.

스탠퍼드의 창업가 정신

함돈균　자연스럽게 교육과 리더십에 대한 얘기가 나왔으니까 그 관련성을 좀 더 말씀해주실 수 있나요? 한국에서는 대학 입학 서류에 학교 반장·회장 해봤다는 식으로 리더십을 서류로 증명하는 거 외에는 그에 대한 실질적 관심도 책임감도 없지요. 그게 공공선에 대한 어릴 적부터의 관심과 지향, 의무감이나 책임감, 윤리 의식 등과 관련되지만, 한국교육에서 '리더십'이라는 단어가 얼마나 공허한 개념인지는 교육 경쟁에서 살아남은 고시형 엘리트들이 전반적으로 잘 보여주고 있다고 생각해요. 스탠퍼드의 리더십 교육에 대해서 말씀해주실 부분이 있을까요?

폴 김　일단 입학 사정을 할 때 리더십을 증명하는 근거가 있는지가 엄청나게 중요해요. 스탠퍼드의 경우 이 부분이 입학 허가 여부를 결정하는 데 높은 비율을 차지한다고 볼 수 있죠. 성적은 다 좋으니까요. 그러면 리더십 증명은 어떻게 할 수 있느냐 하면, 학부 지원서application를 제가 가끔 보거든요. 이력서가 5페이지예요. 그런 친구들이 있어요. 제가 한국에서라면 그 나이 때 이력서에 뭐가 있었겠어요. 이름하고 주소밖에 없었죠. 그런데 그 친구들은 5페이지를 쓰는 거예요. 스탠퍼드 대학은 학부에 들어오기가 참 힘들어요. 대학원 과정보다 더해요. 그런데 그 학생들이 내놓는 리더십 근거를 보면 예를 들어 보이스카우트 캡틴이었다, 시의회에서 학생 커뮤니티 리더였다, 하거든요. 이런 게 다 좋은 거예요. 그런 걸 경험할수록 우리는 아이들이 리더십 잠재력이 있다고 생각하거든요. 리더십 잠재력이 있는 아이들을 뽑아놔야 나중에 리더가 될 거라고 생각하기 때문에, 리더가 될 가능성이 큰 학생을 뽑지, 공부 잘하는 학생은 다 잘하니까 굳이 별로 뽑을 필요가 없는 겁니다. 리더십 잠재력이 가장 많은 순으로 뽑는다고 보면 될 것 같아요. 우리나라라면 어떨까요. 학부모들이 먼저 '그럼 어느 학원을 보내야 하지?' 고민부터 하니 답이 없어요. 학원에서 리더십을 가르쳐주는지는 잘 모르지만, 그런 학원이 있을 수도 있겠죠. 갑자기 또 리더십을 가르친다고 하는 학원이 생겨날지도 모르겠네요. 가짜도 되게 많잖아요. 말도 안 되는 거 했다고 하고, 어디 가서 봉사를 하고, 리더로서 뭘 했다고 하는데 사실 학생들이 쓴 에세이를 잘 읽어보면 가짜인지 아닌지 다 보여요.

함돈균   네, 삶의 이력이니까요.

폴 김   그래서 에세이는 이렇게 써야 해요. 나는 어떤 리더십 경험을 했고, 어떤 리더십 잠재력이 있으며, 이런 공부를 해봤고, 리더십을 극대화할 수 있는 이런 일을 앞으로 할 것이라고 다 써야 합니다. 이런 전체적인 맥락과 흐름이 맞아야 하고 준비를 하고 그에 맞추어 앞으로 어떤 공부를 할 것이라는 생각까지 입체적으로 구상하는 아이들을 뽑거든요. 리더십의 문제가 전공 선택과도 밀접한 연관성을 맺고 있어야 하고요. 그게 다 공공선에 대한 관심과 책임감과 연관이 되고, 그래서 그처럼 잠재력이 많은 아이들이 와서 공부를 하고, 교류를 하고, 네트워킹을 하다 보니까 대학에서 또한 리더십을 연습할 수 있는 기회가 많아지죠.

함돈균   그렇군요. 그런데 그 리더십이 사회적 공공선과도 관련이 되겠지만 자연스럽게 아까 말씀하신 창업이나 기업가 정신과도 깊은 연관성이 있어 보입니다. 스탠퍼드가 지금 실리콘밸리뿐만 아니라 전 세계적으로 기업의 창업가 정신의 상징이 되었다고 할 만큼 창업이 활발하지 않습니까. 구글로 대표되는 그런 글로벌 선도 기업들도 스탠퍼드를 기반으로 출발했다고 알고 있습니다만. 폴 선생님은 스탠퍼드에서 기술혁신센터소장으로 계시면서 학교 내 학생이나 연구 기관들의 창업을 인큐베이팅하고 외부 기업이나 재정 기관들과 연결시키는 역할도 하고 계신 걸로 아는데요. 이와 관련한 스탠퍼드의 특별한 프로그램이나 펀딩에 관한 얘기를 듣고 싶습니다.

폴 김   그런 펀딩 프로그램도 당연히 있어요. 학생들이 창업하는 데 도움을 줄 수 있는 펀딩 프로그램도 있고, 스탠퍼드에 테크놀로지 라이선싱 오피스가 있는데, 특허나 라이선스 계약, 학생이 만든 솔루션을 기업에 판매하는 것을 서포트하는 기관이 상당히 활발히 운영되고 있습니다. 또 공공선과 관련한 사회적 기업의 창업도 스탠퍼드가 MIT를 제치고 전 세계 1위예요. 2012년 조사에 따르면 스탠퍼드를 다녀간 학생들이 창출해낸 기업적 가치가 2조 7천억 달러입니다. 그들이 만든 회사만 해도 글로벌 기업만 4만 개가 넘어요. 물론 그 안에 구글도 들어갑니다. 그렇기 때문에 그런 면에서 스탠퍼드가 기업 창업이나 최근 창업 기업이 미치는 사회경제적 기여도도 최상위인 것으로 압니다. 프로그램이 다 있고, 체계가 굉장히 잘되어 있고, 지원 체계가 상당하죠. 그러니 학교 자체가 창업가 정신을 지니고 있다고 봐야 해요. 그렇게 체계를 갖추어 프로그램하고 펀딩 프로그램을 운영하려면 돈이 많이 들잖아요, 상당한 리스크가 있죠. 그런데 창업가 정신이 뭐예요. 안 망하려는 게 아니라 망해도 도전한다, 서포트한다, 다시 도전한다, 이런 거거든요. 한국의 경우 학생들은 삼성처럼 이미 시장에 안착한 연봉 높은 대기업에, 안전한 곳으로 취직만 하려고 하잖아요. 대학은 기존 기업으로의 취직률에 집착하고요. 사회적 부의 새로운 원천이 만들어지지 않는 거죠. 그런데 구글 같은 기업 하나 성공하면 망한 모든 벤처의 창업 비용을 회수하고도 남아요. 학생들에게 100개의 창업을 도와줘도 하나만 성공하면 100개의 투자금을 뽑고도 남는다는 거죠.

함돈균   그럼 창업 성공 후 수익이 일정하게 대학으로 다시 들어옵니까, 회수되는 루트가 있나요?

폴 김   있죠. 스탠퍼드 학생이 개발한 솔루션이 라이선스 오피스를 통해서 기업체로 갔을 때 거기서 회수되는 부분이 있습니다. 그럼 그 회수 비용으로 학생 창업을 다시 돕고, 그래서 지원 프로그램이 지속 가능한 거예요. 학교 자체가 창업가 정신으로 운영되는 학교라고 보면 돼요.

함돈균　벤처네요. 벤처 캐피털. 그리고 이미 굉장한 성공을 이룰 수밖에 없는 학생들을 뽑기도 하고 그런 학생들을 키워내고 지원하기도 하는…….

폴 김　그렇습니다. 그렇지만 창업가 정신에는 리스크가 따라온다는 걸 다시 강조하고 싶습니다. 리스크를 두려워하면 결국은 사회와 국가가 천천히 도태될 수밖에 없어요. 창업가 정신이 없는 대학과 나라는 서서히 망하게 돼 있어요. 그렇다고 또 무모한 리스크를 감행하면 안 되겠지만, 전략적인 리스크를 감수해야 하기 때문에 창업가 정신으로 이런 지원 체계를 갖추는 거죠. 펀딩에 적극적으로 투자하는 이유가 창업가 정신 때문이고요. 리스크가 따르지만, 그 대신 리스크에 대해 준비나 연구를 많이 하죠.

함돈균　스탠퍼드가 실리콘밸리에 있기 때문에 갖게 된 조건일 수도 있는데, 그런 창업가 정신이 다른 대학이나 일반 교육 모델에 적용될 가능성도 있다고 보십니까?

폴 김　어느 대학이든지 그런 모델로 갈 수가 있어요. 하루아침에 되지는 않겠지만요. 요즘에 텍사스 대학 오스틴 캠퍼스^{UT Austin} 같은 데는 실리콘밸리를 만들기 위해 점차 새로운 생태계가 형성되고 있거든요. 그러니까 대학이 창업가 정신을 갖추고 커뮤니티에서 중추적인 역할을 하고 허브가 된 후에만 기업들이 관심을 보일 일은 아니에요. 창업가 정신을 지닌 최고의 학생들이 네트워킹이 되어 활발히 활동할 수 있는 환경을 과정에서 함께 미리 만들어주어야 하고, 그때 기업들과 협업을 하고, 이런 과정이 확장되어 점점 더 시너지를 일으키는 거죠.

함돈균　　주로 창업이나 기업가 정신이라는 게 이공 계열의 테크놀로지나 비즈니스 스쿨과 관련되는데, 인문 계열이 강한 대학에서도 접목 가능성이 있습니까?

폴 김　　저는 21세기에는 인문 중심의 대학이 이런 창업가 정신에 특히 더 적절하다고 봅니다. 그렇지만 기술적인 바탕을 지원해줄 수 있는 체계는 있어야겠죠? 인문적인 것만 있고 아무것도 없으면 무엇도 이룰 수 없겠지만, 테크니컬한 프로세스가 형성되면 달라지겠죠. 그런 체계를 자꾸 끌어오고, 구조를 만들어주고, 인재풀이 형성되어야 인문학적인 지식과 접목될 수 있지 않을까요.

나의 페다고지

포켓 스쿨, 외계인 교수법, SMILE

포켓 스쿨, 외계인 교수법

함돈균　스탠퍼드 대학에서 폴 선생님이 특별하게 신경 쓰고 계신 일들을 몇 가지 사례 중심으로 얘기해보려고 합니다. 테크놀로지와 관련된 전공을 하시면서 동시에 교육학을 결합해서 일하시는데, 이런 일들을 하시게 된 계기가 있을까요. 한국에 있는 교육학과와는 약간은 다르거든요. 한국에서는 교육학이라고 하면 전형적인 인문 계열에 속해서 교육학 일반론을 강의한다든가 하죠. 그래서 교육학 실천의 측면에서도 전혀 다른 방식을 취하고 계십니다.

폴 김　원래 전공은 컴퓨터 사이언스였고요, 우연히 아까 말씀드린 아이를 코칭하는 경험을 하면서 교육이 누군가의 인생을 바꾸는 중요한 계기가 될 수 있다는 생각을 실감하게 되었어요. 그 순간부터 '아 이런 일을 하고 싶다. 내가 아는 테크놀로지, 컴퓨터를 교육과 어떻게 접목하면 좋을까' 고민하다가 그 방식의 공부−연구 활동을 시작하게 된 거죠.

함돈균　처음부터 현장 중심의 교육적 실천에 관심을 갖고 계셨다고 할 수 있군요.

폴 김　네, 이론적 관심이나 이런 게 아니었어요. 스탠퍼드 대학에 온 초창기에는 가상현실virtual reality 이나 신기술을 활용한 교육에 관심이 많았어요. 기존 수업에서 할 수 없거나 아니면 표현하기 힘든 정보들, 데이터 시각화data visualization, 3D 가상현실, 과학 교육쪽에 관심이 많았고, 새로운 정보의 교환과 표현이나 공유 등을 주목하다가 우연한 계기로 멕시코에 갔어요. 그때 멕시코 아이들에게 학교가 없는 것을 보고, 이제 '이 아이들을 위해서 내가 뭔가를 해야겠다'는 생각이 많이 들었어요. 모바일 학습이 가능한 개인 기기personal device 로 교육 콘텐츠를 제공하고 싶은 마음에 그쪽으로 눈을 돌리게 된 거죠. 사실 멕시코 출입 전에는 개발도상국에 관심도 없었고 아는 것도 없었어요. 개발도상국의 열악한 교육 환경이라든지 상황에 대해 전혀 몰랐는데, 멕시코를 다녀오면서 '완전히 다른 세상이 있구나' 느꼈던 거죠. 저는 스탠퍼드나 삶의 조건이 좋은 교육 환경에서의 교육만을 주로 봐왔으니까요. 스탠퍼드나 교육 환경이 잘되어 있는 곳에서 혁신이라 하면 새로운 기술 개발이잖아요. 새로운 기술 개발이라 하면 기존에 없는 방식, 기존에 없는 테크놀로지를 만들어서 새로운 환경을 만드는 것이고요. 그런데 멕시코 여행을 다녀와서는 그런 혁신이 큰 의미가 없다는 결론을 내렸어요. 멕시코 아이들에게 필요한 교육 모델은 아이들에게 가장 적절하게 맞는 것이어야 하고, 현지에서 구현 가능하고 삶의 실상에 부합하는 맥락화contextualization가 있어야 한다는 것이죠.

함돈균   새로운 기술을 통해 새로운 환경을 만든다는 '실험실 혁신'에서, 현지 환경에 부합하는 적정 기술을 발명해야 한다는 에코 시스템 중심의 실천적 관심으로 옮겨가신 거군요.

폴 김   그렇죠. 지금 학교도 없거니와 선생님도 없고, 교육정책이 부재한 상황에 처한 아이들이지 않습니까? 그런 아이들에게 뭔가를 가르치려면 어떻게 해야 할까요. 제가 학교를 짓고 교장을 하는 방법도 있겠지만, 그러면 또 지속 가능성에 문제가 있을 수 있겠죠. 그래서 어떻게 이현장에 확실하고 지속 가능한 변화, 이 현장에 부합하는 교육 혁신을 가져올 수 있을까 고민하다가 모바일 학습을 생각했어요. 아이들이 기기에 저장된 스토리를 듣고, 스토리에 나오는 단어들을 공부하고, 음악과 노래를 따라 하면서 그들에게 필수적인 스페인어를 배울 수 있는 콘텐츠를 개발했어요. 거기에서는 문자 해득이 우선 꼭 필요하니까요. 그것을 '포켓 스쿨pocket school'이라고 해요. 기기가 주머니에 들어가잖아요. 포켓 사이즈 학교라고 할 수 있죠. 그 프로젝트를 진행하면서 배운 것들이 상당히 많아요. '내가 없으면 어떻게 될까' 이렇게 시작했는데 그다음에는 '어떻게 아이들이 지속적으로 기기를 사용하고 공부한 것을 공유하는 환경을 만들어줄 수 있을까' 고민하면서 아이들 스스로 깨우치게 하는 능력을 키우는 게 중요하다는 결론을 내렸어요. 그래서 '외계인 교수법alien pedagogy'을 고안했죠.

함돈균   포켓 스쿨, 외계인 교수법, 이름도 참 흥미롭습니다. 포켓 스쿨
은 바로 이해가 됐는데 외계인 교수법은 또 뭔가요?

폴 김   디바이스의 제공자이자 교육가인 제가 외계인alien이 되는 겁
니다. 제가 그 동네 아이들에게 기기를 나눠주면서 언제부턴가 이런 대
화를 나누기 시작했어요. '나는 이 기기들에 대해 아는 게 하나도 없는
데, 너희가 무척 똑똑하다는 소문을 들어서 여기까지 왔어. 나를 도와
줄 수 있니?'라는 식으로 말을 꺼내요. 그러면 아이들이 답합니다. '진짜
우리가 당신을 도와줄 수 있다고 생각해요?' '그럼. 나는 진짜 이것에 대
해 아는 게 없어. 너희들이 분석해서 나 좀 가르쳐줘' 이런 식인 거죠. 기
존의 교육 방식이라면 제가 앞에 서서 '자 여러분 나를 보세요. 이거 보
이죠? 이거를 누르면 여기가 켜져요. 켜지고 이렇게 누르면 콘텐츠가 여
기 있죠? 이걸 눌러서 이렇게 하면 돼요⋯⋯' 이런 식으로 설명을 하겠
죠. 그런데 그런 방식은 아이들을 수동적인 학습 모델로 들어서게 하고,
계속 수동적인 방식으로 학습하는 것에 익숙해지게 되거든요. 그런 것을
피하기 위해 스스로 깨우치고 찾아서 분석하고 알아낸 것들을 서로 가
르치는 교육 방식을 만든 거죠. 이 모델에서는 학습자가 교육자로 전환
됩니다.

함돈균   아, 아주 흥미롭고 감동적인 발상의 전환이군요. 실제 그런 교
육적 이상의 실현이 현장에서 가능합니까? 결과가 어떻게 되었나요?

폴 김   물론입니다. 제가 외계인 교수법이라고 이름 붙인 이유는, '외계인이 기기를 두고 갔는데, 난 정말로 사용법을 모르겠어. 너희들의 도움이 필요해' 하는 식으로 교육 스토리를 세팅해놓으면, 아이들이 '걱정하지 마라. 우리가 분석해보고 알려줄 테니 조금만 기다려' 하면서 자기들끼리 기계를 두드려보고, 돌로 때려서 부수기도 하고 그랬기 때문이지요. 처음에는 그 안에 뭐가 들었나 열어보기도 하고, 땅에다 갈기도 하고, 그러면서 기기가 몇 개 부서지기도 했고요. 애써 개발한 기기가 부서져도 저는 절대 개입을 하지 않았습니다. 그런데 이때 어떤 여자아이가 기기를 켰어요. 파워 버튼을 눌러서 켰는데, 파워 버튼이 한 번 딱 누른다고 켜지는 게 아니라 3초를 누르고 있어야 켜지는 기기라 처음에는 눌러도 안 켜졌던 거지요. 기기에서 소리도 나고 뭐가 보이고 하니까 주위에 있던 아이들이 달려온 거죠. '너 이거 어떻게 했어?' '이거 한참 누르고 있었더니 켜졌어.' 그 아이가 아이들에게 가르치는 거예요. 그럼 아이들이 또 다 이렇게 켜봐요. 그다음부터는 아이들이 이 버튼, 저 버튼 누르면서 콘텐츠를 깔고 노래가 나오니까 따라 하고, 노래를 들어보고, 스토리가 나오면 또 듣고 해요. 그러니까 이 스토리를 찾아낸 아이들이 저쪽에 다른 스토리를 찾아낸 아이들하고 정보를 교환하기 시작했어요. '너 그거 어떻게 했어?' '이렇게 하니까 이렇게 됐어.' '너는 이거 어떻게 했는데?' '나는 이렇게 하니까 이렇게 됐어' 하며 서로 티칭teaching을 하는 거죠. 이것이 제가 이름 붙인 '외계인 교수법'이에요.

이런 교육 환경에서 이제 발견하고 스스로 분석하고, 발견한 내용을 공유하고 발표하는 모델이 생기니까 큰 보람이 느껴지더라고요. 너무나도 문명의 조건이 잘 갖춰져 있는 교육 환경에서 이미 재능이 있는 학생들을 대상으로 교육 혁신을 가져오는 노력과, 아무것도 없는 극한 생존 조건에 노출된 아이들에게 새로운 교육의 기회를 제공했다는 느낌은 상당히 다르거든요. 그래서 그런 쪽으로 자꾸 더 눈을 돌리고, 어떤 교육 연구가 있는지 선행 작업을 더 공부하게 되고, 미국을 떠나서 개발도상국이나 분쟁 국가에서 교육 혁신을 이루기 위해 주위에 필요한 도움을 청하기도 하고, 연구 논문을 많이 읽고 관련된 사람들을 자꾸 연결하다 보니 더 많은 사람이 연결되었죠. 제 활동에 도움을 준 사람도 이제는 꽤 많거든요. 2005년부터는 스탠퍼드 대학에서 제가 그런 쪽의 실천성을 담보한 연구 활동으로 완전히 방향을 돌렸어요. 교육 테크놀로지와 지속 가능한 교육 모델을 구축하는 데에 관심을 보이면서 오늘날에 이르게 된 거죠.

함돈균   이런 교육 활동 모델의 본격적인 계기가 된 멕시코는 언제 가시게 된 건가요.

폴 김   2005년에요. 그렇게 멕시코 여행을 다녀오면서 느낀 게 있어요. 그 아이들은 원주민의 자녀들이고, 원주민들은 산에서 더 이상 살 수 없어서 도시로 내려와 일자리를 구하는데 일자리라고 해봐야 새벽 네 시에 일어나 저녁까지 오이 밭이나 토마토 밭에서 일하고, 하루 3~4달러 정도 수당을 받아요. 가만히 보니까 절대로 깨질 수 없는 악순환 같더라고요. 그래서 더더욱 교육을 통해서 이들이 이제 자기의 삶을 변화시킬 수 있는 계기가 되었으면 좋겠다 싶어서 몇 가지 교육 프로젝트들을 진행했어요. 그런데 그 체험이 너무 강렬하고 귀하게 여겨져서 나중에 스탠퍼드로 돌아와서도 모든 게 다 그렇게만 보이는 거예요. 스탠퍼드 비즈니스 스쿨에서 강의를 하면서도 '어 저걸 이렇게 이용하면 이 프로젝트에 이런 도움이 되겠다' 싶고, 엔지니어링 스쿨에서 강의를 하고 세미나나 컨퍼런스에 참여했을 때도 '아 저건 이렇게 하면 좋겠네' 식으로, 스탠퍼드의 좋은 교육 조건을 어떻게 열악한 교육 환경에 노출된 지역에 활용하고 연계할 수 있는지에 대한 고민으로 바뀌게 되었던 거죠. 사방을 둘러봐도 어떻게 하면 활용할 수 있을까만 생각하다 보니 별의별 사람들, 별의별 프로젝트와 연계돼서 많은 실험을 시행하게 되었어요.

함돈균   선생님의 활동에는 참 인상적인 면이 많습니다. 첫째 실은 NGO 활동이라고 할 만한 일을 좋은 조건을 가진 제도 교육의 공식적 프로그램과 연결시켜서 지속 가능성을 실현시키셨다는 거죠. 또 무엇보다도 현지 맥락화를 철저히 고려하면서 최악의 상황에 있는 물리적 여건을 극복할 수 있는 기술적 혁신을 통해 교육 실천을 결합하고 있고요. 특별히 교육 방법론은 글을 쓰는 사람이면서 인문학 연구자이기도 한 제게 매우 성찰적이고 감동을 줍니다.

그 외계인 교수법이라는 거 말이에요. 그 비슷한 예가 책으로 나온 게 있어요. 지금 지성계에 큰 영향력을 가진 프랑스 철학자 자크 랑시에르라는 사람이 말이죠, 『무지한 스승』이란 책을 썼는데 거기서 말하는 '무지한 스승'이라는 게 바로 '외계인 교수법'이에요. 이 책은 본래 1980년대 프랑스 정치사의 교육정책을 둘러싼 논쟁 과정에서 철학을 통해 현실에 개입하려는 의도로 랑시에르가 자코토라는 이름의 교육자에 관한 에피소드를 소개하고 그 철학적 의미를 해석한 책입니다. 자코토는 19세기 프랑스의 정치적 격변기에 네덜란드로 망명한 지식인이었는데, 망명지에서 먹고살기 위해 대학에서 프랑스어 강사 노릇을 하게 되었다고 해요. 그런데 갑작스러운 망명으로 프랑스어는 잘 알지만 네덜란드어를 전혀 몰랐던 자코토는 네덜란드어는 잘 알지만 프랑스어는 전혀 모르는 학습자들에게 프랑스어–네덜란드어 대역 외국어 책 한 권을 가지고서, 학생들 스스로 프랑스어를 깨우치게 했다고 합니다. 랑시에르의 이 책은 '전체는 전체 안에 다 있다'는 유명한 명제를 소개하고 있는데요, 이는 보편적 진리가 개별성 안에 구현되어 있으며, 하나의 개별성의 탐구를 통해 보편에 이를 수 있다는 철학적 함의를 담고 있습니다. 특히 이 책에서는 교수·교사와 학생 간의 '지적 평등'을 이런 역사적 실례를 통해 보여주면서, 지식이 많은 교사가 학생에게 다 가르쳐주는 것은 학생을 바보로 만드는 것이라면서 '무지한 스승'을 통해 학습자의 '지적 해방'의 가능성을 피력하고 있죠. 철학적 주체 논쟁은 물론이고 프랑스에서 교육의 정책적 실천과 관련하여 큰 논쟁을 불러일으키기도 했습니다. 이 책은 몇 년 전에 한국에 번역되어 소개되었는데요, 폴 선생님이 실천해오신 외계인 교수법이야말로 '무지한 스승'의 정확한 실천 사례라고 할 수 있을 것 같아요.

폴 김   저는 그 책을 읽어보지 않았으나 말씀을 듣고 보니 완전히 똑같은 맥락이라고 할 수 있겠습니다.

자율권, 스마일SMILE

함돈균   그런데 궁금한 것이 이 프로그램과 관련해서는 교육 여건이 매우 좋지 않은 개발도상국에서 문자 해득의 수준이라 할 수 있는 기초 교육 능력 함양을 주로 실천해오신 것 같은데요, 사실 랑시에르가 든 자코토의 교육 실천의 예시도 리터러시literacy(문자 해득)잖습니까. 이 방법론이나 교육적 관점이 교육의 일반 모델로도 확장될 가능성이 있을까요?

폴 김   충분하죠. 아주 좋은 교육의 일반 모델이라고 생각해요. 교육이 필요한 곳이라면 어디든 가능합니다. 어떻게 보면 현재 많은 혁신 교육 기관이나 혁신 기업들에서 채택하고 있는 문제 해결 중심 학습 방법론problem method도 결국은 이 방법입니다. 다만 여기서는 한 가지 더, 정서emotion가 들어가는 거죠. 문제를 주고서 '풀어봐' 하는 것과, '나는 너희들이 정말 똑똑한 과학자라는 말을 들었어. 그래서 이걸 해결해달라고 도움을 얻으러 여기까지 왔어' 하는 것은 다를 수밖에요. 그러니까 학습자의 자율권empowerment이 매우 중요합니다. 어떤 상황에서도 아이가 실제 그런 능력이 있는지 없는지와 무관하게 그걸 할 수 있다는 믿음을 주는 게 중요하다는 거예요. 그렇게 믿음을 주고 필요성을 보여주면, 무의식중에 자기가 믿은 만큼 힘을 표현할 수 있는 거죠. 나도 내가 할 수 있는지 모르는데 외부 사람이 와서 할 수 있다면서 내게 스스로 할 수 있을 것 같은 느낌을 주고 믿음을 주는 거예요. 그런데 교육의 궁극적 목표는 자기 자신을 믿고 할 수 있을 것 같다고 느끼게 만드는 바로 그런 자율적 능력의 구현이거든요. 그게 교육을 시작하는 데 필요한 조건이자

마무리죠. 아무리 영어 공부가 하고 싶어도 스스로 안 될 것 같다는 생각으로 공부를 하면, 제아무리 많은 시간을 들여도 학습 능력이 생길 리가 없습니다. 하지만 되리라는 믿음을 가지고 시작하면 상당히 힘 있는 학습 환경이 만들어지는 거예요. 그건 본인 스스로 만드는 거죠. 그래서 믿게 하는 것이 교육의 첫걸음입니다. 학습자가 믿게 하는 것, 스스로의 능력을 믿게 하는 것이 중요해요. 실제로는 갖지 못한 능력도 그 이상으로 발휘하게 하는 것이 교육의 가장 중요한 첫걸음이자 핵심입니다. 기업의 문제 해결 전략과 다른 부분은 그런 감정적인 부분을 아이들의 교육에는 강력하게 포함시켜야 한다는 거예요.

함돈균 '자율'이라는 말이 한국어로는 관성적으로 사용하니까 평범하게 느껴졌는데, 폴 선생님 설명을 들으며 'empowerment'라고 새겨들으니까 새삼 그 말이 참 오묘하네요. 힘을 담보하고 스스로 구현·표현한다는 말이니, 그 말 자체가 '지적 평등', '지적 해방'이라는 랑시에르의 관점을 드러내는 말인 것도 같고요. 교육이라는 게 저 스스로 힘을 보유하게 하는 주체화 프로그램이라고 한다면 자율권만큼 중요한 것은 없다는 생각이 듭니다. 그럼 아까 포켓 스쿨이 현실에서 실현되는 하나의 방법으로 선생님께서 개발하신 것이 '스마일SMILE' 프로그램인 건가요?

폴 김 파생되어서 나온 거죠. 포켓 스쿨이 처음에는 콘텐츠만을 제공하고 학생들 스스로 깨우쳐서 찾아내는 과정을 중점적으로 진행했다면, SMILE은 질문할 수 있는 능력을 키워주는 프로젝트예요. 그래서 포켓 스쿨은 시중에서 얘기하는 모바일 학습의 한 부분이라고 할 수 있고요.

요즘은 휴대전화가 상당히 보편화되어 있잖아요. 그런데 2005년쯤만 해도 아직 아이폰이 없었어요. 노키아폰, 모토로라폰 등을 많이 썼지만 옛날 휴대전화여도 상당히 충분한 컴퓨팅computing 기능이 있었단 말이에요. 멀티미디어 콘텐츠를 돌리는 데 전혀 손색이 없어요. 그만큼 파워풀한 컴퓨터 기기computing device였다는 거죠. 그런 것을 활용해 모바일 학습을 실현하면서 이름을 포켓 스쿨이라고 붙인 거예요. SMILE은 어떻게 나왔느냐면, 포켓 스쿨을 한다고 했을 때 콘텐츠나 주제, 학교 관련된 토픽들은 아우를 수 있겠지만 그 이상 상위의 학습 능력이라든가 고등 사고 능력higher order thinking은 키울 수가 없어요. 그래서 아이들이 스스로의 생각을 돌아보고 지금 잘하고 있는지 못하고 있는지, 자기 자신을 어떻게 평가해야 하는지 등을 적절하게 평가할 수 있는 능력을 키우는 것, 상위의 것들에 대한 학습 능력, 고등 사고력을 길러서 그보다 더 진화한 상위의 생각을 할 수 있는 능력, 그런 것들 중 하나가 비판적 사고critic thinking인 거죠. 그런 능력을 키우려면 어떻게 해야 할까 고민하다 SMILE 프로젝트가 나온 겁니다. 원조는 포켓 스쿨인데, 그 모델에서 진화한 거죠.

함돈균   SMILE은 선생님이 현시점에서 하시는 교육 활동의 핵심을 이루고 있는데요, 체계나 운영 방식에 대해 그럼 좀 더 이해하기 쉽게 자세히 말씀해주실 수 있을까요?

폴 김   '스마일SMILE'은 'Stanford Mobile Inquiry-based Learning'의 약자입니다. 모바일 학습을 활용해서 어떻게 고등 사고력을 계발할 수 있을까, 또 고등 사고라고 하면 비판적 사고, 창의성 등이 나오는데, 어떻게 그런 능력을 키울 수 있을까를 고민하다가 SMILE 프로젝트를 구상하게 되었고, 그 당시 마침 운 좋게 미국국립과학재단NSF에서 모바일 연구에 대한 재정 지원이 나왔어요. 저를 포함해서 여러 사람이 동시에 그 프로젝트를 협업했는데 그때 나온 돈이 100억 정도 되고 그 일부를 제가 이 프로젝트 개발에 투입한 거죠. 그걸로 기술적으로도 혁신이 있고, 교육학적으로도 조금 더 혁신적인, 두 마리 토끼를 잡는 프로젝트를 추진할 수 있었어요. 테크놀로지 면에서는 다중 사용자가 상호작용하는 학습 환경multi user interactive learning environment을 구현하려 했고, 학생들이 자기 주도 학습을 할 수 있는 교육 모델을 추구했습니다. 여기에서 아주 중요한 교육학적 아이디어가 핵심 소프트웨어 설계에 투입되었는데, 질문 기술questioning skill을 보면 학업 성취도를 알 수 있다는 게 제가 주장하는 것 가운데 하나거든요. 질문의 퀄리티가 떨어지면 어떤 공부를 할 때 그렇게 수준 있는 공부를 하고 있다고 볼 수 없다는 겁니다. 그러니까 질문 잘하고, 질문 많이 하고, 양질의 질문을 계발할 수 있는 능력을 키우기 위해서 SMILE이 나온 거예요.

막상 스탠퍼드에서 이 프로젝트를 만들고 보니 인도나 다른 나라에서도 초청하겠다는 연락이 많이 오기 시작했어요. 거기 가서 파일럿 테스트를 시작한 거죠. 그래서 SMILE에 어떤 좋은 점들이 있는지 점점 더 알게 되었고, 컴퓨팅 기능을 가진 디바이스를 만들었죠. 손에 넣을 수 있는 조그만 박스형 기기인데 버튼 하나로 작동하면서 전기가 없는 곳에서도 와이파이 연결이 가능해요. 많은 사람이 브라우저browser가 있는 기기만 있으면, 스마일 플러그SMILE plug에 연결해서 모바일 학습 활동에 참여할 수 있고, 그 안에 코딩 스쿨 coding school이라든지 21세기에서 중요하다고 생각되는 여러 교육 프로그램들이 이미 세팅되어 있어요. 이미 로딩이 되어 있어서 프로그램 분배의 효율성도 있고 클라우드 cloud 기반과 연계되어 실시간으로 이 프로그램에 참여하는 전 세계 학습자들이 어디에서 어떤 교육 활동을 했는지, 어떤 질문이 얼마나 만들어졌는지 등의 분석을 할 수가 있어요. 어떤 지역에서 어떤 아이가 어떤 반에서 어떤 선생님의 지도를 통해 어떤 질문을 만들었는가를 알게 되면, 사실 이 시스템만으로도 선생님의 지도 능력이나 SMILE 프로그램의 적정한 활용도에 대한 체크도 동시에 이루어지지요.

함돈균　　테크놀로지의 관점에서 보면 이 디바이스-교육 프로젝트의 가장 큰 장점이자 파워는 전 세계 학습 활동의 실시간 공유와 아카이빙이라고 할 수 있군요. 어떤 원리로 가능한 겁니까?

폴 김　　그 프로그램의 지역 local 버전을 우리가 중심 서버 central server에 업로드하거든요. 일단 이 프로그램이 들어가는 현장은 대부분 전기가 안 들어오고, 자원이 별로 없는 극빈국의 극빈 계층·지역이에요. 그래서 거기에 최적화시키기 위해 전기나 인터넷이 없는 곳에서도 SMILE 프로젝트를 통해서 아이들이 양질의 수업을 경험할 수 있고, 그 아이들이 생산한 여러 가지 질문들을 모아서 연구자나 교육자들이 분석도 할 수 있고, 몇 학년 몇 반의 누가 만든 질문들을 실시간으로 볼 수도 있고, 열 개 반이 있는데, 그중에서 어떤 반이 더 질문을 잘했고, 그 반 안에서 어떤 학생이 질문을 적절하게, 또 고등 사고력을 보여주는 질문들을 잘했는지도 컴퓨터상에서 알 수가 있어요. 제가 볼 때는 모든 트레이닝 교육 환경에서는 앞으로 미래에 SMILE 같은 방식의 교육 테크놀로지를 접목하지 않을 수 없으리라는 생각이 들어요. 이게 단지 테크놀로지 기반의 기술 효율성을 뜻하는 프로젝트가 아니라 질문 중심의 프로그램이라는 점에서 특히 그래요. 그렇지 않으면 결국 우리는 알렉사를 만드는 것밖에 안 되니까.

함돈균 　알렉사를 만든다는 것은 사고에 있어 수동적인 인간형을 '생산'한다는 뜻이시죠?

폴 김 　네. 수동적이고 단답형 대답만 하는 아이들, 암기 위주로 공부한 아이들을 많이 내놓는다는 거죠. 그런데 그것도 알렉사에게 질 거예요. 지식의 아카이빙은 컴퓨터와 인공지능을 이미 따라갈 수가 없으니까요.

함돈균 　교육이 근본적으로 프레임 전환을 할 수밖에 없는 시점에, 시대적인 요구하고도 절묘하게 맞아떨어지는 교육 프로젝트라고 보이네요. 그런데 이 프로그램의 모바일 아카이빙 능력까지 생각해보면, 그것만으로도 연구 활용도가 상당하다는 생각이 듭니다. 전 세계적인 질문 능력의 수준 분포를 알 수 있다든가, 예를 들면 그런 식의 활용도 말이죠. 또 이 기기를 활용하는 지역과 집단 간에 교육 네트워크, 교육 커뮤니티가 자연스럽게 생길 수도 있다는 생각이 듭니다. 참 심플하면서도 확장성이 높은 디바이스네요. 교육 이노베이션이라는 생각이 듭니다.

폴 킴　　생각해보면 여러 가지 디바이스 활용도와 확장성이 있을 거예요. 그렇지만 교육학적 견지에서 보면 무엇보다도 질문 중심 교육으로의 전환을 유도한다는 게 제일 중요합니다. 21세기 교육이라고 해서 내놓은 리포트들을 보면 현재의 교육계 종사자들이 쉽게 활용할 수 없거나 학습자들의 비판적인 사고 능력 확장이나 그들 간의 커뮤니케이션 환경을 종합적으로 고려하지 않은 경우가 많습니다. 주체들 간의 컬래버레이션collaboration도 그렇고요. 이제 그런 것들도 아우를 수 있는 프로젝트 중 하나가 SMILE이라는 거죠. SMILE을 통해서 학생들이 스스로 협업해서 질문을 만들어나가기도 하고, 어떤 주제에 대해 질문을 잘 올리면, 그 질문들을 보고 나서 그 학생이 어느 정도 학업 성취를 이루고 있는지 평가하는 척도가 되기도 하고요. 그래서 저는 SMILE을 측정 벡터evaluation vector라고 불러요. 벡터라는 게 어떤 각─방향을 얘기하고, 그 각에서의 변화를 말하잖아요. 학생들이 만든 질문들을 연속적으로 놓고 봤을 때 어떤 변화가 생겨가고 있는지, 처음에는 단순한 질문들을 하다가 나중에는 고등 사고력이 필요한 질문을 하게 되는지 보는 겁니다.

4C - critical thinking(비판적 사고), creativity(창의성), collaboration(협력), communication(소통)

함돈균　　저도 최근 몇 년간 다양한 차원의 교육프로그램을 만들면서, 그 프로그램의 전체적 기조는 지식·정보 전달이 아니라 질문을 생성하는 수업이어야 하고, 지식의 습득과 응용이 아니라 사고 과정 자체를 교육적 실현의 핵심 요소로 구조화하는 프로그램이어야 한다고 생각해왔습니다. 그런데 이때 소프트웨어나 디바이스를 만들 수 있는 기술도 중요하지만, 사회 문화적 분위기도 참 중요하다고 생각합니다. 이른바 비판적 사고라는 게 한국 사회에서는 교육에서 키워내야 할 사고가 아니라 오히려 거세해야 할 사고로 여기고, 그 결과 거수기 엘리트들만 양성하는 것 아니겠습니까. 저 역시 중·고등학교 시절 비판적 사고를 예민하게 하는 학생이었지만 학교에서는 '불편한 생각'을 하는 아이이자, 위험한 아이라고 생각을 하고, 심지어는 '나쁜 아이'라는 관점으로 몰아붙이고 교사들의 폭력에 시달리기도 했습니다. 사회에서는 프레임 전환을 시도하는 게임 체인저game changer가 그러한 존재들이지만 한국 사회에서는 환영받지 못하죠. 입 다물고 그대로 따라만 해라, 하는 식의 사고들이 어떤 조직에든 팽배해 있고요. 비판적 질문의 중요성을 이해하지 못하는 사회죠. 이런 사회에서는 선생님이 만든 프로그램이 미국처럼 자리 잡기가 쉽지는 않을 것 같아요. 사실 창조성의 핵심을 이루는 사고인데 말이죠. 혹시 이런 프로그램을 만들 때 선생님께서 프로그램 구성에 관해 고수하는 원칙 같은 것들이 특별히 더 있는지요?

폴 김   맞습니다. 사회 문화적 분위기가 참 중요하지요. 저 역시 함 선생님과 같은 교육 체험을 동일하게 한 후 그래서 미국으로 건너오게 된 겁니다. 중요한 것은 세상이 어떻게 변화하고 있는지에 대한 자각을 폭넓게 하고 절실하게 변화의 필요성을 각성하는 일입니다. 예컨대 21세기 사회경제 활동에 필요한 요소들로 4C 원칙이 있다고 사회학자들은 말하는데요. 저도 이 관점을 교육 프로그램 구성의 주요 원칙으로 활용합니다. 이런 원칙들을 한국 사회도 자각하고 있어야 해요. 창의성creativity, 비판적 사고critical thinking, 협력·융합collaboration, 소통communication 등 4C라는 말은 특히 경제활동 종사자들이 많이 합니다. 4C는 21세기에 사람들이 직장에서 필요한 스킬이고 능력인데, 4C가 모자라서 최적화된 종사자나 관리자가 회사나 직장에서 필요한 역량을 최대로 발휘하지 못한다고 말하죠. 그래서 4C의 중요성이 많이 대두되고, 얘기가 나오고 있어요. 비판적 사고도 기업가 정신, 경제활동을 위해 오히려 필요한 거란 말이죠. SMILE 프로젝트는 그와 같은 4C뿐만 아니라, 자기 성찰이라든지 스킬을 계발하는 데에도 많은 도움이 된다는 거예요. 또 저희가 질문의 중요성을 점점 더 많이 생각하게 된 것은 개발도상국을 돌아다니며 프로젝트들을 하다 보니 학생들이 현재 정체된 상태에 대한 불만이나 삶의 고통으로부터 벗어나려는 변화 의지가 없는 이유가 현재 문제점들에 대해 질문을 하지 않아서라는 걸 인식했기 때문이지요. 그래서 제가 질문을 하기 시작했어요. 이 아이들이 왜 그것에 대해 질문하지 않을까 자문했죠. 아이들은 그런 질문을 해본 적도 없고, 질문을 할 기회를 가져본 적이 없는 거였어요. 특히 개발도상국 공교육의 문제점은 완전히 100퍼센트 주입식 교육인데, 100퍼센트 주입식 교육에도 문제가 많아요. 또 다루는 콘텐츠에도 문제가 많죠. 100퍼센트 주입식 공교육의 프로그램을 따르는 아이들은 상당히 수동적인 암기형의 어떻게 보면 로봇 같은 유형이 됩니다. 이 아이들이 능동적으로 스스로 공부할 것을 찾고, 많은 것에 호기심을 갖고 스스로 질문하면서 현상에 대해 묻고, 또 자기가 추구하고자 하는 일, 바라는 일을 꿈꾸며, 희망을 갖고 능동적인 학습자로 변할 수 있는 길은 뭘까, 고민하다가 SMILE 프로젝트를 하게 된 거예요.

이 능동적인 학습 방식을 만들기 위해 SMILE 프로젝트를 하면서 학생들이 스스로 질문을 하게 하는데, 먼저 저희가 이렇게 질문을 던졌어요. '지금 너희가 살고 있는 사회에서 무엇이 문제이고 무엇을 고치면 좋겠느냐'고요. 놀랍게도 아이들이 '우리가 보는 문제점들은 이런 것들이 있다' 얘기를 하더라고요. 그래서 참 신기해했죠. 아르헨티나 시골 지역에 갔을 때 처음 그런 경험을 했는데, 그 시골에서 아이들한테 '문제가 무엇이냐'고 질문을 던졌을 때 '우리 사회는 자살률이 높다'라고 대답하는 거예요. 그래서 '오 정말 그러냐, 왜 자살률이 높으냐?' 했더니, 여기에는 직업도 없고 부모들이 생산적인 일을 잘하지 못한다면서 계속 말을 이어가는 겁니다. 그곳은 사실 원주민 마을이었어요. 아르헨티나 같은 경우는 라틴아메리카의 백인 이주자들의 침략 과정에서 원주민들이 거의 죽었기 때문에 원주민이 아주 극소수예요. 멕시코나 과테말라 같은 데는 원주민, 그러니까 토착 인구 규모가 상당히 크거든요. 그런데 아르헨티나, 우루과이, 칠레는 옛날에 다 죽였기 때문에 토착 인구가 적어요. 그래서 원주민 아이들에게 그렇게 질문하면서 문제점이 뭐냐 했더니, 우리 원주민에 대해 정부에서 정책적으로 지원하는 것이 별로 없고, 그래서 지금까지 소외된 계층으로 살아왔다는 거예요. 또 이쪽 지역에서는 발전이나 개발도 별로 없고, 고용이 안 되는 문제도 있고 하다 보니 부모들이 술이나 알코올중독 같은 문제가 많고, 건강한 음식을 먹지 못하는 환경 때문에 건강한 음식이나 건강한 생활 방식에 대해 잘 몰라서 정크 푸드를 많이 먹으니 고혈압, 당뇨가 상당히 많고, 그렇다고 누가 와서 나쁘다며 지적하는 것도 없고 등등. 대화를 계속하다 보니 그런 문제점들이 나오는 거죠. 그런데 가장 중요한 것은 스스로 질문을 통해 그런 문제점들을 알아냈다는 겁니다. 그냥 교육 워크숍만 진행했으면 워크숍만으로 끝났을 텐데, SMILE 같은 질문형 수업을 하다 보니까 아이들이 문제시하는 요소들을 찾아낼 수 있었다는 거죠. 또 지역마다 똑같은 방식으로 하다 보니 비교 분석도 가능해졌어요. 예를 들어 콜롬비아에서는 베네수엘라 국경 지역에 있는 토착 커뮤니티를 주로 자주 다녔는데, 거기 아이들은 마약과 관련된 여러 가지 폭력도 많고, 갱단과 로컬 커뮤니티를 보호하는 차원에서 생겨난 로컬 법치가 있어요. 대한민국으로 치면 경찰이 있고, 군인이 있고, 민간인이 있는데 멕시코나 남미 동네에 가면 정부를 믿기가 힘들어요. 부정부패와 연관된 사람들이 많아서죠. 경찰도 그렇고, 군인도 그렇고. 그리고 마약 관련된 사람들이 와서 아이들 납치해 가고 아이들한테 마약 투여하고, 그 아이들이 다시 갱단의 역할을 떠맡는 악순환이에요. 그런 일들을 보고만 있을 수는 없잖아요. 그래서 경찰에 신고한다든지, 군대에 신고한다든지 하면 다 연결이 되어 있어서 오히려 보복을 당하는 거예요.

함돈균   아, 정부 기관에 신고조차 가능하지 않은 열악한 삶의 상황이라니요.

폴 김   신고해봤자 보복만 당하죠. 다 연결되어 있고 짜고 하는 일들도 많고. 그러다 보니 자치 치안 같은 게 생겨나는 거예요. 직접 총을 사고 스스로를 보호하려 하죠. 남미 쪽에 특히 그런 일들이 많아요. 자기들은 소외당하고 정부에서도 도와주지 않아 당할 수밖에 없으니 스스로 보호해야 한다, 자생적으로 스스로 깨우치고 똑똑해져서 여기서 빠져나올 수밖에 없다면서 행동에 나선 거죠. 실제로 멕시코의 한 지역에서 제가 '천일 스토리One thousand one story' 프로젝트를 진행했는데, 그런 자치 경찰과 군대와 마약 갱단의 3자 싸움 같은 일들이 상당히 비일비재해요. 이런 지역을 돌아다니며 SMILE 프로젝트를 통해 추구한 것은 그들이 스스로 깨달은 질문들을 끌어내고 그 질문에서 해답을 유추하는 거였어요. 그냥 관찰을 통해서 어떤 결론을 내린다면 제 주관적인 견해들이 들어간 타자의 결론밖에 안 나올 테니까요. 저는 아이들을 통해서, 또 주민들을 통해서, 스스로 질문한 내용과 질문에 대한 대답을 객관식 선택형 질문multiple choice question 으로 만들라고 하거든요. 이런 문제가 있고 스스로 그 답을 찾아서 선택지가 있는 문제 유형을 만들라고 하기 때문에, 문제의 전체적인 형태를 보면 스스로 문제점을 찾아내고 해결책과 방안도 어느 정도 생각을 하고 있어요. 아이들조차도 그래요. 같은 방식으로 아르헨티나 원주민 아이들에게 물어봤을 때도, 아이들이 '우리 동네는 자살률이 높다, 학교에서는 갱단과 분리한다는 명분으로 아이들을 폭력적으로 다룬다, 이 동네에는 우울증이 많다' 이런 얘기를 하는 거예요. 아이들이 만든 객관식 선다형 질문에 대한 답들을 보면 상당히 좋은 답들을 스스로 유추해냅니다. 저는 이 프로젝트를 하면서 그 동네의 문제점과 가능한 솔루션들을 토착민의 시각으로 알아낼 수 있게 되고요. 그리고 그런 것을 발표하고 공유하는 거예요. 전 세계를 돌아다니면서 기조연설도 하고, 여러 발표를 하면서 이러저러한 커뮤니티가 있으니 우리가 그곳에 관심을 가져야 한다고 알려주는 거죠.

자기 문제는 자기가 가장 잘 안다

함돈균   그러니까요, 이 프로젝트는 교육적 효과의 측면에서도 교육 주체들의 자발성을 전적인 동인으로 하는 데다가, 각 지역의 커뮤니티가 지닌 문제점들에 대한 해결책을 스스로 모색하게 하는 방식, 그리고 이 프로젝트를 행하는 폴 선생님의 입장에서는 그러한 세계 각 지역의 문제점을 그 시각에서 파악하고 아카이빙하는 효과를 갖고 있다는 것이죠. 그 생각과 정보를 다시 다른 지역, 전 세계와 공유하고 알리는 이런 역할은 교육 활동이 글로벌 사회 혁신과 연결된다는 측면에서 사회학 보고서이자, 생생한 인류학 보고서이며, 상당한 정치적 캠페인 성격을 띠는 NGO 활동이기도 하고요. 그러나 제가 아까 말씀드린 대로 저는 선생님의 이 복합적 실천이 스탠퍼드 대학의 공식적인 학제 시스템과 연결된 교육 프로그램이라는 점이 가장 놀랍고 인상적입니다. 사실 의미 있는 NGO 활동이나 언론사들의 활동을 통해 우리가 세계 각 지역의 문제점이 무엇인지 알게 되는 계기는 많이 있지만, 그것이 공식적인 프로그램, 게다가 제1세계 엘리트 대학의 학제 프로그램과 연계되는 일은 흔치 않은 일이지요. 그건 프로그램의 지속 가능성이라는 측면에서도 그렇지만, 이 프로그램에 참여하는 스탠퍼드 대학 학생들의 경우 졸업 후 상당한 사회적 포지션을 갖게 될 잠재성이 있는 학생들인데, 그들에게도 그들이 알지 못하고 겪어보지 못한 삶의 현실들을 대면하게 하고 공공선에 참여하게 하는 상당한 잠재 교육이 되지 않겠습니까. 살아 있는 리더십 교육으로 이만한 게 또 어디 있겠습니까. 또 선생님은 학자이시기도 하니까 분명히 이런 일들을 교육학적 관점의 공식 리포트로 남기시지 않겠습니까.

그 리포트는 삶에 대한 복합적 성찰을 띠는 리포트가 되리라는 점에서 추상적 담론이 될 수가 없을 것 같습니다만.

폴 김　정리를 참 잘해주시네요. 그래서 제가 내는 교육 프로젝트 논문 페이퍼를 보면 항상 그 커뮤니티의 문제점을 제시하면서 교육공학적인 솔루션을 제시합니다. 어떻게 보면 두 가지 목적이 있는데, 하나는 교육공학적 혁신에 가까운 솔루션을 찾는 목적에서 아카데믹한 페이퍼로서 내는 것이고, 또 하나의 목적은 그와 같은 지구적 상황이 어딘가에 존재하고 있다는 것을 세상에 알리는 거예요. 제가 그냥 이런 곳에 이런 문제가 있어요, 라고 얘기할 때와 아카데믹한 접근으로 논문을 써서 페이퍼를 냈을 때 그 무게감은 또 다르잖아요. 신빙성도 다르고. 제가 팔레스타인에 가서 그런 프로젝트를 했고, 인도 어떤 지역에 가보니 아이들의 교육을 반대하는 부모들이 많다더라고 말로 해봐야 한계가 있어요. 사람들이 별로 관심을 보이지도 않고, 금방 없어지잖아요. 그런데 아카데믹한 논문을 내면 안 없어진단 말이에요. 영원히 데이터베이스로 남아 있어요. 그리고 앞으로도 학생들이 공부하고 논문 찾아보고 이와 비슷한 질문을 했을 때 그런 논문들이 튀어나오리란 거죠. 그럼 학생들이 한번 읽어보겠죠. 그때 조금이나마 감흥을 받아서 '아 이런 사회가 존재하는구나, 저런 소외 계층이 존재하는구나, 저기에 그런 문제점들이 있구나' 하고 이런 것을 공유할 수 있는 영구적인 채널이 뭘까 고민하면서 더욱더 연구를 하게 되는 거예요.

또 제 연구 페이퍼들을 보면 숨어 있는 메시지들이 있어요. 멕시코에서 프로젝트를 할 때 보았던 사회문제들, 컨디션이나 상황을 보고하는 논문이기도 하지만, 그 안에서 어떤 변화를 줄 수 있을까, 사회의 전환을 꾀하는 교육적 모델, 솔루션의 제시가 숨어 있는 거죠. 그래서 그 페이퍼들은 기존의 페이퍼들과는 성격이 많이 다르고 어떻게 보면 흔하지 않은 페이퍼들이에요. 물론 이렇게 얘기는 하지만 어떻게 보면 둘 다 접근을 잘 못하는 경우도 있고, 두 쪽에서 다 제대로 못한 페이퍼일 수도 있어요. 하지만 제 바람은 두 가지 목적을 달성하고 싶은 마음에서 그런 연구를 해왔고, 앞으로도 그런 연구를 하고 싶다는 거죠.

함돈균　　그 아카데믹한 차원에서의 페이퍼라는 게 바로 제가 아까 말씀드린 공식 제도하에서 전개하는 교육적 실천의 유의미성과 맞닿는 부분이에요. 게다가 그 사회 전환을 염두에 둔 솔루션의 제시라는 건 교육학적 측면이지만 실은 사회학·정치학, 나아가 정책적 제안의 성격을 예비하고 있는 것이기도 하잖습니까. 소셜 이노베이터social innovator가 맞으시네요. 그런데 저는 역시 소프트웨어적인 접근에서 폴 선생님의 교육 프로그램이 질문 중심 프로그램이라는 점이 가장 인상적입니다. 이건 교육학적 질문을 넘어서서 역시 모든 형태의 지적 역사, 사회 혁신의 문제하고 밀접한 관련이 있잖아요. 혹시 '질문'에 대해 더 말씀해주실 건 없는지요? SMILE에 대한 보충 설명일 수도 있고요.

폴 김　　에티오피아에서 SMILE 프로젝트 파일럿을 했는데 아이들이 처음 던지는 질문들은 단답형이었어요. 누가 대통령이냐, 언제 누가 독립을 시켰느냐, 등으로 단답형의 단순 질문, 주입식 교육에서 나올 질문들을 만들어 오잖아요. 그래서 자꾸 질문을 만들라고 하고 모든 걸 질문화하라고 자꾸 연습시키고 반복시키고, 모든 주제에서 질문을 만들어보라고 하니까, 아이들이 수업 시간뿐 아니라 휴식 시간에도 집에 가서도, 길거리 가다가도 질문을 해봐요. 이거 괜찮은 질문이냐 아니냐 하면서 서로 물어보는 거예요. 그리고 '그 질문이 좋긴 한데, 별 다섯 개짜리는 아니야' 자기들끼리 이런 얘기를 해요. SMILE 프로젝트 현장에 가면 다 이런 일들이 일어나요. 어떻게 보면 부산물인 거예요. 아니면 부산물보다 더 중요할지도 모르죠. 그렇게 질문을 만들어보면서 그 아이도 성장하니까요. '그거 원래 그랬어, 항상 이랬지' 이게 아니라 질문을 해보는 거예요. '저 상황이 과연 맞는 건가, 저게 정의로운 건가, 법적으로 합리적인 건가?' 이렇게 자문을 하는 거죠.

인도에 있을 때는 인도 아이들이 이렇게 질문하는 거예요. '남편이 와이프를 막 때렸다, 그럼 그게 괜찮은 건가, 어떤 잘못을 한 거지, 경찰이 어떤 사람한테 뒷돈을 받았다, 그럼 그게 괜찮은 건가, 올바른 건가' 하는 식이에요. 어떻게 보면 반정부적인 교육을 하고 있다고도 볼 수 있어요. 정부 쪽에서 싫어할 수도 있고요. 국민들이 자꾸 질문을 해대고, 모든 걸 물어보고, 불평불만하고, 평가하고, 그런다고 하면 정치인들은 참 피곤할 수도 있어요. 하지만 올바른 민주주의 체제를 완성하려면 필요한 질문을 해야 하고, 적절한 질문을 해야만 우리 법체계가 정말 실질적으로 제대로 갖춰져 있는지, 헌법이 우리의 인권을 제대로 보호하고 있는지를 가늠해보는 계기가 될 수 있거든요. 그래서 에티오피아 같은 데서 6개월 후, 1년 후에 다시 아이들의 질문들을 살펴보니까 이처럼 아주 수준 높은 고품질의 질문들을 하더라는 거죠. '왜 저 사람이 대통령이 된 거지? 과연 우리가 민주주의 국가야? 우리의 헌법은 우리의 인권을 제대로 보장하고 있어?' 이런 질문을 할 때 저는 막 가슴이 너무 벅차고 뿌듯했어요. 뭔가를 이룬 것 같고, 아이들이 저렇게만 커주면 사회에 진출해서 정계에 입문하고 사회에서 중요한 역할을 하고, 리더 역할을 할 때 저런 식으로 계속 질문만 해주면 얼마나 자기 나라에, 자기 사회에 좋은 영향을 끼칠까, 기대가 되는 거예요. 우리가 학교 공부하는 것만으로, 지식만 습득한다고 민주주의가 이루어지는 것도 아니고 세계 평화를 이룰 수 있는 것도 아니잖아요. 그런 과업을 잘해낼 수 있도록 평가하고 상황 판단을 할 수 있는 아이들로 키우고 싶은 마음인 거죠.

아직까지는 사회·정치적 입장에서 봤을 때 그런 장점이 있는 거고요. 또 교육학적 입장에서 봤을 때는 그 나라에서 아이들이 얘기하기를 SMILE을 하면서 '선생님이 더 준비를 잘해 옵니다'라고 했을 때 큰 감동을 받았어요. 이 프로젝트를 하면서 아이들이 다양한 질문을 해 오니까 선생님들이 조금 당황도 하고, '귀찮게 왜 저런 질문을 해, 나도 답을 모르는데' 같은 마음이 들면 두 가지 현상이 일어나요. 우선 SMILE 프로젝트가 교사 입장에서는 부담스럽고 싫어져요. 아이들이 너무 다양한 질문들을 하거든요. 팀을 구성해서 질문들을 만들지요. 팀으로 짜서 저쪽 팀하고 누가 더 질문을 잘 만드는지 경쟁을 해보자고 해요. 누가 더 고품질 질문을 만드는지, 별 다섯 개짜리 질문을 할 수 있는지 한번 경쟁해보자고 하죠. 그러면 한 명이 질문을 만들 때와 세 명이 뭉쳐서 질문을 만들 때 또 상당히 다른 새로운 질문들이 나와요. 세 가지 입장이 고려되다 보니까 달라지죠. 그러다 보니 어떤 한 토픽을 놓고도 상당히 깊이 들어가는 질문들이 나오거든요. 어느 나라든 교육 레벨이 어떻든 상관없이 항상 같아요.

예를 들어 스탠퍼드 의대에서 SMILE 프로젝트를 할 때, 의대 4년 차 학생들이 함께 팀을 구성하면서 전공 분야가 다른 친구들끼리 모여 질문을 만들 때가 있어요. 이 친구는 산부인과, 저 친구는 내과, 저 친구는 정신과, 저 친구는 전염병, 이런 식으로 분야가 다른 학생들이 모여서 질문을 만드는 거예요. 전염병 쪽하고 내과하고 정신과하고 모여서 질문을 만들게 되는 거죠. 그러면 세 가지가 접목된 질문이 되는 거예요. 이 세 가지 층위가 합쳐지는 질문을 만들면 상당히 창의적인 질문이 되고, 기존에 했던 질문보다 상당히 복합적이고 창의력을 필요로 하는 질문이 나오게 되죠. 그런 질문들의 품질을 평가해서 학생들에게 성적을 주는 거예요. 전에는 스탠퍼드에서도 교수가 논문을 주면서 '이거 내일까지 읽어와, 내일 토론할 거야' 이런 식으로 했거든요. 이제는 논문을 주면서 '문제 세 가지를 만들어 와' 과제를 내요. 그러면 학생들은 이 논문 하나만 읽고서 질문을 만들어도 돼요. 그런데 학생들은 알아요. 그렇게 해서는 별 두 개, 세 개밖에 못 받는다는 거죠. 별 다섯 개를 받으려면 이 논문 외에 다른 논문과 관련 논문 여러 개를 다 읽어야 하고, 리서치를 많이 해야 돼요. 그러면 상당히 창의적이고 복합적이면서 비판적 사고를 하는 질문들을 만들어 오거든요. 그랬을 때 별 다섯 개를 받아요. 스탠퍼드 학생들은 자긍심이 높아서 서로를 상당히 비교하니까 준비를 많이 해 오는 거죠. 교수 입장에서는 질문을 만들어 오라고 던졌을 때 학생들이 더욱더 관련 토픽 리서치를 잘해 오고 양질의 질문을 가져오니까 그 양질의 질문들이 학생들로 하여금 문제 해결을 위해 도전하게 하고 동기를 유발하고 아주 양질의 토론을 끌어낼 수 있는 계기가 된다는 거예요. 그런 결과들을 많이 봐요. 그래서 이런 방식의 교육은 주체가 누구든 어디서든 어떤 레벨이든 상관없어요. 초등학교 1학년이든 스탠퍼드 의대 학생이든, 기업 경영자든, 어떠한 교육 수준에 SMILE을 접목하든 고등 사고력을 요구하는 질문들을 만들어냈습니다.

함돈균　질문을 만드는 구체적인 프로세스는 어떻습니까? 질문의 수준을 평가하는 기준도 그 프로세스에 따라 다를 텐데요.

폴 김　SMILE 프로젝트를 하면서 주로 쓰는 여러 가지 방법이 있어요. 기본적인 것은 객관식 선택형 질문을 만들 게 하는 거예요. 객관식 선택형 질문을 만든다고 하면 문제를 내고 선택 가능한 복수의 대답을 만드는데, 확실한 대답을 만들면 너무 쉬워요. 그러니까 까다롭게 만들어야 또 묘미가 있잖아요. 이게 '질문의 기술'이거든요. 그래서 제가 자꾸 질문의 기술을 만들고 학생들에게 요구해요. 답인 것 같으면서 답이 아니고, 답이 아니지만 답 같은 것을 만들죠. 이런 것을 자꾸 유추하다 보면 주어진 토픽에 대해 상당히 깊이 있게 들어갈 수밖에 없어요. 예를 들어 르완다 같은 데 가서 인간 면역 결핍 바이러스HIV에 대해 트레이닝을 할 때, HIV에 대해 가르친 다음 질문을 만들게 했어요. 만들어 온 질문을 보면 이 사람들이 트레이닝을 제대로 받았는지 안 받았는지를 알 수 있어요. 질문의 품질을 보면 알 수 있죠. 가령 HIV-에이즈에 대해 직접적인 질문은 하지 않아요. 해봤자 별 한 개짜리니까요. 그렇지만 비슷한 증상이나 치료에서의 차이점이라든지 상황이라든지 특정 상태와 관련된 치료법이라든지 여러 가지 다양한 질문들을 만들어내면 '아, 이 반은 트레이닝이 참 잘되어 있구나' 알 수 있거든요. 그래서 SMILE 프로젝트는 어떻게 보면 학습 도구면서 평가 도구 인 거예요.

에듀케이션 education 이 아니라 러닝 learning

함돈균　학습 도구이면서 평가 도구라는 말의 뜻을 이제야 제대로 알아듣겠습니다. 저는 문학평론을 하는 사람이다 보니, 이런 비유가 맞는지는 모르겠는데 선생님의 교육 방식이나 교육 디바이스가 지닌 요소 중에 '단순함 simplicity'이라는 게 참 대단한 힘을 가지고 있구나 하는 생각이 듭니다. 얘기를 듣다 보니 이게 중요한 것이 선생님께서는 이노베이션의 요소로서 단순함에 관해 얘기하면서 어떤 도구적 효용성의 차원이나 현지에서 사용 가능한 맥락화의 측면을 강조하셨던 것 같은데, 저는 이제 시 poetry에 대한 생각이 자꾸 떠올라요. 그러니까 이게 말이 되는 건지 모르겠는데, 이 SMILE 프로젝트가 실은 혁신의 요소로서 단순함을 지니고 있는 것 같아요. '질문을 가지고 교육을 디자인한다'는 거지요. 그런데 이 프로그램이 워낙 용도나 잠재적 효용성이 큰 복합적 요소를 지니고 있다 보니까 단순한 것에 복합적 요소를 담는다는 건데, 시에서 어떤 사물에 대한 발견이나 이미지의 발명이라는 게 바로 이런 거거든요. 아무튼 제게는 참 여러 가지 생각을 하게 하는 프로젝트이자 디바이스네요.

　그런데 제가 선생님 말씀을 줄곧 들으며 쓰시는 용어 가운데 인상 깊게 듣고 있는 말이 있습니다. 한국에서는 '교육'이라고 하면 바로 에듀케이션 education이라는 영어로 이해하는데, 선생님은 계속 '러닝 learning'이라는 말을 쓰시거든요. '러닝' 그러니까 우리말로 하면 '학습·배움'이라는 말의 어감이 참 좋은 것 같아요. 지난번 미국 방문에서 피츠버그 대학의 교육학과 교수님과 아주 좋은 인터뷰를 했을 때 그분도 '러닝'이라는 단어를 주로 사용하셨는데요, 이 단어에서 어떤 교육철학적 관점을 읽어볼 수 있는 건지요?

폴 김　　그렇죠. 아까 말씀드렸듯이 티칭teaching을 잘하려면 티칭을 하지 말라고 했잖아요. 왜냐하면 '러닝learning'이 많이 일어나게 해야 하거든요. 결국은 스스로 깨우쳐야 가장 강력한 학습·배움이 일어나는데, 공교육에서 주입식 정보 전달, 단순 암기 교육을 자꾸 해봐야 아이들을 더 어리석게 만들 뿐이에요. 저는 그게 범죄라는 생각까지 들어요. 학교를 다니면 다닐수록 아이들이 질문을 더 안 해요. 점점 더 암기 중심적이고 더 수동적인 아이들, 비판적 사고가 거세된 아이들이 되어가는 거예요. 물론 자기 주도적으로 나아가는 학생들도 있기는 하겠죠. 그렇지만 12년 동안 열심히 학교에 다닌다고 해도 특히 한국 공교육에서 보이는 많은 부족한 점들 때문에 질문도 더 안 하는 아이, 더 수동적인 아이, 주는 대로 받아먹는 아이, 불평불만 없이 질문하지 않고 안주하는 아이들이 결국은 대학을 가고 직장을 얻어서 창의성이 얼마나 나오겠느냐는 거예요. 이 아이들이 비판적인 사고를 얼마나 할 수 있겠어요. 그래서 이게 문제가 된다는 거예요. 물론 옛날에는 단답식 교육, 수동적 교육이 필요한 때가 있었어요. 예를 들어 공장 노동자가 필요한데, 공장에서 용접하고 일해야 하는 시간에 질문을 많이 하면 안 되잖아요. 시키는 대로 해야 공장의 능률을 높이는 데 도움이 되잖아요. 주어진 일, 같은 일, 반복되는 일을 계속 똑같이 하는 직장이라면 주도적인 학습이나 비판적 사고가 필요 없을 수도 있어요. 하지만 21세기에는 어때요. 그런 반복적이고 노동 집약적인 직종은 이제 로봇으로 다 교체되고 있잖아요. 그렇기 때문에 더더욱 앞에서 말한 4C와 같은 스킬들이 더 중요해지는 거예요. 단순히 암기해서 추출해내는 식의 교육으로는 미래에 어떤 직업에도 적절하지 않은 아이들만 배출해낼 뿐입니다.

함돈균　선생님의 교육 프로그램에서 그 '질문'도 협업으로, 공동 작업으로 만들어진다는 것도 상당히 인상적이에요.

폴 김　거기서 다양한 질문들이 나오고, 팀의 창의성, 팀의 집단 지성 Collective Intelligence 이 나오거든요. 과거에 공부하면서 제가 집단 지성 척도라는 말을 한 적이 있어요. 제가 만들어낸 용어가 몇 개 있는데, 그중 하나가 '집단 지성 척도'였어요. 어떤 통계가 필요할 때, 이 집단이 더 창의적이다, 비판적 사고를 더 잘한다, 지능이 더 높다 같은 걸 측정하는 어떤 척도가 현재 없다는 거죠. 그래서 이제 그런 기준이 필요할 것이라고 보고 생각해서 만든 용어가 '집단 지성 척도 CIR: Collective Intelligence Ratio'였어요.

함돈균　그래서 만드셨어요? CIR을? 어떻게 집단 지성 척도를 만들 수 있을까요. 어떤 척도나 공식이나 범주표 같은 게 있나요?

폴 김　표를 만들 수도 있죠. 그런데 지금은 초기 단계이기 때문에, 이런 게 있다고 개념을 얘기해주는 정도로만 하겠습니다. 예컨대 팀 프로젝트를 자주 시키는데, 멀티미디어를 적극적으로 활용하게 해요. 특정 제품을 만들 때 디자인을 하면서 토론하라고 하면, 팀이 토론을 하면서 디자인을 하는 거예요. 그러면 어떤 사람은 말을 참 잘하고, 표현을 참 잘하는 친구도 있고, 어떤 친구는 지식 활용이 뛰어나서 '아 그거 이런 상황에서 봤는데 여기서 이렇게 해결했으니까 우리도 이렇게 해결할 수 있어' 하면서 링크를 잘해주기도 하고, 또 어떤 친구는 드로잉스케치를 너무 잘해서 명쾌하게 설명해주기도 하고, 개개인이 성향이 다 다르잖아요. 그러니까 각자 잘하는 부분이 다 다르고 개인차가 있어요. 그런 아이들이 모여서 팀 프로젝트를 해나갈 때 각자 이렇게 얘기할 수 있을 거예요. '나는 표현이 탁월해서 팀 프로젝트에 플러스 되는 요소도 제공했어.' '나는 아주 적절한 드로잉을 제공했어.' '나는 샘플 예를 너무 잘 만들어서 프로젝트에 플러스가 되게끔 했어.' 그러면 그 플러스가 된 부분들을 일일이 계산해야 되는 거예요. 누구는 어떤 채널로 이런 기여를 했고, 누구는 어떤 모델로 이런 기여를 했다고 개개인별로 계산해요. 그것들을 다 수치화해서 통계적인 분석을 하는 거예요. 이와 같은 그룹에서 이러이러한 기여를 했을 때 어떤 분포도가 형성되었는지 보는 거죠. 그래서 평점을 매겼을 때 이 팀은 다 분석하니까 0하고 1 사이에 이런 비율이 나오고, 저 팀은 0하고 1 사이에 어떤 비율이 나온다고 비교할 수가 있는 거예요.

그런데 이 팀은 왜 0.7이고 저 팀은 왜 0.3일까요. 기여를 한 아이들이 적고, 시도한 기여가 적고 유효한 기여가 적은 거잖아요. 각자가 활용한 채널에서 그랬기 때문에 전체적으로 비율이 적은 거예요. 그래서 이 팀이 더 못하거나 더 우수한 팀이라고 할 수가 있는 거죠. 비교가 가능하니까요. 이런 것을 하려면 디바이스 차원에서 회의 툴conference tool을 사용할 때보다 더 쉬워집니다. 직접 얼굴을 맞대고 말로 하라고 하면 드로잉 툴이나 디지털 툴을 사용하기가 쉽지 않고, 캡처하기가 쉽지 않아요. 그런데 회의 툴을 사용하는 환경에서는 캡처링이 수월해요. 사실 혁신 기업들은 지금 그런 회의를 많이 하고 있습니다. 예를 들면 핸드폰 단말기를 설계할 때도 디자이너와 엔지니어들이 여기저기 떨어져 있다고 해도 그런 식으로 원격회의를 진행합니다. 그래서 그걸 공식화하는 개념으로 제가 제안한 게 CIR이에요.

함돈균   최초에 공학을 기반으로 하셨기 때문인지 요인들을 수치로 객관화하는 능력이 탁월하신 듯합니다. 교육 모델과 관련하여 CIR처럼 새로 제안하신 개념이 혹시 또 있는지요?

폴 김   제가 만든 용어 중에 'PCR', '프로그램 응집률Program Cohesive ratio'이라는 것도 있어요. 우리가 지속 가능성 애기를 많이 하잖아요. 특히 새로운 지속 가능성을 끌어내는 프로젝트 애기를 많이 해요. 그럴 때 혁신 애기도 많이 하죠. SMILE 프로젝트와 포켓 스쿨을 계속 해나가면서 실패하거나 잘 안 됐거나 하는 케이스들이 있잖아요. 왜 안 됐는지를 가만히 보니까 지속 가능하지 않은 케이스도 꽤 많고 실패를 경험하는 프로젝트들이 상당히 많아요. 그게 어떻게 보면 솔루션 자체의 문제도 있을 수 있지만 실행을 어떻게 했는지, 어떻게 완성했는지, 또 에코 시스템을 잘 이해해서 맥락화를 잘했는지, 이런 것을 다 봐야만 프로젝트가 성공했다거나 지속 가능하다거나 안 됐다거나 하는 말을 할 수 있거든요. 그런데 그런 것까지 보는 사람이 별로 없는 거예요. 그래서 제가 답답해서 만든 개념이 PCR이에요. 프로그램 응집률을 보면 혁신이라고 불리는 솔루션 자체뿐 아니라 에코 시스템의 전체적인 체계가 잘 준비되었는지, 사용자나 학생, 선생님, 다른 핵심 요인들, 예를 들면 정부라든지 여러 가지 중요한 권한이 있는 기관의 참여도라든지 여러 척도를 26가지 이상 나눠놓은 게 있어요. 분류를 해놓고, 프로젝트를 할 때 다 볼 수는 없어도 최대한 많이 뽑아서 프로젝트의 성공 여부를 가늠해보는 객관적 척도라고 할 수 있어요. 그래서 그 응집률이 0에서 1 사이인데, 1에 가까울수록 지속 가능성이 크고, 0에 가까울수록 실패할 확률이 높다는 체계가 바로 PCR이에요. 그래서 모든 혁신 프로젝트, 혁신 프로그램, 혁신 솔루션을 볼 때 이와 같은 PCR을 봐야 한다는 거예요.

함돈균   PCR 기준으로 볼 때 SMILE 프로젝트는 0에 가까울까요, 1에 가까울까요?

폴 킴   그것은 원론적인 게 아니라 실제로 어디에 어떻게 시행했느냐에 따라 많이 달라요. 예를 들어 가나의 경우에는 이 프로젝트를 실행한 다섯 개의 학교가 완전히 달랐어요. 사정이 다르고, 지역도 다르고, 실행 방식이라든지 선생님들의 동기 유발, 학생들의 읽고 쓸 줄 아는 수준 등이 조금씩 달라요. 그래서 PCR이 높은 지역과 낮은 지역을 보면, PCR과 아이들의 학습 능력도가 똑같이 일치하는 거예요. PCR이 낮을수록 SMILE 프로젝트가 잘 진행이 안 되고, 안 됨으로써 아이들의 학습 능력 등의 척도가 낮다는 거죠. PCR이 높을수록 SMILE 프로젝트도 진행

138

이 잘되고 더더욱 지속 가능한 결과를 낳게 되었다는 논문도 쓴 게 있어요.

함돈균   PCR을 구성하는 척도-요인 factor 은 어떤 건지요?

폴 김   제가 여러 요인들 목록을 만들어놓았는데, 가나 프로젝트 같은 경우에는 선생님들의 참여 의지, 그다음 학생들의 동기, 읽고 쓸 줄 아는 능력, 사회 기반 시설 즉 전기나 다른 환경이 제대로 됐느냐, SMILE 사용 빈도라든지, 여러 가지를 리스트해놓고 전체적으로 수치화한 거죠. 0에서 1 사이인데, 가나에서는 보통 0.7, 0.9 이런 식으로 나뉘어 있어요. 그래서 그 척도에 따라서 SMILE 프로젝트의 성공, 지속 가능성 확률이 달라진다고 주장하는 거죠.

로즈 ROSE – 세상을 실험실로

함돈균   SMILE에 대해서는 충분한 얘기를 나눈 것 같습니다. 이번에는 활동하시는 홈페이지를 보니 '로즈 ROSE: Remotely Operated Science Experiment' 라는 프로젝트도 있던데 그것은 또 무엇인지 이야기를 듣고 싶습니다.

폴 김   개발도상국의 빈민 지역들을 돌아다니면서 안타까웠던 점이 그 아이들은 학교에 과학 실습실 같은 게 없잖아요. 기자재도 없고, 텍스트북도 제대로 없는데, 공부를 하는 거예요. 실제로 실험을 해볼 수도 없고, 어떤 결과가 나오는지 직접 볼 수가 없어요. 우리도 옛날 과학 시간에 비커에다가 이것저것 넣어보고 실험 같은 거 했잖아요. 그런데 이 아이들은 평생 그런 경험을 할 수 없고 그런 기자재도 볼 수 없다고 생각하니 무척 슬프더라고요. 그래서 참여할 수 있는 방법을 찾고 싶었어요. 그런데 과학실을 만들어주려면 돈이 엄청나게 많이 들잖아요. 그래서 제가 스탠퍼드 대학에 과학 실험실 세트를 만들어놓고 휴대전화로 온라인 접속을 해서 실험할 수 있게 하자는 아이디어를 떠올렸어요. 요즘은 휴대전화가 전 세계에 다 보급되어 있잖아요. 휴대전화로 과학 세트 주소를 들어가면, 진짜 실질적으로 존재하는 피지컬한 실험실이 있어요. 휴대전화로 연결해서 보면 카메라가 붙어 있기 때문에 실험실의 환경이 보여요. 실제로 실험 환경의 온도가 몇 도이고, 습도는 어느 정도인지, 빛의 양은 얼마만큼인지, 바람의 세기는 어떤지, 이런 정보가 다 붙어 있어서 볼 수가 있어요.

이 프로젝트에서 아이들이 실제로 갖고 있는 것은 휴대전화밖에 없어요. 그 동네에서는 그게 최상의 테크놀로지예요. 그걸로 인터넷을 통해 스탠퍼드라는 대학에 있는 과학 실습실을 연결해서 실제 상황을 비디오로 보면서 실험을 해보는 거예요. 기후변화 시뮬레이션이라고 하면, 비를 오게 하는 버튼을 누르면 비가 막 내려요. 실질적으로 습도가 막 올라가는 수치가 보이죠. 바람을 더 불게 해볼까, 비가 온 뒤에 바람이 부니까 온도가 낮아지네, 기화현상 때문이구나, 아 그러면 빛이 더 들어와 있을 때에는 빛의 밝기에 따라서 어떻게 대기가 변하는지 한번 볼까, 태양아 생겨라! 딱 누르면 불이 켜지면서 온도가 올라가기 시작하죠. 이런 것을 실습해볼 수 있는 거예요. 또 다른 실험실로 광학 실험실optics lab이 있는데, 빨주노초파남보 무지개색의 LED도 있고, 자외선 LED도 있고 다양하게 있어요. 아이들에게 '눈에 안 보이는 빛도 있을까?' 물어보면 '잘 모르겠는데요' 해요. 그러면 어떻게 하면 알 수 있을까 질문도 하고, 이런 저런 재미있는 질문을 던져봐요. '태양열 전지 많이 들어봤지? 요즘에 태양열 전지가 많이 보급되고 있는데, 빛이 없는 빛이 있다면 과연 태양열 전지에서 전기가 생성이 될까, 눈에 보이지 않는 빛이?' 기존에 아이들이 접하지 못했던 질문들을 막 해봐요. 그리고 '우리 한번 해보자, 파란색 불을 켰을 때 태양열 전지에서 발생하는 전기량과 빨간색 불을 켰을 때 발생하는 전기량 가운데 어떤 게 더 클 것 같아?' 물으면 아이들이 '오 진짜 모르겠네요' 해요. 그러면 '빨강이랑 파랑이랑 섞으면 보라색이 되는데 그러면 전기량이 늘어날까 줄어들까?' 질문하고 애들이 궁금해하죠. '이거 진짜 재미있는데, 이걸 어떻게 해볼까? 로즈^{ROSE}에 들어가 보자' 하면 그 시골 동네 아이들이 막 찾아서 들어가는 거예요. 실시간으로 ROSE의 실험실이 보이고 태양열 전지에서 발생하는 전기량이 나오거든요. 그때 실험을 해보는 거예요. '빨간 불을 켜봐' 그러면, '어 몇 도네, 몇 이네, 몇 볼트의 전기가 나오고 있네' 하며 적어요. 빨간 불을 켰을 때, 파란 불을 켰을 때, 둘 모두 켰을 때, 자외선 LED를 딱 켰을 때 얼마만큼의 전기가 나오는지, 눈에 안 보이는 경우에는 과연 전기가 얼마나 나올까 안 나올까, 그럴 때 밀리볼트가 생성됐다, 신이 나서 적죠. 주제를 만들어서 답을 찾아내고 유추하고 직접 시연해서 참여하는 과학 실습실인 거예요. 아이들 학교에 직접 실험할 수 있는 과학 실습실은 없지만 휴대전화로 연결해서 다 해볼 수 있는 체험을 하는 거죠.

함돈균   그래서 원격조종remotely operating이라는 개념이 들어 있는 거군요. 휴대전화 하나로 아프리카의 아이들이 스탠퍼드 대학의 실습실을 조종하다니, 참 재미나면서도 역시 혁신적인 아이디어네요. 공익적이기도 하고요.

폴 킴   그렇죠. 이런 에피소드도 있었어요. 인도에서 아이들이 기후 시뮬레이션으로 비를 내리게 했는데 인터넷이 끊겼어요. 아이들이 막 어쩔 줄 몰라 하는 거예요. 우리가 비를 내리게 했으니 홍수가 나면 어쩌느냐면서 실험실에 물이 넘쳐서 큰일 나겠다고 울상이 되었어요. 이 상황을 어떻게 해결해야 할지 고민에 빠졌어요. 컴퓨터를 다시 부팅해야 하나, 인터넷은 어쩌지 하는데 가만히 생각해보니 옛날에 아폴로 13호가 달 착륙하고, 돌아올 때 무슨 문제가 있었는지 신호가 끊긴 적이 있었어요. 바로 그 얘기가 나온 거예요. 그게 진짜 과학real science이라고요. 실질적인 과학에서는 그런 느닷없는 사고가 생긴다는 거죠. 그때 그 사고에서 문제에 대처해나가는 게 진짜 엔지니어잖아요. 그런데 우리는 그런 경험을 안 해요. 실제로 과학 실습을 보면 1. 무엇을 넣으시오, 2. 이렇게 하시오, 3. 저렇게 하시오, 4. 결과를 표에 적으시오, 5. 결과에 대해 쓰시오. 뭐 이런 식이죠.

함돈균   이미 결과 예상 시나리오를 만들어두고서 거기에 동의하라는 거죠.

폴 킴   스크립트대로 따라 하는 과학 교육인 거죠. 그런데 제 생각에는 문제도 좀 생기고 뜻밖의 상황도 생기고, 그것에 대처할 수 있는 능력을 키워주는 것도 교육에서 중요하다는 거예요. 그게 진짜 교육이라고 생각해요. 그래서 그런 일이 생기고 아이들 반응을 보니까 심장이 쿵쾅쿵쾅 뛰고 난리가 났어요. 아이들이 홍수가 생기겠다면서 인터넷이 끊겼으니 어떻게 해야 되느냐고 토론하는 열성적인 모습을 보면서 이게 참교육이다 싶었죠.

그런 경험을 할 수 있게 해주고 싶은 마음에서 만든 프로젝트가 ROSE였어요. 저만이 아니라 많은 사람이 이런 걸 만들어놓고 함께 이용할 수 있게 하면 얼마나 좋겠어요. 함께 참여하고 커뮤니티 차원에서 만든다면 얼마나 글로벌 커뮤니티 차원에서 도움이 되겠어요. 지금 우리 먹는 방송 이런 거 많잖아요. 그런 걸 보면서 더 가치있는 일에 돈을 쓸 수 있으면 더 좋겠다고 생각을 많이 해요. 거기에 들어가는 실시간 방송 테크놀로지가 사실 최첨단 테크놀로지거든요. 그런 것을 이런 교육 프로젝트에 투입하면 세상이 지금보다 나아질 텐데 하는 생각을 자주 해요. 아이들에게 기존 텍스트북에 있는 실험 말고 첨단 신기술이 들어가는 엄청난 과학 현상을 보여줄 수 있는 실험실을 많이 만들 수 있겠죠. 수천만 개의 실험실이 나올 수도 있단 말이에요. 관심만 있으면 그걸 이용할 수 있게만 하면 이 세상에 과학이 혁신을, 변혁을, 혁명을 일으킬 수 있는 거예요. 아프리카, 인도, 남미, 지구 오지에 있는 아이들이 엄청난 과학 실습에 참여할 수 있게 되는 겁니다. 그렇게 어렵지도 않아요. '먹방' 숫자만큼만 해도 얼마나 많은 과학 실습실이 생겨나겠어요. 그런 교육 운동이 생겨난다면 얼마나 좋을까요.

함돈균   선생님이 해오신 일들은 교육이 공학과 결합되는 교육공학적인 일인데, 이것이 교육 데이터를 만드는 일에 그치지 않고 일종의 사회운동이 될 수 있는 캠페인 성격을 띤다는 것이 참 흥미롭습니다. 역동성도 보람도 연대 의식도 배가가 되고요.

국경 없는 학교

지구촌 교육의 현주소와 새로운 희망

나의 멕시코 여행

함돈균 그동안 해오신 일들이 대학에 있는 다른 선생님들과는 상당히 다른 지점들이 있습니다. 대학에서 연구에 집중한다든가 강의에 집중한다든가 하는 것이 보편적인데요. 선생님은 바깥으로 나가서 전 지구촌을 상대로 특별한 일들을 전개하셨잖아요. 대학생들을 교육하시면서 동시에 어린이들과 직접 만나서 그들을 가르치고 학교를 만드는 일을 했다고도 할 수 있고요, 또 그 학교는 건물조차 없는 열악한 오지에 새로운 개념의 학교 모델이고요. 이번에는 이 지구적 실천들에 대한 개인적 애기를 구체적으로 들어보려고 합니다.

폴 김 처음에 이런 프로젝트들을 하게 된 결정적인 계기는 앞에서도 말씀드린 멕시코 여행이라고 할 수 있습니다. 멕시코 선교 활동을 따라

갔었죠. 제가 주최한 것이 아니라 못도 잘 박고 막내로서 일 잘할 수 있다고 하면서 같이 가겠다고 나섰어요. 교회 분들 따라서 일하러 간 거였죠. 가서 집을 짓는 일이었어요.

함돈균 2005년쯤이라고 하셨죠?

폴 김 네, 그때쯤이었어요. 당시에 원주민들 집을 지어주는데 이 사람들이 일자리가 없어서 동네를 돌아다니더라고요. 일자리를 찾아서 전국을 돌아다니는 사람들이었죠. 그런데 일자리라고 해도 할 수 있는 일들이 정해져 있었어요. 아까 말씀드렸다시피 멕시코에 살아도 이 사람들이 스페인어를 잘 아는 것도 아니고 학교에 다닌 경험도 없고. 그러니 오이 농장, 토마토 농장에서 일을 하는데 새벽 네 시부터 저녁까지 열심히 해봐야 하루에 3달러를 버는 거예요. 그 사람들을 위해 집을 지어주는 일에 제가 동참한 거였어요. 정말로 못 박고 페인트칠하고 시멘트 붓고, 집을 짓다 보니까 주위에 아이들이 많이 보이더라고요. 조그마한 아이들이 놀고 있었어요. 처음에는 그런가 보다 했는데 며칠이 지나도 계속 놀고 있어요. 그래서 아이들이 왜 학교에 안 가고 놀기만 하느냐고 물어봤더니 이 아이들이 가서 공부할 학교나 장소가 없다는 거예요. 선생님도, 학교도 없다는 거죠. 그래서 '어떻게 그럴 수가 있느냐, 꿈 많고 앞으로 큰 일꾼이 될 아이들이 저렇게 놀기만 하느냐' 물었더니 정부에서 학교를 짓고 선생님을 보내야 한다고 알고 있기는 하지만 이 사람들이 유목민처럼 계속 움직이며 살아가니 방도가 없다는 거예요. 그래서 학교도 없고, 어떤 장소가 있는데 거기서 가끔씩 학교가 열린다고 했어요. 한번 가봤더니 소 우리같이 생긴 곳이었어요. 학교를 대신하는 장소라니 말이 안 되는 곳이었죠.

그래서 앞으로 이 아이들의 삶이 어떻게 될까 걱정이 되었어요. 부모가 교육을 못 받은 상태에서 할 수 있는 일이라고는 농장에서 저임금으로 열심히 일하는 것뿐인데, 춥거나 덥거나 한 상황에서 제대로 돈을 못 버니까 먹을 것도 별로 없잖아요. 그 사람들이 지내는 곳을 제가 한번 가봤어요. 전기도 없고 냉장고도 없으니까 음식을 보관할 수가 없잖아요. 그러니까 음식들이 상하고. 수도 시설이 제대로 되어 있는 곳이 아니기 때문에 그쪽에 있는 우물물 같은 것을 먹어봤더니 너무 쓰고 균이 많은 물이었어요. 그 물을 먹고 나서 저도 앓았어요. 그런 모습을 보면서 이 아이들에게는 무엇이 희망일까 보니 아이들도 그 농장에서 일을 하고 싶어 했어요. 뭔가 변화가 필요하다는 생각이 강하게 들었죠. 어떤 방법이 있을까 고민하다가 우선 교육을 시키고 읽기를 할 수 있어야 신문을 읽고 정보를 읽고 정책을 이해하고 주어진 권리를 주장할 수 있는 인격체가 될 수 있겠다고 생각했어요. 아이들이 읽을 수 있게 하려면 어떻게 해야 할까 고민했죠. 물론 제가 사람들을 부르고 돈을 모아 직접 학교를 짓고 아이들을 도와주면 좋겠지만, 저도 미국에 직장이 있고 생활이 있기 때문에 현지에서 살면서 도움을 주기엔 불가능한 상황이었어요. 그래서 어떻게 할까 하다가 생각해낸 것이 모바일 기기에 아이들이 재미있어 할 만한 스페인어 콘텐츠를 집어넣는 거였어요. 예를 들어 스토리 북들, 'Sing along Song' 같은 노래를 따라 하면서 배울 수 있는 기초 스페인어를 콘텐츠로 집어넣었어요. 그리고 다시 북부 캘리포니아에서 거의 20시간을 운전해서 왔다 갔다 많이 했습니다.

함돈균   혼자 다니셨나요?

폴 김   혼자서도 많이 갔고 누구를 데리고 가기도 했어요. 처음에는 주로 혼자 운전을 많이 했습니다. 말씀드렸다시피 가서 아이들에게 기기를 주고 관찰하는 거예요. 아이들이 과연 이 기기를 이해할 수 있을까 싶었죠. 그런데 중요한 것은 제가 아이들에게 설명해주기 시작하면 항상 설명해주고 듣는 모드가 될 것 같아서 그냥 건네주고 이렇게 말했어요. '내가 운전해서 여기에 왔는데 사실은 너희가 상당히 똑똑하다는 말을 들었다, 어느 외계인이 나에게 이런 기기를 주고 갔는데 이게 뭔지 모르겠다, 너희가 한번 알아봐라' 했더니 금세 이해하고 저에게 설명하기 시작하는 거예요. 우리가 찾아본 결과 이 기기에는 이런 것이 있고 이런 소리가 나고 이런 게 보이고 이런 걸 공부할 수 있는 교육 기기인 것 같다면서 설명을 하는 거죠. 그 과정도 여러 가지로 상당히 참을성을 발휘해야 했어요. 제가 개입하지 않으려고 그저 관찰만 하는 상황이었기 때문이죠. 아이들이 열심히 해보다가 버튼을 잘못 눌러서 우연히 기기가 켜졌어요. 그럼 다들 뛰어와서 전원을 켠 아이에게 '어떻게 켰니?' 물어보고, 서로 정보 교환을 하는 거예요. 그러면서 콘텐츠를 둘러볼 수 있게 되고, 노래를 들으면서 따라 하고 스토리를 듣고, 이런 상황이 된 거죠. 그래서 콘텐츠를 더 많이 개발하고 'Sing along Song'을 더 많이 집어넣고, 자주 왔다 갔다 하면서 아이들을 관찰했어요. 이런 식으로 하면 아이들이 공부할 수 있겠구나 싶었죠.

함돈균   처음에는 한 마을에서 그렇게 하신 겁니까?

폴 김　　한 마을이었어요. 그렇게 일하고 다시 미국으로 돌아오길 반복하면서 상당히 놀란 것이 어떻게 이런 사회가 존재할 수 있는가 하는 거였어요. 저는 사실 풍요롭게 잘 먹고 잘사는 사회만 봐왔잖아요. 한국에서도 학교가 없어서 못 다니는 일은 없으니까. 그래서 그럼 혹시 이런 곳이 다른 데에도 있지 않을까 싶어서 그때부터 주의 깊게 개발도상국가란 무엇이고 개발되어야 할 지역들의 현재 상황이 어떤지 관심을 가졌어요. 그리고 현재 이런 곳에 어떠한 프로그램들이 필요한지 알아보기 시작했어요. 눈을 뜬 거죠. 제가 마침 교육공학 쪽으로 이미 연구를 하고 있었기 때문에 도움을 줄 수 있는 솔루션을 개발하면 좋겠다 싶어서 수소문도 했어요. 하다 보니까 많은 사람이 관심을 보이면서 도와주기 시작한 거예요.

함돈균　　그렇게 관심을 보이며 도와주고 결합한 분들 가운데 특별히 기억나는 분이 있나요?

폴 김　　네, 있습니다. 제가 이런 이야기를 한국에 있는 지인에게 했더니 마침 그런 동화책을 읽는 기기가 있다는 사실을 알려준 지인이 있었습니다. 그 기기를 만든 회사가 망해서 재고가 많다는 사실을 알려주었지요. 그럼 그걸 보내달라고 부탁해서 그 기기로 또 실험을 하고 했죠.

함돈균　　동화책을 읽는 기기라는 게 그 안에 동화책 내용이 들어가 있고 그걸 이북e-book처럼 보는 건가요?

폴 김　　그렇죠. 한글로 되어 있고 영문으로 되어 있는데 제가 스페인어 콘텐츠를 만들었어요. 기기에 집어넣고 테스트하기 시작했고요. 그렇게 하다 보니까 미국에 있는 지인이 그런 프로젝트에 관심을 보였는데, 미국 시티은행City Bank 지점장 와이프가 교육에 관심이 있더라고요. 그래서 그쪽과 연결해보니 거기서 만든 기기가 또 있는 거죠. 조그마한 모바일 기기인데, 상당한 양을 무상으로 제공해주겠다고 해서 많이 받았어요. 그걸 받아서 스페인어도 공부하고 수학도 공부하는 모바일 게임들을 집어넣어서 아이들에게 보급한 것이죠. 그런데 좀 어려웠던 점이 아이들이 한 동네에서 계속 살지를 않습니다. 이 동네에서 살다가 또 다른 동네로 가고, 여기서 농장 일이 끝나면 또 다른 데로 가서 다른 농장 일을 하고 이런 식으로 옮겨 다니니까 제가 따라다니기가 쉽지 않잖아요. 멕시코 쪽과 얘기하면서, 멕시코의 정착되어 있는 기관과 일하면 제가 혼자 왔다 갔다 하는 것보다 더 좋을 것 같다고 했어요. 그렇게 멕시코의 기관과 프로젝트를 이야기하면 좋겠다 해서 멕시코의 한 대학과 연결이 되었어요.

함돈균　　어떤 대학입니까?

폴 김　　멕시코의 세티스 대학CETYS University입니다. 그쪽 교수도 이런 쪽에 관심이 있더라고요. 그래서 그쪽 팀과 체계적으로 일하기 시작했죠. 대학 차원에서 교수와 학생들이 어딘가에 지원을 보내서 데이터 콜렉션도 하고 관찰도 구체적으로 하고 프로젝트 관리를 하니까 제가 혼자 가서 뭘 하는 것보다 모델이 훨씬 더 수월했어요. 큰 도움을 받기 시작하면서 좀 더 구체적으로 연구할 수 있는 상황이 되었습니다.

실험실 혁신과 현지 맥락화

함돈균   그러면 처음 기기를 나눠주실 때는 다른 팀의 지원이 있다거나 그런 게 아니고 혼자 건너가서 그렇게 하신 거죠? 정말 무모하시네요. (웃음)

폴 김   무모하죠. 해보고 싶었어요. 과연 될까. 아이들이 이해할 수 있을까? 너무 궁금한 거예요. 사실 20시간씩 운전하면, 정말 몸이 아파요. 게다가 제가 오래 앉아 있지 못하는 통증을 가지고 있거든요. 하지만 아픈 건 부차적인 문제고 아픈 고통보다 그런 열정이 더 강해서 갔던 거예요.

그렇게 멕시코에 있는 대학과 연결되면서 더 많은 자료를 수집할 수 있었고, 개발도상국가의 문제점들에 대해 더 깊이 공부할 수가 있었죠. 관련된 논문들을 읽으면서 이해하기 시작했던 것이, 혁신이라는 게 현장에 적용해보지 않고는 모른다는 거였어요. 스탠퍼드에서 혁신적인 어떤 것을 개발한다고 해서 그것을 다른 곳에 적용했을 때 똑같이 혁신적일지는 아무도 모르는 겁니다. 맥락화 문제가 핵심인 거죠. 추측만으로는 실패하는 경우가 많단 말이에요. 스탠퍼드 대학원생들과 프로젝트 얘기를 해보면 이 친구들이 일단 추측을 해요. '가서 컴퓨터 쓰면 되지 않나? 타이핑하면 되지.' 그럼 제가 질문하죠. '컴퓨터 전원은 어디다 꽂을 건데?' '거기 콘센트에 꽂으면 되죠.' '그런 것 없어!' 하면 '진짜요? 그런 게 없어요? 그렇구나' 하는 거예요. '밤에 작업하면 되죠.' '어디서 할 건데?' '거기 뭐 없어요?' '어디?' '아, 없어요?' 그러면 이제 '불을 켜면 되잖아요' 추측하고 '전기 없어' 하면 '아, 전기가 없어요?' 하는 식으로 대화가 계속되는 거죠. 그래서 제가 '너희들 꼭 데리고 가서 보여주겠어, 가서 피부로 느껴보고 아파봐, 한번. 네가 가서 병 걸리고 아파보지 않으면 그 아이들의 고통을 조금도 이해할 수 없어' 하고 생각해요. 그리고 제가 추울 것이다, 이런 이야기를 잘 안 하는데 막상 가면 밤엔 엄청 춥고 낮엔 엄청 덥거든요. 그런데 이 친구들이 옷을 대충 싸 왔잖아요. 그러면 또 '밤에 추운데요? 뜨거운 물이 없는데요?' 물어요. '봐. 뜨거운 물 없어. 샤워 못 해.' 대답하죠. '그런 말씀 안 하셨잖아요.' '네가 추측한 거잖아. 그게 실패의 원인이야. 추측부터 하면 다 실패야.' '그렇군요.' 수긍하고요. 그럼 제가 '샤워하면 돼. 찬물 모아서'라고 말해줘요. 그럼 '이렇게 밤에 추운데 어떻게 찬물로 해요?' 하고 물어요. 그럼 '쟤네들은 어떻게 해? 네가 못 하는데 쟤네들은 어떻게 해? 너는 여기 열흘 있다가 가고 몇 주 있다가 가지. 평생 이렇게 살아야 하는 쟤네들에 대해 뭔가 생각이 없어?' 이런 식으로 학생들에게 이야기해주는 거죠. 그게 수업인 겁니다.

그런 식으로 항상 '스탠퍼드 실험실 안에서는 상당히 혁신적으로 보일 수 있지만 그 혁신은 실험실 안에서만 혁신이다. 실험실에서의 혁신이 현지에서의 혁신이 되지 않을 가능성이 너무나 크다. 그중 가장 큰 이유가 추측이 많기 때문이다. 모든 추측을 버려라. 아무것도 없다고 생각하면 된다'라고 말합니다. 그런데 사람이 아무것도 없는 극한 조건이라는 걸 생각하기가 쉽지 않아요. 자기가 경험을 해본 적이 아예 없고, 그냥 당연하게 생각하니까.

함돈균　　태생적인 조건으로 그냥 생각하는 거죠. 자기 경험을 보편적인 것으로 관성적으로.

폴 김   네. '비슷하지 않을까?' 이런 생각을 하기 때문이죠. 전기도 없고 물도 없는데 '화장실은 어디 있어요?' 물으면 '그런 것 없어' 하는 거예요. '뭐 사 먹어요?' 물으면 '사 먹긴 뭘 사 먹어?' 하고 대답해주고요. 그래서 저는 혁신은 추측을 없애는 것에서 시작한다고 강조해요.

함돈균   그 추측이라는 게 관성적인 사고인 거죠. 협소한 자기 경험에 근거한. 사람들을 정말 알고 이해해야 혁신이 가능한 거잖아요. 그렇다면 이해나 공감이라는 게 '마음'의 문제가 아니라 정확한 앎에 근거한 것이기도 한 거죠. 기술 혁신에 있어서도 '현장 경험'은 필수적인 것이기도 하네요. 때로는 극한적인.

폴 김   네. 항상 이야기하는 게 '가서 네가 아파봐. 피부로 체험해봐'예요. 그 단계를 거치지 않고서는 지속 가능한 혁신을 이룰 수 없다는 거죠. 그래서 멕시코의 대학과 파트너십도 맺으면서 시티은행을 통해서, 아까 말씀드린 지점장 와이프 쪽에서 펀딩 도움도 받고 기기도 제공받고 하면서 이런 프로젝트를 자꾸 알리기 시작한 거예요. 그리고 이것을 스탠퍼드에도 알리고 스탠퍼드의 공식 교육 프로그램으로 제도화하기도 했죠.

함돈균   그 지점부터는 공식화되는 거네요.

폴 김   조금씩 공식화가 되는 거죠. 그러다 보니 많은 사람과 연결이 되더라고요. 그런 교육에 관심이 있던 NGO들이 본인들도 이런 프로젝트가 필요하다고 연락을 해와요. 우간다, 케냐, 인도, 콜롬비아, 아르헨티나, 우루과이, 페루, 스리랑카 같은 데에서 우리도 필요하다고 요청하면서 점점 더 알려지기 시작한 거죠. 그래서 한번 가보자 해서 스탠퍼드의 학생들을 데리고 인도로 갔어요. 인도의 여러 군데를 돌아다녔는데 델리나 뭄바이에는 슬럼slum이 있거든요. 엄청나게 큰 슬럼이 있어요.

함돈균　　타깃이 아이들을 위한 교육이죠?

폴 김　　그렇죠. 그 아이들에게 교육의 기회를 제공하려는 생각으로 다녔어요. 그래서 도시에 있는 슬럼 지역, 벽지rural area, 농촌이나 빈민 지역을 많이 소개받았어요. 그런 데는 환경들이 비슷해요. 물론 도시의 슬럼은 조금 다르기도 하지만. 그래서 멕시코에서도 도시의 슬럼에 가서 이런 프로젝트를 해보기 시작한 거죠. 그렇게 해보면 사회적 조건이 좀 다른 게, 농촌에서 일하는 원주민들과 도시에 나와 어떻게 정착해서 사는 원주민들, 그리고 직장을 얻어서 사는 사람들이 있는데 버는 돈은 비슷해요. 아주 저임금이죠. 그러면서 또 일하는 것은 달라요. 농촌에서는 오이 심고 토마토 따고, 도시에서는 길거리 청소, 집 청소, 누구네 집에 가서 메이드 일을 한다든가 하는 거죠. 그런데 도시 쪽이 일을 더 많이 하고 아이들과 보내는 시간도 더 적어요. 또 도시 쪽 슬럼에 있는 사람들은 약물 남용이 더 심각해요. 약물에 접근하기가 더 쉬우니까요. 마약, 술 다 그렇죠. 아이들도 그런 쪽으로 쉽게 물들어서 슬럼가에서 사창가로 간다든지, 마약 밀매단과 관련된 사건에 연루가 된다든지 하는 케이스가 점점 많아지고요. 농촌 지역은 그런 건 또 없어요. 어떻게 보면 부모와 아이들이 시간을 더 많이 보낼 수 있는 거죠. 농장 가서 같이 토마토 따고 집에 와서 쉬고 다시 돌아가고 하는 식으로요. 그래서 그렇게 환경이 다른 경우에는 어떻게 모바일 기능 등을 이해시키고 교육의 혜택을 받게 할 수 있을까 고민해요. 왜냐하면 도시 슬럼에 있는 아이들이라고 해서 학교에 갈 수 있는 것도 아니에요. 그 아이들도 일을 해야 해요. 거리에서 구걸을 하는 아이들도 많고, 학교에서 받아주지 않는 케이스도 많아요. 자기의 신분을 증명할 방법이 없으니까요. 원주민이다 보니까 주민등록증 같은 증명 서류가 하나도 없어요. 그러니 학교에서 멕시코인인지 증명해보라고 하면 방법이 없으니까 못 가고요. 그렇게 여러 가지 복잡한 상황 때문에 교육의 기회를 다 얻지 못하는 거예요.

함돈균   교육의 기회가 제한된다는 것은 기본적으로 학교가 없거나, 학교가 있어도 가지 못하는 경우라고 이해하면 될까요?

폴 김   학교를 가지 못하는 데에는 두 가지 이유가 있어요. 하나는 일을 해야 하니까. 구걸을 해서 돈을 벌어야 오늘 하루 먹고사니까 못 가는 케이스가 있고요. 다른 하나는 학교를 가려고 해도 증명할 방법이 없어서 갈 수 없는 케이스가 있는 거죠.

인도에 갔을 때에도 슬럼 지역, 벽지의 빈민촌을 갔는데 인도는 또 다르게 불가촉천민이라고 해서 하층민이 따로 있어요.

함돈균   각 지역의 사례를 조금씩 이야기해주시면 좋을 것 같아요.

폴 김   네. 인도에 갔더니 달리트Dalit라고 완전 하층민, 불가촉천민이 있어요. 인도는 예전부터 카스트제도가 있었잖아요. 그런 사람들이 허드렛일을 하고 하수구에 들어가서 청소하는 일들을 해요. 그들이 모여 있는 커뮤니티가 아직도 있어요. 도시 같으면 슬럼 지역이고 농촌 지역에서는 란치Ranchi 같은 외곽 지역인데 그 동네에서는 아이들이 농사일을 하며 살아요. 두 지역의 차이점이 궁금해서 살펴봤는데, 도시 지역에 있는 아이들을 보니까 주로 구걸로 돈을 벌어서 먹을 것을 구한다든지 하는 케이스가 많고, 농촌 지역 같은 데에는 아이들이 농사일을 해야 하는 거예요. 그러니까 아이들도 일을 해야 해요. 특히 여자애들은 더하고요. 제가 아이들 교육에 관심이 있어서 찾아왔다고 하면 부모들이 반대를 해요. 우리 아이들 교육시킬 생각하지 말라고요. 왜 그러느냐, 어떤 부모가 자식 교육을 반대하느냐 물으면 아이들에게 공부시켜놓으면 누가 이 농사를 짓느냐면서 그럼 다 굶어 죽는다는 거예요. 그러니 이 아이들은 집에서 일을 해야 한다고, 특히 여자애들이 괜히 공부해서 도시로 나가면 본인들이 더 이상 생활을 유지할 수가 없다는 거였죠.

함돈균   우리나라도 옛날 저개발 시대 때 그런 의식들이 있었는데 비슷한 거군요. 여자아이들은 특히 더 학교를 안 보냈죠.

폴 김   네, 농촌 지역에서는 프로젝트를 못 하게 하려고 쫓겨나고 그랬어요. 곡괭이 들고 저희들을 쫓아와서 스탠퍼드 학생들과 도망을 다닌 적도 있었죠. 그래도 어떻게 하면 저 사람들을 좀 이해시킬 수 있을까 해서 게임을 만들었는데, 모바일 기기에다가 농업 시뮬레이션 게임을 넣었어요. 그러면서 그 부모들을 설득한 거죠. 아이들에게 농업에 대해 가르치러 왔다고 설명하고, 다른 학교 공부와는 다르다고 하면서 게임을 보여 줬어요. 씨앗을 사고 뿌려서 그걸 키워 재배한 것을 수확해서 팔아 돈을 버는 게임이라고 말했죠. 그런 게임이니까 조금 수그러들었어요. 그리고 이 게임을 잘하면 부자가 된다고 했죠. 게임에서는 100달러의 대출을 받을 수 있는데 대출 받은 돈으로 씨앗을 사고 땅도 조금 사서 수확을 하면 원금과 이자를 갚고 또 돈이 생기면 다시 땅을 조금 더 사고 씨앗을 더 비싼 것을 사고 수확도 더 잘되고, 그렇게 돈을 많이 버는 게임이니까 아이들이 배우면 나중에 당신네 가정에 얼마나 도움이 되겠느냐고 이야기했어요. 그러니 부모들이 괜찮은 것 같다며 받아들여 줬죠. 그렇게 게임을 만들어서 들어간 거였어요. 그냥 공부를 가르치겠다고 하면 안 된다고 막아요.

함돈균　현지 사정에 맞는 전술적 맥락화네요. 꼭 식민지 시절 우리나라 소설 『상록수』를 읽는 느낌입니다. 농촌 계몽운동 같은.

폴 김　비슷하지요. 농촌에, 농업에 필요한 교육을 시켜주고, 또 농부로서 부자가 될 수 있는 방법을 알려주겠다고 하니까 오케이 한 거죠. 그래서 아이들에게 이 게임을 가르쳤어요. 사실은 기기 안에 보면 수학 등 여러 가지 콘텐츠가 다 들어 있잖아요. 기초적인 수학도 해야 하고 기업가 정신에 대한 교육도 되고, 아이들이 게임을 하면서 배울 수 있는 거예요. 계산도 할 수 있게 되고, 얼마를 주고받고, 뭘 사고팔고, 또 얼마를 투자해서 이자를 갚고 원금을 갚고, 이런 것을 하니까 아이들이 나중에는 너무 잘하는 거죠.

함돈균   기기를 제공하고 그 기기에 있는 콘텐츠를 게임하는 방식으로
배우는 것이 기본 프로세스인가요?

폴 김   그렇습니다. 일단은 그런 식으로 해서 신용을 얻어야 뭐라도 할
것 아니에요. 그렇지 않으면 곡괭이, 낫자루 들고 나가라고 하니까요. 그
렇게 일단 들어가서 아이들에게 게임을 하게 하고, 아이들이 참 잘하는
단계까지 보고 했죠. 또 그런 경험과 자료를 수집해서 논문을 써냈어요.
멕시코 경험을 가지고도 논문들을 써서 냈고, 인도에서의 일도 논문으
로 냈어요.

함돈균   멕시코에서의 협업도 비슷한 식이었습니까?

폴 김   기초 스페인어를 가르쳐주는 것이었어요. 그렇게 하면서 교육
을 받지 못하면 권리를 주장할 수 없다는 이야기를 함께 해주는 거예요.
읽을 수 있어야 권리가 무엇인지 알고 주장할 것 아니에요. 그런 권리가
있는지도 모르는데 어떻게 주장하겠어요. 어떤 공공 서비스가 생겼다고
해도 그게 뭔지 아무도 설명을 해주지 않으니까 직접 읽어서 이해를 하
고 권리를 주장해야 한다는 거죠.
  우리나라에서도 병원을 간다고 하면 국립, 공립 의료 기관이나 보건소
등에서 진료를 받을 수 있다는 사실을 미리 알고 있어야 갈 수 있잖아요.
그 나라에도 그런 서비스가 분명히 있으니까 알려면 읽을 줄 알고 설명

을 들어야 활용할 수가 있다는 거죠. 그래야 왜 우리 지역에는 학교가 없느냐 주장해서 학교를 짓게 할 수 있는 거잖아요. 예를 들어 멕시코도 의무교육이 국가정책이거든요. 그러면 모든 곳에 학교를 지어야 하잖아요. 인도도 그렇고요. 아프리카에는 의무교육이 아닌 곳도 물론 많이 있어요. 그런데 의무교육이 국가정책이라면 당연히 정부에서 제공해줘야 한다는 거죠. 그런 법적인 정책도 알고 자기의 권리를 주장하려면 일단은 읽고 쓸 수 있는 능력이 있어야 하니까 그런 이야기를 자꾸 해주는 거예요. 지금 이걸 하면 권리를 주장할 수 있고 성공할 수 있고 뭔가를 이뤄서 다시 커뮤니티 발전에 도움을 줄 수 있다고 자꾸 말해주는 거죠.

그러면서 제가 옛날의 한국은 지금 너희 사는 것보다 훨씬 못살았다고 하면 웃기지 말라면서 안 믿어요. 전에 우리나라에 전쟁이 일어났는데 어느 나라가 더 잘살았고 우리나라를 도와줬는지 아느냐고, 에티오피아였다고 말하면 진짜냐고 깜짝 놀라요. 에티오피아를 아는 아이들은 정말 아프리카가 한국을 도와줬느냐고 되물어요. 에티오피아, 남아공, 이런 나라들이 한국전쟁에 참전했다고 하면 아이들이 정말 놀라는 거예요. 그러면서 대한민국은 겨울에 옷이 없어서 굶어 죽고 얼어 죽기도 했다고, 그런 이야기를 하는 거죠. 그러면 진짜냐면서 그런데 지금은 그렇게 잘사느냐고 놀라죠. 아이들이 돌아다니면서 광고도 보고 하니까 삼성, LG도 알거든요. 대한민국이 왜 잘살게 되었는지 아느냐고, 공부를 해서라고, 교육에 대한 가치를 상당히 중요하게 생각해서 그렇다고 말해주는 거예요. 그래서 부모가 밥을 안 먹어도 아이들을 학교에 보냈다는 이야기를 아이들한테도, 부모들한테도 해주는 거예요. 아이들 눈이 동그래지죠. 그럼 제가 벽에다 세계지도를 그려요. 여기가 지금 우리가 있는 데고 여기는 아프리카고 여긴 미국이고 여긴 한국이고, 여기에 오려면 비행기를 타고 이렇게 와서 여기서 갈아타고 차를 타고 와야 한다고 설명해요. 이렇게 오면 20시간이 걸리고 등등 설명을 해주면 우리가 어디에 위치해 있고 태어나고 자란 곳은 어디고, 이런 것도 이해하는 거죠. 더불어 세계 교육도 좀 덧붙이고요. 한국이 얼마나 힘들게 살았는데 그래도 부모들이 교육에 대한 가치를 최고의 가치로 여겨서 지금 저렇게 잘살게 되었다고 말해주는 거죠.

모든 공간이 학교다

함돈균   어린이들에게 직접 이야기하시나요? 기관과 연계가 되니까 교실이나 학교 같은 어떤 공간에서 말씀하시는 건가요? 책의 독자들은 잘 경험하지 못하는 상황이니까 공간적 상황도 좀 얘기해주세요.

폴 김   그런 공간도 있고 야외에서 할 때도 있고 나무 밑에서 얘기하거나 움막에서 얘기할 때도 있고, 길거리에서 얘기할 때도 있어요. 멕시코에 처음 갔을 때는 그냥 맨땅에서 했어요. 바닥에 동그랗게 앉아서 '애들아, 이리 와봐' 하는 거예요.

함돈균   그럼 우리가 찾아간다고 할 때 약속된 시간에 만나는 겁니까? 아니면 그냥 즉흥적으로 하시는 거예요?

폴 김   아, 그건 아니에요. 현지 선교사라든지 교육 센터라든지 주로 NGO들과 연결해서 우리가 가니까 통역도 부탁드린다고 하고 먹을 것 좀 가져가니까 아이들한테 사탕도 주고 과자도 주고 먹을 것도 좀 주고 하겠다고 해요. 오라고 하면 이렇게 하겠다고 얘기하고, 거기서 이미 교육에 관련된 프로젝트를 하고 싶어 하는데 마땅한 게 없어서 못 하고 있었다면 같이 가는 거예요. 건물이 있다면 건물 안에서 하고 건물이 없으면 맨땅에서 하고 큰 나무가 있으면 그 아래에서 하고, 그렇죠.

함돈균   그때 찍은 사진들이 있겠네요.

폴 김   네, 아주 많습니다. 이런 곳에서 저는 늘 맥락화의 전략을 취합니다. 내 생각만 주장하고 고수해서는 실천이 안 되잖아요. 주고받고 해야죠. 인도의 슬럼에서는 구걸하는 아이들이 머리가 엄청 빠릿빠릿하거든요. 상당히 똑똑해요. 수학도 무척 잘하고. 그런데 단지 양질의 교육을 받을 수 없는 상황이거나 학교가 있는데 학교 같지가 않은 학교인 거죠. 선생님이 가르치겠다고 오는데 사람은 안 보이고 신발만 놓고 가요. 신발은 왜 놓고 가느냐면 혹시 감사관이 왔을 때 화장실 갔다 왔다고 핑계 대려는 거예요. 별의별 일들이 많아요. 학교 같지만 학교 같지도 않은 학교죠. 유네스코에서 학교 다니는 아이와 못 다니는 아이를 매년 추적 조사를 해요. 몇만 명, 몇천만 명의 아이들이 학교에 못 다닌다는 데이터를 계속 추적 조사해서 유엔에서 '모두를 위한 교육 Education for All'이라는 프로젝트를 실시해 밀레니엄 교육 프로그램의 하나로 '모두가 학교에 가야 한다'는 프로그램을 진행했어요. 지금은 전 세계적으로 약 7천만 명 정도의 어린아이들이 학교에 못 가는 것으로 통계가 나온 걸로 알고 있습니다. 요즘 내전 지역이 많아서 그 숫자가 더 늘어나고 있다는 말을 들었고요. 그런데 그렇다고 나머지 아이들이 다 학교에 가느냐, 어떤 학교인지 한번 보자는 거예요. 그러면 말씀드렸듯이 선생이 신발만 놓고 없어지는 학교도 있고, 학교에서 수업을 한다고 해서 가보면 선생님이 아침에 와서 뭐라고 적어놓고 집에 가요. 아프리카 쪽이 특히 그래요. 공식 통계가 못 잡는 현실이 아주 많다는 거죠.

함돈균   그런 지역의 교육 공무원이나 교사들도 월급은 받을 거잖아요.

폴 김   월급은 다 받아요. 공무원이니까. 그러면 집에 갔다가 세 시쯤 와서 애들이 적어놓은 것 보고 다 받아 적었으면 집에 가라고 해요. 그게 끝이에요. 그게 교육이라는 거예요. 그런 학교가 유네스코 추적 조사에서 학교 다니는 아이들로 포함되는 거예요. 그게 무슨 학교고 교육이에요. 그것도 문제고 학교의 품질이 너무나도 형편없어요. 선생님이 아침부터 저녁까지 있다 하더라도 가르치는 콘텐츠에 상당한 문제가 있어요. 영어를 가르친다고 하는데 문법도 다 틀리고 말도 안 되는 영어를 가르쳐요. 거기다가 그나마 좀 낫다고 하는 동네를 가보면 완전 주입식 교육이고. 전 세계적으로 교육에 문제가 있어요. 그런 것을 많이 봐왔고요. 아프리카 쪽도 거기서 도움을 요청하는 비영리 교육 단체가 있어서 간 거였어요.

함돈균   어떤 나라들이 그렇게 먼저 요청을 해왔나요?

폴 김   케냐, 르완다, 부룬디 같은 나라들을 방문했어요. 모바일 기기를 가지고 여러 번 가서 처음에는 다른 나라에서 했던 게임에 기반한 수업을 하고, 그런 콘텐츠들을 다각화하는 거죠. 처음에는 읽고 쓰기, 수학, HIV-에이즈 교육, 창업가 정신에 주로 집중하다가 르완다에서는 다른 방향을 찾았지요. 그곳에서 제노사이드^{genocide}가 있었잖아요. 1994년에 거의 80만 명의 국민이 죽었어요. 후투족과 투치족 간의 내전이라고 이야기하는데, 한마디로 제노사이드예요. 한쪽 인종이 죽어야 다른 인종이 사는 식이어서 군인들이 여자들을 임신시키고 강간하고 죽이고, 아이들을 벽에 던져 죽이고 종족을 멸종시키려는 끔찍한 인종 학살이 일어났죠. 그때 강간당하고 상처 입은 아이들이 커서 이제 어른이잖아요. 제가 갔을 때 HIV-에이즈 병에 걸려 버림받은 여자들이 많다는 걸 알게 되었고 인터뷰도 많이 하게 되었어요. 그런 극단적인 학살 현장에서는 시간이 흘렀다고 하더라도 상처와 후유증, 그 결과들이 현재 진행형이기 때문에 다른 교육 전략을 찾아야 했어요.

함돈균   그런 일로 아프리카에 가신 건 언제쯤인가요?

폴 김   2009년쯤일 거예요. 그런 지역에서 학살당한 사람들의 가족이나 살아남은 사람들, 에이즈 감염자들은 갈 데도 없고 또 그 사람들 잘못도 아니잖아요. 그런데도 커뮤니티에서 이들을 추방하는 거예요. 그럼 이 사람들은 갈 데가 없어요. 그리고 빌 게이츠나 게이츠 재단 같은 데서 무료로 에이즈 약을 나눠주는데 약을 먹으면 에이즈가 진전되지 않게 유지해줘요. 그런데 그 약을 먹으려면 음식을 충분히 섭취해야 흡수가 돼요. 이 사람들 먹을 게 없는데, 약을 어떻게 먹어요. 정부에서 아무리 약을 줘도 먹으면 다 토해버리고 말아요.

함돈균　　아, 정말 이야기만 들어도 참혹하고 제가 다 죄스러워지네요.

폴 김　　약도 세고, 충분한 영양소를 섭취하지 않으면 효과가 없는 것으로 알고 있어요. 에이즈 관련 연구가 상당히 빨리 발전되기 때문에 지금은 어떤지 모르겠지만, 그때만 해도 에이즈에 걸려서 아무도 받아주지 않는 젊은 여자들이 상당히 많았어요. 다 힘이 없고 기운이 없어서 그냥 죽어가요. 그럼 어딘가에서 죽은 채로 발견되고. 국제기구에서는 에이즈 퇴치를 위해 약을 준다고 하는데 사실 제가 볼 때는 적절한 해결책이 아니에요.

함돈균　　그야말로 현장에 가보면 맥락화가 안 되어 있는 거네요. 다른 조건이 충족되어야 약도 먹을 수 있는 건데 말이죠.

폴 김　　그렇죠. 밥뿐만 아니라 일자리도 찾아줘야죠. 그래야 지속 가능성이 생기니까. 그런 상황을 보면서 뭔가를 해야겠다는 생각이 들었어요. 그래서 제가 스탠퍼드 등에서 창업가 지원 프로그램으로 사용하는 마이크로 론 프로그램 micro loan program 을 해봐야겠다고 생각했죠. 직접 돈을 투자해서 지역에서 믿을 만한 할머니 역할을 하는 분을 선택해 이 돈을 관리하시라고 건넸어요. 에이즈에 걸린, 소녀보다는 조금 더 나이가 많은 젊은 여자분이었어요. 1994년에 강간을 당했고 2009년이었으니까 나이가 좀 되었죠. 그와 같이 서서히 죽어가고 있는 사람들에게 100달러, 200달러씩 줘서 창업을 하게 하는 거예요. 창업 교육인 거죠. 재정을 관리하는 일은 그 동네 할머니에게 맡겼어요. 평판이 좋은 동네 리더격인 할머니셨죠.

함돈균　　창업 교육을 선생님 개인 돈으로요?

폴 김　　네, 그랬죠. 100달러, 200달러씩 줘서 뭘 하느냐면 그 사람들이 쓰레기장에 가서 헌옷 등을 주워 와요. 그걸 빨고 꿰매서 고친 다음 중고 시장에 나가 파는 거예요. 아니면 쓰레기 더미에서 뭔가를 구해 와서 변형시켜 좀 쓸 만하게 만들어서 파는 게 창업이에요, 거기서는.

함돈균　　선생님이 만드신 일종의 펀딩 같은 것이네요. 개인 펀드 같은 것. 개인이 만든 새마을금고 같기도 하고요.

폴 김　　그렇죠. 아주 작은 규모의.

함돈균　　성공한 사례가 있나요?

폴 김　　네, 있어요. 어떤 친구가 길거리에서 음료수를 팔았는데 그게 참 잘됐어요. 제가 투자한 200달러로 음료수를 사서 마진 조금씩 붙여서 팔았는데 나중에는 2천 달러가 넘는 가게가 되었어요. 너무 기뻐서 그 프로그램을 계속 진행하라고 했죠. 대신에 2천 달러를 벌었으니까 빌린 돈을 갚잖아요. 그럼 또 새로운 사람에게 주는 거예요.

함돈균   그 프로그램 이름은 뭐였습니까?

폴 김   이름은 없었어요. (웃음) 그 할머니를 믿은 거죠. 그런 것을 아주 잘하는 분이었거든요. 그리고 또 동네에서 속일 수도 없어요.

함돈균   신용이 있는 분이었군요.

폴 김   다들 알아요. 아줌마들이 기다리고 있다가 다음은 자기 차례라고 찾아와요. 순서가 정해져 있으니까 할머니가 떼어먹을 수가 없어요. 사실 이런 금융 프로그램을 하려면 정부 승인도 받아야 하고 은행 자격도 있어야 하고 복잡하게 갖출 게 많아요. 그런데 언제 그러고 있어요. 그냥 하는 거지. 그러니까 사실은 '불법'이에요. 불법이지만 당장 죽어가는 그 사람들에게 급하게 도움이 되고자 하는 마음으로 한 거죠. 그런데 가만히 지켜보니까 알겠더라고요. 20명에게 돈을 나누어 주면 20명이 다 성공하는 게 아니에요. 그것도 창업가 정신이 있어야 되더라고요. 창업가 정신이 없으면 돈을 아무리 쏟아부어도 안 돼요. 그래서 생각해낸 게 농업 시뮬레이션 게임을 시켜보는 거였어요. 게임을 해보라고 해서 잘하는 사람에게 돈을 주자고 생각했어요. 자금을 얻어 씨앗을 사서 뿌리고 가꿔서 팔고 원금 갚고 투자를 더 하는 게임이니까, 게임을 잘하면 창업가 정신이 있을 거라고 생각한 거예요. 다른 조건이 다 똑같다면 그런 식으로 해서 필터링을 하자, 그렇게 전환을 한 거죠. 그래서 누구에게나 펀딩을 하는 것은 아니고 그런 게임을 잘하는 사람들에게 도움을 주는 거예요.

함돈균   참혹하지만 한편으로는 희망을 보는 이야기들이기도 하네요.

폴 김   헌옷을 고쳐서 팔거나 아니면 부서지고 깨진 것들을 모아서 쓸 만하게 고쳐 팔거나, 음료수 가게를 하거나, 아니면 실을 사서 퀼트quilt를 하는 거예요. 멋진 방석 등을 만들어서 길에서 판다거나, 대부분 그런 식이에요. 스스로 할 수 있는 것들이 많지 않기 때문이죠. 그래서 제가 창업가 정신 교육의 중요성을 더더욱 깨달은 거고요. 이렇게 창업에 성공한 사람들을 인터뷰해서 비디오로 만들어 휴대전화에 잔뜩 집어넣어서 보여주자고 인도 쪽하고 얘기를 하게 되었어요. 인도에는 그런 프로그램이 이제는 많이 활성화되어 있죠.

함돈균   창업가 교육 같은 건가요?

폴 김   네, 누구에게나 다 해당되는 게 아니라 불우한 처지에 있는 사람들을 위한 창업가 교육인 거죠. 그런 시도도 해보고 또 그렇게 연결이 되면서 읽고 쓰기, 창업가 정신 교육 등을 여러 군데서 해봤어요. 그러면서 중동 쪽과 연결이 되더라고요. 중동에서도 저는 특히 유목민들과 베드윈족에 관심이 많았는데, 직접 사막에 가게 되는 계기는 없었어요. 대신에 난민촌refugee camp 같은 데 갔죠. 팔레스타인에는 UNRWA라고 해서 난민촌이 있어요. 그런 데는 팔레스타인 난민들을 도와주는 기관들이 있더군요. 그쪽하고 같이 일하기로 했죠. 제가 관심이 가장 많았던 것이, 분쟁 지역의 아이들과 분쟁 지역 아닌 곳의 아이들의 학업 성취도나 인지능력이 얼마나 차이가 나는지 하는 거였어요. 그래서 여러 학교들을 방문했어요. 팔레스타인 분쟁 지역에서는 유대인 정착촌 문제가 아주 예민해요. 유대인들은 원래 자기 땅이라고 생각하기 때문에 상당히 민감하고 위협적으로 생각하죠. 그렇지만 1967년 '6일 전쟁'을 통해 다 빼앗아서 완전히 이스라엘 땅이 된 거고, 팔레스타인을 나라로 인정하지 않는 정책을 통해서 팔레스타인 소유지역은 현저히 줄어들고 있죠.

함돈균   그럼 국민 전체가 일반적으로 상당한 증오심으로 가득 차 있는 게 아닙니까?

폴 김   이스라엘과 팔레스타인이 서로 그렇죠. 이스라엘이 옛 영토를 회복한다고 팔레스타인 영토를 침공해서 다 빼앗아버리고 씨를 말리려고 생각하고, 팔레스타인은 그 분노 속에서 봉기를 하고요. 그런데 저는 두 나라가 평화롭게 공존했으면 좋겠어요. 그렇다고 이스라엘 사람들더러 다 나가라고 하면 갈 데가 없잖아요, 어떻게 보면 이스라엘 사람들이 다시 지금 팔레스타인 상황이 되어야 하는 거죠. 그래서 그런 분쟁 지역에 살고 있는 아이들과 분쟁 지역이 아닌 도시에 사는 아이들을 비교하고 싶었어요.

함돈균   대상은 전부 팔레스타인 아이들인가요?

폴 김   네. 거기에 모바일 기기를 가져가서 게임을 만들었어요. 인지능력 게임을 만들어서 돌려봤더니 분쟁 지역 아닌 곳의 아이들이 훨씬 인지능력이 좋다는 결과가 나왔고 논문으로 발표했죠. 팔레스타인에 나블러스Nablus라는 동네가 있는데 벽에 죽은 아이들의 사진이 붙어 있어요. 그리고 죽은 아이들 사진의 얼굴 부분을 떼어내서 총 탁 들고 있는 전사의 옷 위에 붙여서 '우리의 전사' 이렇게 벽에 붙이고서 'Don't forget잊지말라'이라고 써놨어요. 이스라엘인들이 우리에게 어떻게 했는지 잊지도 말고 용서하지도 말자고 'Don't forget, Don't forgive'라고 쓰여 있죠. 아이들에게 커서 무엇이 될 거냐고 물어보면 '저 사람들이랑 싸울 거야' 이렇게 당연하게 이야기해요. 폭탄이 터져서 아빠 다리가 없어졌고 엄마는 죽었고 누나는 이렇게 되었다, 하면서요.

함돈균   우리나라로 치면 일제강점기 때 느꼈던 적대감 비슷한 거죠?

폴 김   거긴 훨씬 더 극악해요. 대량 학살이 눈앞에서 벌어지니까. 그런 와중에 제가 '천일 스토리'One thousand one story'와 '시즈 오브 임파워먼트Seeds of Empowerment'를 창립해서 시작한 시기가 2009년입니다. 르완다에 갔을 때, 참 슬프고 참담한 상황을 보면서 어떻게 도와줘야 하나, 답이 없나, 이런 고민을 하다가 글을 읽게 하면 좋겠다고 생각했어요. 그 아이들에게 신데렐라 스토리라든지 이런 것을 컨테이너로 갖다 주는 NGO들이 있었어요. 왜 그런 걸 줄까, 저들은 저 책을 태워서 요리를 하던데, 그랬죠. 나무 구하러 가는 게 귀찮으니까 책을 태워서 요리를 한다니까요. 그런 모습을 보면서 이 아이들이 정말 롤모델도 없고 아무것도 없다는 사실을 깨달았죠. 우리가 자랄 때는 책에서 이순신 장군도 읽고 훌륭한 분들의 업적을 많이 읽었잖아요. 그러면서 꿈과 희망을 길렀잖아요. 그런데 이 아이들은 그런 책도 없고 롤모델도 없는 거예요. 신데렐라가 그런 삶에서 롤모델이 될 수 있겠습니까. 아, 내가 이순신 장군을 만들어줘야겠구나 생각해서 '천일 스토리' 프로젝트를 시작한 거예요.

우리들에게는 우리들의 이야기가 있다
– 천일 스토리

함돈균   그게 르완다에서 시작된 거죠?

폴 김   르완다에서 비가 촉촉이 내리는 조그마한 여인숙에 누워 고민하다가 문득 이게 좋겠다, 스토리텔링 프로젝트, 하고 생각한 거죠. 그 생각을 자꾸 하다 보니까 천일[1001] 스토리, 아라비안나이트 스토리가 딱 떠오른 거죠. 셰에라자드가 살기 위해서 얘기를 시작한 거잖아요. 이 아이들도 어떻게 보면 생존을 위해 어떤 스토리가 필요하다고 생각한 거죠.

함돈균   문학 공부를 하고 문학 창작 영역에서 일하고 교육하는 사람으로서 저 자신도 반성을 하게 하는 발상이고 놀랍기 짝이 없는 에피소드입니다. 생존을 부지하기 위해 이야기를 만들어간 아라비안나이트의 그 환상성을 그런 삶의 실천성과 관련시키는 발상이라니, 참 놀랍습니다. 사실 문학이라는 게 아무리 환상적인 이야기라고 할지라도 실은 어떤 방식으로든 삶의 현실을 기반으로 한 모티프가 있었을 거예요. 그 속에서 은연중에 롤모델도 생각해보고, 뜻밖의 지혜도 찾아낼 수 있게 되겠죠. 그런데 그것이 내가 만드는 이야기, 내 현실에 기반한 이야기라면…… 그것은 스토리텔링의 창작이라는 창의적 교육 모델의 차원에서도 의미가 있고요. 그 이야기를 다른 곳에 보급하면서 또 지구적 현실의 공유라는 캠페인 측면도 있는 것 아니겠습니까.

폴 김　　네. 상당히 다목적 시도인 거죠. 롤모델이 제공되고, 책이 없던 아이들이 책을 갖게 되고, 그 스토리를 다른 나라 아이들이 읽으면서 공감대를 형성하는 거예요. 우리만 이렇게 불행하고 힘든 게 아니구나, 다른 나라의 저 아이들도 저렇게 고통을 받고 그 안에서도 희망과 꿈을 버리지 않고 살고 있구나 느끼는 거죠. 그런 문화유산이나 메시지를 주고받게끔 하는 것이고요. 이 개발도상국가의 아이들이 그런 스토리들을 알게 되면 세상에서 일어나는 현실에 대해 공부를 하게 되는 거잖아요. 르완다에는 이런 일이 있구나, 팔레스타인에서는 이렇구나, 인도에는 불가촉천민이란 게 있구나 하는 거죠.

함돈균　　'진짜 이야기real story'네요. 실사구시적인 교육이고요.

폴 김　　'네가 생각하기에 너희 동네에서 가장 기뻤던 일은 무엇인지, 네가 보기에 가장 감동적이었던 사건은 무엇인지, 아니면 제일 행복했을 때 또 뭐가 힘들었는지' 물어보며 인터뷰를 합니다. 그럼 아이들이 이야기를 해주잖아요. 우리 동네에는 못 먹고 힘들고 고아로 자랐고 여기저기 팔려 가거나 소년 군인이 되어 탈출했다고 하는 스토리들을 들려줘요. 계모 밑에서 자랐는데 계모가 날 죽이려고 했다, 뜨거운 물을 부어서 구덩이에 넣으려고 했는데 도망을 갔다, 길거리에서 쓰레기를 주워 먹다가 죽을 뻔했는데 누구 도움을 받아서 살아났다 하는 끔찍한 이야기들이 우리에게는 꼭 먼 나라 얘기 같고 실제가 아닌 정도로 끔찍하지만, 이 아이들에게는 진짜 삶의 이야기true life story거든요. 아이들의 스토리를 물어보면서, 그래도 희망이 있지 않으냐고 하면, 자기는 잘 살 수 있을 거라는 얘기들을 해요.

함돈균   이야기 채집 과정은 어떤 식으로 이루어졌습니까?

폴 김   아이들한테 줄 스토리들을, 글을 쓸 줄 모르면 그냥 녹음을 했어요. 휴대전화 들고 얘기해주면 나중에 그 말을 하는 사람에게 영문으로 번역해달라고 해서, 번역한 스토리를 또 자원봉사자가 '시즈 오브 임파워먼트'의 자원봉사자 네트워크를 통해서 편집하고, 편집한 스토리를 또 다른 자원봉사자가 색을 칠하고 그림을 입혀서 갖다 주면 디자인을 해서 책으로 나오고, 그 책을 다시 아이에게 전달해주는 거예요. 그 프로젝트를 하면서 미국 부모들에게 이 프로젝트에 대해 어떻게 생각하느냐고 물어봤어요. 그러면 프로젝트는 참 좋은 것 같다고 말해요. 다시 스토리는 어떻게 생각하느냐 물어보면 본인 애한테는 안 읽히겠다는 거예요.

함돈균   왜요?

폴 김 왜 안 읽히느냐고 '진짜 이야기'인데, 아이들이 이런 걸 알아야 하지 않겠느냐고 물으니까 그런 어두운 면을 알게 하고 싶지 않대요. 밝은 것, 즐겁고 명랑한 일만 보여주면서 컸으면 싶다는 거예요.

함돈균 그래서 표현을 좀 조정하지 않나요. 뜨거운 물 붓고 하는 이야기는 안 나오죠?

폴 김 물론 그렇죠. 조정을 좀 하죠.

함돈균 일반 대중 독자들 사이에 베스트셀러가 되는 책들 보면 대부분 해피엔딩인 것처럼, 저는 이런 심리의 다른 형태라고 생각해요. '리얼 스토리'는 대체로 사람들이 보고 싶어 하지 않는 경향이 있죠. 판타지 유의 문학에 비해 본격문학이나 르포 문학은 많이 팔리기 어려워요. 프로젝트가 취지는 참 훌륭하지만, '보편적으로' 유통되기에 쉽지 않은 부분이 분명히 있을 것 같아요. 개인적으로 문득 이 프로젝트가 다른 지역과 계층의 사람들에게, 그러니까 일반적인 상업적 출판 유통망 안에서도 유통되고 팔릴 수 있는 스토리가 될 수 있을지 매우 궁금하기도 하네요. 아직 그런 방식의 시도는 해보지 않으셨죠? 한국에서 이런 스토리의 일반적이고 상업적인 유통이 가능할 수 있을지 한번 시도해보고 싶은 생각이 드네요. 제가 작가-예술가-출판인-인문학자들과 함께하는 '시민행성'이라는 인문 조직에서도 관심을 가져볼 만한 일이라고 생각합니다. 교육적으로도 그렇고 문화적으로도 그렇고, 이런 스토리텔링의 시도는 실사구시적이고 주체적이고 시민교육적인 거라서, 출판 문화에서 자기 삶에

기반한 이야기를 바탕으로 한 교육적 결과를 프로그래밍한다는 차원에
서도 의미심장한 일이라고 봐요. 우리가 지금 계속 얘기한 글로벌 리더십
교육이라는 것도 결국 지구적 현실을 자기 목소리로 적어낸 것들에 근거
할 때, 더욱 생생하겠죠.

폴 김　저는 그런 기회가 있다면 매우 환영할 만한 시도라고 생각하고
적극적으로 연대하고 싶습니다. 그래서 저는 큰딸한테도 인도 갔다 와라
인도네시아 갔다 와라, 가서 경험하고 체험하라고 하거든요. 큰딸은 혼자
막 가요. 고등학교 때부터 그랬어요. 혼자 비행기 타고. 부모들이 그런 걱
정 많이 하잖아요. 가면 무슨 일 생기지 않을까, 길 잃어버리지는 않을
까. 그런데 그게 공부예요. 저는 그렇게 생각해서 그런 스토리에 많은 관
심을 보이고 할 줄 알았는데 부모들이 안 좋아해요. 우리 아이는 그런 것
읽으면 안 된다잖아요.

함돈균　혹시 기억에 남는 스토리가 있으면 하나만 소개해주시겠어요?

폴 김　팔레스타인 스토리가 하나 기억나네요. 제가 볼 땐 잘된 스토
리라고 생각되어서 출간을 했어요. 지금까지 출간한 40개 스토리 중 하
나인데, 이스라엘 군인과의 에피소드를 담고 있어요. 한 마을이 있었는
데 팔레스타인 지역에 이스라엘군이 침공해서 유대인 정착촌이 생긴 거
예요. 그러면 이 팔레스타인 아이는 2분이면 걸어가던 학교를 갑자기 세
시간이나 돌아서 가야 해요. 전기, 물도 하루에 몇 시간만 들어오게 되
고요. 그런데 거기에 물이 펑펑 나오는 유대인 정착촌이랑 골프장이 있어

요. 골프장 코스도 훌륭하죠. 그 골프장 바깥쪽 팔레스타인 벽에는 '잊지 말라Don't forget, 용서하지 말라Don't forgive'고 쓰여 있고 죽은 애들 사진이 쫙 붙어 있어요. 그런 상황에 관한 이야기죠. 지금 이 순간에도 미술시간에 그림 그리라고 하면 폭탄 떨어지는 그림을 그려요. 하나도 바뀌는 게 없잖아요. 그러니까 화가 나는 거죠. 왜 안 바뀔까, 어떻게 해야 바꾸지 답답해하다가 나온 생각이 '천일 스토리'예요.

함돈균　애기가 나온 김에 이 스토리를 어떻게 유통했는지도 말씀해주시겠어요.

폴 김　책들을 출간해서 아랍어로 번역한다든가 힌두어로 번역한다든가 스페인어로 번역해서 서로 지역끼리 주고받을 수 있는 스토리가 되게끔 했어요. 인도 스토리를 중동에 가져다주고 중동의 스토리를 멕시코에 갖다 주고 멕시코의 스토리를 태국에 가져다주고 이런 식으로요.

함돈균　책을 보낸다는 이야기죠?

폴 김　그렇죠. 그럼 인도네시아의 시골 아이들이 팔레스타인에는 이런 일이 있구나 하면서 읽는 거예요. 그런 식으로 수천 권이 보급되었어요.

함돈균　이런 글로벌한 교육 NGO 활동을 할 때 스폰서라고 할까요, 어떻게 그 자금을 마련하는지, 운영 방식에 대한 참고를 얻을 수 있도록 설명을 좀 해주시죠.

폴 김　　처음에는 유네스코나 국제적인 재단 아니면 기업체의 스폰을 받기도 했어요. 최근에는 로컬 지역에서 직접 모금 활동을 해서 바로 우리를 초대하는 모델이 더 많아졌어요. 그러다 보니까 우리가 가고 싶은 데로 못 가는 경우도 있죠. 펀딩이 없어서, 정말 가야 할 곳, 가고 싶은 곳을 못 가는 케이스도 많이 있기는 해요. 그리고 책과 사용된 그림들을 전시해서 모금 활동을 하기도 하고요. 그러면서 더 많은 사람이 이 프로젝트를 이해하고 배우고 참여하는 계기가 됩니다. 또 지금은 '월드 리더'라는 NGO와 협력해서 전 세계 400만 명 어린이에게 스토리를 보급하는 프로젝트가 시작되었어요. 이제 이 프로젝트를 다각화하면서 아프리카나 인도의 스토리를 미국의 학생들에게 읽히고 편집해서 자기네 수업 시간에 편집을 하고, 미술 시간에 그림을 그려서 책을 출간하게 하는 모델로 가고 있어요. 그렇게 되면 미국의 학생들도 직접 이 활동에 참여하면서 공부하는 거잖아요. 그래서 지금 미국의 한 학교에서는 가나에서 가져온 스토리를 편집하고 그림 그리는 작업을 진행하고 있어요. 또 중·고등학생들 가운데 자원봉사를 하고 싶은 사람이 있으면 그림을 그린다든지 편집을 한다든지 번역을 한다든지 하는 식으로 참여를 하고 공부를 하는 거죠.

함돈균　　참여하는 경로는 어디입니까?

폴 김　　'시즈 오브 임파워먼트'예요. 아이들이 이 단체의 자원봉사자가 되는 거죠. 고등학생들은 좀 크니까 스스로 워크숍을 하러 가요. 미국의 학생이 네팔의 고아원에 가서 스토리를 읽어주고 그쪽 아이들의 스토리를 가져오고, 그 길에 작은 워크숍도 하죠. 그 학생들이 돌아와서 친구들에게 자기 경험을 얘기하고요. 그러니까 '시즈 오브 임파워먼트'라는 타이틀에서 볼 수 있듯이 학생들이 실질적으로 '임파워empower'가 되어서 교육을 공유하는 주체가 되는 거죠.

함돈균 중동 지역의 얘기들 외에 다른 지역의 이야기도 해주실 수 있나요?

폴 김 인도네시아에서 상당히 새로운 경험을 한 적이 있어요. 인도네시아는 70퍼센트가 무슬림이기 때문에 시골 지역에 가면 무슬림 스쿨이 있어요. 그런 곳은 외부 사람을 초청하지도 않고 또 무슬림이 아닌 사람이 와서 교육한다고 하면 반대하거든요. 참여를 허락하지 않아요. 그런데 교육이라는 게 어떻게 보면 만능 입장권 같아요. 교육을 타이틀로 내세우면 모두가 환영하는 거죠. 그래서 저는 거기 가서 잘 지내고 왔어요. 아이들에게 SMILE 워크숍도 하고 '천일 스토리' 워크숍도 하면서 교감도 나누고 다른 나라에서 어떤 일이 일어나는지 공부도 시켰어요. 구글이나 퀄컴 같은 큰 회사들로부터 기기 제공을 도움받은 케이스도 많이 있어요. 하나의 길을 가고자 노력하면 도와주는 사람들, 조직들이 점점 생겨나요.

함돈균 그런 철저한 종교 사회의 무슬림 학교에서는 특별한 경험이 있을 것도 같습니다.

폴 김　　인도네시아에서 상당히 재미있었던 일은 그 아이들이 저에게 종교관을 묻는 거예요. 그리고 신에 대해서 얘기를, 강의를 해달라는 거였어요.

함돈균　　몇 학년인데요? 몇 살이에요?

폴 김　　초등학생들이죠. 2, 3, 4, 5학년? 리더들도 무슬림에 대해서 어떻게 생각하느냐고 묻고요. 그래서 신은 하나다, 그런 이야기를 했어요. 우리가 우러러보는 신은 하나인데 이름이 조금 다를 뿐이고 이해를 조금씩 다르게 하고, 어떻게 보면 지역이 다르기 때문에 그렇게 이름을 다르게 부르는 것이라고요. 예를 들어 예수는 미국에 가면 지저스 jesus라고 부른다, 철자를 그대로 읽으니까 '지저스'가 되잖아요. 우리는 같은 사람이고 같은 형제자매이고 한 가족이다. 내가 너의 가족이고 내가 너의 오빠, 형이다, 이렇게 이야기하면 되게 좋아해요. 형, 오빠가 될 수 있느냐고 되묻죠. 당연히 된다, 우리는 하나다, 그런 세계시민 global citizen 개념, 우리는 한 단체이고 하나의 유기체라는 이야기를 자꾸 해줘요. 어느 지역에서든 그런 이야기를 하면 아이들이 상당히 공감하더라고요.

함돈균　　지금 종교를 설명하시면서 이름을 다르게 부르는 것뿐이다 하는 관점 안에서 보니까, 우리가 관념적으로 생각하는 '지구촌'이라는 얘기하고는 좀 다른 느낌이 드네요.

폴 김　　그게 선(善)이거든요. 신이 선이고, 하늘이 선인 거예요. 선을 실천하는 게 신의 길을 가는 것이죠. 그렇기 때문에 선은 항상 악을 이긴다는 이야기를 해줍니다. 악은 선을 이길 수 없고, 시간이 지나면 결국 선이 악을 이긴다고 말해줘요. 지금 당장은 악의 피해를 받고 불의가 생기고 그렇게 보일지 몰라도 시간이 오래 지나면 결국에는 선이 이긴다는 것이죠. 그런 이야기를 아이들에게 해줘요. 보통 사람들은 그런 이야기를 할 수 있게 접근하는 것도 쉽지 않아요. 결코 초대도 하지 않을뿐더러 가서 괜히 말 잘못했다가 거기서 죽는 수도 있어요. 중동 지역에 가서는 특히, 또 이슬람 국가에서는 더 조심을 하거든요. 그런데 교육이라는 티켓이 있을 때는 다들 환영을 해요. 사우디 국영방송하고 라디오 라이브 인터뷰를 할 일이 있어서, 국영방송에 가서 라디오 인터뷰를 했어요. 사우디에 왜 왔는지, 와서 무엇을 하는지, 그래서 어떻게 생각하는지 묻는데 라이브이기 때문에 아주 조심을 했어요. 사우디에는 공개 처형이 있거든요. 하지만, 죄목이 분명 '코란에 기초를 둔 샤리아법'에 명시되어 있으니 지레 겁먹지 마시고 확인하고 가면 됩니다. (웃음) 생방송에서 제가 실수로, Peace be upon him$^{alayhi\ as-salām}$이라는 말을 안 했어요. 다시 말하면, 대화 중에 '예언자 무함마드'를 언급하면, 곧바로 Peace be upon him이라는 말을 해야 하거든요. 다행히 생방송 앵커가 저 대신 재빨리 말해주어서 괜찮았습니다. 앵커에게 고마운 감정이 많이 들었죠. 물론 앵커도 순간 얼굴이 빨개지고 당황했었지만요.

함돈균 　외국인도 안 봐줍니까?

폴 김 　안 봐줘요. 사우디는 상당히 센 곳이거든요. 말 한 번 잘못했다가 또 못 돌아가고 여기서 끝나는 것 아닌가 싶었죠. (웃음) 그런데도 교육이라고 하면 환영받아요. 그래서 제가 그때 처음 이러닝 컨퍼런스 E-Learning Conference를 하는 데 초대받아서 기조연설도 하고 그랬거든요.

함돈균   그런데 교육이라는 게 각성시키고 모르는 것을 깨우치고 편견을 바로잡고 특수한 것을 보편적인 것으로 개방시키는 것인데, 원리주의적인 국가에서는 그런 점에서 교육조차 경계하리란 생각이 들거든요. 그렇지 않습니까?

폴 김   그렇지 않아요. 교육자-학자에 대한 존경심이 어디에나 기본적으로 있습니다. 저는 교육자로서 초대를 받았고, 교육에 대해 어떤 것을 이룬 사람이고 이슬람 국가들도 많이 갔었기 때문에 적이 될 수 없고 우리의 체제를 바꾸러 온 사람이 아니다, 교육을 발전시키기 위해 온 사람이다, 라고 믿는 거죠.

함돈균   폴 선생님은 기존의 이력을 통해서 믿음을 얻었다고 볼 수 있겠네요.

폴 김   가서 얘기를 좀 하죠. 팔레스타인에서, 인도에서 어떤 일이 있었는지, 교육의 중요성에 대해서, 대한민국이 어떻게 해서 전보다 잘살게 되었는지 항상 이야기해요. 그러면 사람들이 상당히 공감하죠. 이슬람 국가에 갈 땐 특히 더더욱 주의하고 존중해야 하고 상황이나 사람들의 믿음에 대해 특별히 존중을 보여야만 받아들여져요. 어떻게 보면 그게 맥락화거든요. 절대로 내 것만을 주장할 수는 없어요.

함돈균   참 재미있습니다. 대단하시기도 하고요. 선생님의 기본적 태도나 접근 방식 등이 일단 참 많은 생각을 하게 합니다.

폴 김   사실 교육이라는 게 물고기를 주지 말고 물고기 잡는 방법을 알려주라는 거잖아요. 교육이 그래서 중요한데 원조 프로그램들을 가만히 보니까 그 사람들을 어떻게 보면 수동적으로 받는 사람들로 만들고 있는 거예요.

함돈균   대상화하는 거지요.

폴 김   그게 현재 세상의 나쁜 교육하고 똑같아요. 지금의 나쁜 학교가 그렇잖아요. 수동적으로 지식을 전달받는 사람들을 만들고 지식을 수단으로서 받아 가게 하죠. 그러니 그게 원조 프로그램이 그렇게 많았는데도 아프리카가 변하지 않은 이유 아니겠어요. 그냥 원조받는 사람들, 수동적 수혜자로 계속 만드는 방식이 대부분이거든요.

함돈균   도와주러 간 사람은 시혜 의식 같은 게 생기고, 또 받기만 하면 도우러 온 사람들에게 그들도 '뭐 줄 건데?' 식의 생각이 생기죠. 둘 다에게 바람직하지 않은 방식이에요. 그래서 한국에서 농민운동을 오래 하신 한 선생님께서도 그런 이야기를 하시더라고요. 도시 사람들이 농촌을 얕잡아보는데 워낙 그런 쪽으로 지원해주는 프로그램이 많다 보니까, 농촌이 오히려 정신적으로 많이 망가지고 농민들이 거만해졌다고요.

폴 김　　제가 '시즈 오브 임파워먼트Seeds of Empowerment'라는 이름으로
NGO를 만든 이유가 씨앗seeds이 힘을 담지empowerment하고 있다는 뜻이
었어요. 이식plant하는 거죠. 씨앗을, 잠재적 힘을 심는 거예요. 그래서 스
스로 자율권을 부여받아서 자기 자신을 돕게끔 할 수 있도록 하려는 겁
니다. 이런 전략은 모든 것에 다 적용이 됩니다. 학습하는 것도 스스로
깨우쳐서 할 수 있는 환경을 제공해주고 그런 길을 가게 함으로써 능동
적으로 학습하는 아이를 만들고, 기업가 정신이나 창업 교육도 스스로
깨우쳐서 스스로 창업가가 되게 하고요. 교육정책이나 원조를 한다거나
도움을 주는 모든 것을 스스로 깨우쳐서 자기를 북돋을 수 있게 하는 모
델이라는 거죠. 그래서 우리는 씨앗만 심는 거예요. 우리가 무엇을 대신
해준다고 생각하면 문제가 생기기 시작하고 사람들이 수동적이 되고 수
동적이 되면 지속 가능할 수가 없다는 거죠.

　저는 그들이 할 수 있게끔 교육 실천의 사회적 전략을, 그 방법을 구체
적으로 알려주려고 노력합니다. 아르헨티나에서는 이 운동의 지속 가능
성을 가능하게 하려면 현지의 지지가 있어야 한다는 결론이 나왔어요.
외부에서 와서 뭘 하는 것보다도 이미 존재하는 NGO나 단체, 기관들의
힘을 키워서 그들 스스로 그들의 커뮤니티를 돕게 하는 프로그램이 적
절하다는 생각이 많이 들었어요. 그래서 그쪽 NGO에 이런 부탁을 했어
요. '돈은 하나도 주지 않을 것이고 직접 모금 활동을 해라. 방법을 알려
주겠다. 아르헨티나텔레콤과 이야기해서 기기를 제공받는 게 좋겠다. 큰
기업은 사회적 공헌 팀이 있으니 연락하면 프로젝트에 도움을 줄 것이

다. 그리고 숙소는 셰라톤 호텔에서 제공받고, 운송은 로컬 버스 회사에 애기해서 오갈 수 있게 하면 된다' 하는 식으로 가르쳐주는 거예요. 그러니까 숙박은 셰라톤 호텔에서, 기기는 아르헨티나텔레콤에서, 운송은 로컬 버스 회사에서 책임지는 펀딩하는 법을 자꾸 가르쳐주는 거죠. 그래서 스스로 모금 활동을 하고, 저희는 대신 컨퍼런스를 열어주는 거죠. 그 워크숍을 2주 동안 했다고 하면, 2주 마지막 날은 셰라톤 호텔에서 컨퍼런스를 하는 거죠. TV 뉴스, 라디오, 인터넷 매체 기자들을 다 불러요. 그리고 이 나라에 어떤 교육이 필요하고 어떤 정책이 필요하고, 앞으로 미래의 교육은 어떤 모델이 되어야 한다는 연설을 하면서, 그런 사람들을 부르고 협조한 회사들의 로고를 다 붙여요. 그 교육 모델을 기업들에게 설명해야 하는데, 교육이라는 티켓이 있으니 대부분의 기업, 기관들이 상당히 긍정적으로 보고 도움을 줘요. 그래서 유명무실한 NGO가 컨퍼런스를 한 번 함으로써 신문에 언급되고 하는 거죠. 그런 모델을 자꾸 가르쳐주는 거죠. 어떤 경우에는 신문 기사에 그런 애기가 나니까 주지사가 그 스토리를 읽게 되었어요. 읽고 감동을 받아서 주지사가 도움을 주었죠. 결국 교육을 나누면서 이처럼 참가할 만한 씨앗들이 또 모여요. 그런 식으로 자꾸 알려야 해요. 교육을 공유해야만 해요. 그래야 그럴 마음이 있는 사람들이 모이게 되는 거고요. 교육에 있어 다 가르치려 하지 말라고, 가르치면 가르칠수록 아이들이 스스로 배울 방법을 뺏는 거라고 말했던 것처럼 교육적 실천이 로컬과 만나는 경우도, NGO의 역할도 그렇게 해야 해요. 항상 현지 사람들이 스스로 참여해서 권한을 행사해서 'empower' 할 수 있는 기회를 마련해주는 것이 가장 좋은 방법이라는 거예요.

지구촌 아이들이 쓰는
자기 이야기
이야기와 삶

함돈균   '천일 스토리One thousand one story ' 얘기를 듣다 보니 이 프로젝트가 참 의미 있고 교육철학적 관점에서도 매우 흥미로운 프로젝트라는 생각이 들었어요. 게다가 이 프로젝트가 시작된 동기나 발상이 너무나 절박한 지구적 현실, 그럼에도 불구하고 지구 대부분의 이웃은 잘 모르거나 관심이 없는 얘기잖아요. 이 책이 출간될 한국은 더 그렇죠. 예전과는 다른 경제성장을 했다는 자부심만 있고 내 땅, 내 가족, 나에 대한 관심만 있지, 지구적 현실에 대한 관심과 책임감이 많이 부족한 나라라고 생각합니다. 기업도 글로벌을 외치고, 국가도 글로벌을 외치고, 대학도 글로벌을 외치지만, 지구촌 현실에 대해 한국처럼 무관심하고 책임감이나 연대 의식, 리더십이 부족한 나라가 OECD 국가 중에 많지 않을 거예요. 그래서 이 얘기를 이번 장에서는 따로 좀 더 들어보고 싶습니다. 어떻게 시작된 프로젝트인가요? 구체적인 배경부터 말씀해주시죠.

폴 김   2008년인가 2009년인가 르완다를 방문할 계기가 있었어요. 그래서 르완다에 대해 공부를 해야겠다 생각하고 스티븐 킨저라는 사람이 지은 『천 개의 언덕A Thousand Hills』이라는 책을 봤어요. 그 책이 르완다의 역사를 공부하는 계기가 되었죠. 르완다는 벨기에 식민 시대 때 투치족과 후투족이 있었는데 투치족은 소수minority였고 다수majority는 후투족이었어요. 생긴 모습도 약간씩 달라요. 다른 사람은 어떻게 보는지 모르겠지만, 제가 보기엔 그랬어요. 약간 키가 크고 얼굴이 좀 더 길쭉하고 코가 긴 사람이 투치족이었던 것 같아요. 물론 오랜 세대를 거치며 섞이고 하면서 의미가 없어졌을지는 모르겠지만요. 그런데 투치족이 어떻게 보면 동물을 잘 다루고 가축을 잘 관리하고 농사도 잘 지어서 수확량을 늘릴 수 있는 역량이 많았대요. 그래서 투치족들에게 리더십 역할을 많이 맡겨왔고, 그러다 보니 이제 소수가 다수를 통제하게 되면서 갈등이 상당히 많이 있었다고 들었어요.

그랬다가 벨기에가 식민지에서 철수하면서, 투치족이 기득권을 잃어버리게 되는 계기가 하나 생겼어요. 학살도 전혀 없었던 것은 아니고요. 많은 갈등이 있었지만 그중에서도 가장 크고 짧은 시간에 일어났던 학살로는 이 사건이 가장 큰데, 1994년 4월인 걸로 알고 있어요. 그때 후투족이 학살을 일으켰어요. 그래서 투치족을 말살하는 아주 엄청난 일이 벌어져요. 인종 학살, 인종 청소였죠. 그들은 '투치족은 모두 바퀴벌레다, 아이든 여자든 임산부든 모두가 바퀴벌레이기 때문에 박멸을 시켜야 한다'고 캠페인을 벌였어요. 그래서 후투족 사람들이 중국으로부터 정글

탐험할 때 쓰는 칼을 엄청나게 들여왔다고 해요. 그 칼을 나눠주고 계획적으로 조직적인 청소에 돌입한 거죠. 신호탄이 되었던 것이 뭐냐면, 그 당시 탄자니아 회담에 참석했던 대통령이 귀국길에 탑승한 비행기가 격추를 당하는 아주 미스터리한 사건이 벌어져요. 그 대통령이 후투족 출신이었다고 해요. 비행기가 격추를 당해 대통령이 죽게 되면서 발단이 된 거예요. 그래서 '투치족이 대통령을 죽였다, 투치족은 나쁜 사람이니까 모두 박멸을 해야 한다'면서 학살이 시작되었는데 거의 90일간 80만 명이 넘는 투치족 사람들, 어린아이 임산부 상관없이 모두 다 정글에서 쓰는 칼에 잘려서 죽고, 갓난아이들은 벽에 던져서 머리를 깨서 죽이고, 여자들은 강간을 하고 죽였어요.

함돈균　　아, 그렇군요. 저만 해도 그런 끔찍한 지구적 현실에 대해 인지가 잘 안 되어 있었네요. 홀로코스트 같은 일인데요. 당시에 외국에서도 이 사실에 대해 인지가 없었던가요?

폴 김　　그렇지 않습니다. 알고 있었지요. 그래서 많은 투치족이 짧은 시간에 말살되는데 그 당시 미국에서는 법적으로 집단 학살을 멈춰야 한다는 논쟁이 상당히 많이 일어났어요. 당시 미국 국무 장관이었던 올브라이트 장관이 청문회에서 이것이 '집단 학살'이냐 아니냐 하는 의미 규정을 둘러싼 질문을 받기도 했죠. 그런데 미국은 정책적으로 당연히 집단 학살에 반대하기 때문에 개입을 해서 당장 멈추게 할 수가 있었음에도 그러지 못했던 아주 큰 계기가 된 사건이 있었어요. 르완다 학살 바로 이전에 블랙호크 다운이라고 소말리아에서 미국 해병대 헬리콥터 두 대가 추락해서 미군들이 생포되어 죽임을 당하고 그들의 몸을 자동차 줄로 끌어내서 갈아 없애버리는 끔찍한 상황이 비디오로 찍혀서 전세계에 보내진 일이 있었어요. 아프리카 지역에 개입했다가 실수든 실패든 그런 경험을 한 지 얼마 안 된 시점이어서 미국의 클린턴 행정부는 르완다의 집단 학살에 개입하는 데 상당히 불안해했죠. 그러다 보니 올브라이트 장관이 그것은 집단 학살genocide 이 아니고 '집단 학살적 행위act of genocide'이며 집단 학살 자체는 아니라는 말장난으로 문제를 회피하면서 미국은 개입하지 않는다고 선언했지요. 그러자 전 세계가 미국을 따라서 90일 동안의 인종 청소 기간에 침묵한 거죠.

함돈균   일종의 방관이군요.

폴 김   방관한 거죠. 아이들이 죽어가는데 임산부가 죽임을 당하고 온갖 악행을 통해서 80만 명 가까이 죽어나가는데 대사관들이 문 닫고 전혀 관여를 하지 않았고, 유엔조차 개입하지 않은, 그런 끔찍한 사건이 있었던 나라예요. 지금도 르완다 박물관에 가면 참사로 죽은 아이들의 뼈가 그대로 쌓여서 보관되고 전시되어 있어요. 뼈를 보면 옷도 그대로 입혀져 있습니다. 너무나도 참혹한 상황이었다는 것을 아주 잘 알 수 있어요. 두개골이 파괴된 모습, 갓난아기들부터 임산부, 여자아이 모두 학살을 당한 거죠. 그런 나라를 방문하게 되었기 때문에 좀 더 공부를 해야겠다 싶어서 책도 보고 〈호텔 르완다〉라는 영화도 봤어요. 드라마틱한 구성이기는 하지만 어느 정도 아이디어를 얻을 수 있는 영화라서 르완다에 가기 전에 봤습니다.

함돈균   그때 방문의 공식적인 사유는 어떤 것이었습니까?

폴 김   그때도 교회에서 대학 교육에 대한 도움을 요청받았어요. 대학이 발전할 수 있는 강의를 해달라는 요청을 받고 르완다에 찾아가 대학을 방문하고 강의도 하고 머무르면서 르완다를 체험하고 느끼고 공부하게 된 거죠. 박물관도 갔었고요. 더욱이 포켓 스쿨pocket school 프로젝트도 병행하기 위해서 르완다를 방문했었죠. 현재는 르완다 대통령이 된 카가메가 그 당시 르완다의 집단 학살을 멈출 수 있게 한 탁월한 리더인데, 그 사람이 집단 학살 전에 이미 우간다로 도피를 해서 우간다 군인으로 입대를 해 훈련을 받고, 또 같은 르완다 사람들이 우간다 군대에 많이 속해 있었다고 해요.

함돈균   내전이 발생하니까 망명을 한 거죠?

폴 김   그 전에 집단 학살이 아니어도 투치족에 대한 여러 가지 불이익이 있었고 소규모 학살들이 많이 있었기 때문에 많은 사람이 대피하고 도피했던 상황이었어요. 그런데 참혹한 집단 학살을 지켜보면서 빨리 가서 막아야겠다고 결심한 카가메가 다시 르완다로 돌아옵니다. 그리고 후투족 군대와 싸워서 결국에는 집단 학살을 끝낸 장본인이 된 거죠.

함돈균   전쟁을 한 거죠?

폴 김   네. 그래서 카가메가 현재도 대통령인 거고요. 다른 여러 나라로부터 독재를 한다는 말이 나오긴 하지만, 르완다 국민들은 아직까지도 카가메를 존경하고 그 사람이 대통령을 해야 한다고 말한다고 합니다. 르완다에 가서 상당히 인상 깊었던 것은 잔혹한 짓을 한 후투족들이 콩고 쪽으로 많이 도망갔어요. 그래서 거기에 난민촌이 생긴 거예요. 갑자기 집단 난민들이 생긴 거죠. 그렇다고 당시에 카가메가 후투족을 모두 콩고로 추방하면 르완다의 기초가 흔들리는 상황이었어요. 왜냐하면 투치족이 15퍼센트 이하였다는 얘기를 들었거든요. 후투족 사람들이 돌아와야 르완다를 재건할 수 있으니 투치족은 잔혹한 일을 벌인 후투족을 모두 용서해야 한다는 얘기가 있었어요. 말은 쉬울지 몰라도 내 딸을 강간해서 죽이고 내 아내를 내가 보는 앞에서 강간해서 칼로 완전히 난자한 사람이 다시 바로 내 옆집으로 돌아왔는데 용서해야 하는 상황인 거죠. 그때 카가메가 그와 같은 정책을 벌였고 용서를 해야 된다면서 '가차차Gacaca'라는 자기 죄를 고백하고 참회를 했을 때 용서해주는 예식이라고 할까요? 그런 법체계가 있는데 사실 어떻게 보면 회개하는 계기를 마련해주는 의식이라고도 할 수 있죠. 그런 과정을 거치면서 잔혹한 악의 극에 달했던 수많은 사람을 용서하는 계기가 됩니다. 하지만 사실 르완다의 경제 발전이라든지 여러 면에서 봤을 때 당시에 상당히 낙후되어 있었고, 어떻게 재건할 것인가를 두고 재건의 첫 단계는 '용서'라고 한 카가메의 정책 때문에 용서가 이루어진 거였어요. 그때 상황이 상당히 많은 여자아이가 에이즈에 감염되어 있는 것도 문제였고 가난하고 궁핍한 삶에다 많은 지역에 물이나 수도 시설이라든지 화장실이라든지 전기 시설도 없었거든요.

함돈균   이 학살의 과정도 놀랍지만 이후 '가차차'라는 사회 통합 시스
템이야말로 더 놀랍네요. 참 여러 생각을 하게 하는 프로그램이에요. '자
기 고백'을 통해 이 끔찍한 죄의 탕감이 이뤄진다니요. 정치적 시스템이
지만 그 방법은 매우 '인문적'이라는 생각이 듭니다. 왜냐하면 그건 죄의
탕감을 신에게 의뢰하는 종교 행위도 아니고 법의 판단과 처벌에 맡기
는 일도 아니잖아요. 죄의 탕감을 '자기 고백'을 통해 이루게 하고, 이것
을 용서하게 하는 시스템이라니, 너무 놀랍네요. 물론 이런 시스템의 도
입이 가능하고 제도적으로 실효성을 갖춘 데에는 카가메라고 하는 정말
탁월한 리더십의 존재가 있었으니 가능한 것이겠지요. 역사에 자주 나타
날 수 있는 인물은 아니라고 생각합니다. 지극히 형식적인 눈으로 르완
다를 보는 서구 사람들은 카가메를 오랜 시간 집권하고 있으니 독재자라
고 볼 수도 있겠지만, 현지 맥락에서 보면 정말 탁월한 리더십을 가진 지
도자라고 할 수 있겠네요. 그렇게 살육이 자행되는 적대적 현장을 화해
시키고 통합한다는 건 보통 인간이 할 수 없는 일이잖습니까. 그럼 폴 선
생님이 르완다에 가셨을 때는 용서와 화해의 정책이 이루어진 직후였습
니까?

폴 김   그렇죠. 저는 그런 지도자는 신이 그 공동체에 보낸 사신이라고
생각하고 있어요. 제가 갔을 때는 제노사이드 직후보다는 좀 더 지난 상황
이었어요. 하지만 집단 학살이 1994년에 일어났기 때문에 시간이 10년 이
상 흘렀는데도 아직도 땅을 파다 보면 뼈가 나오는 상황이었죠. 그래서
그 사람들한테 그때의 기억은 여전히 현재형이고 얼마 안 지난 시간이라
고 할 수 있지요. 카가메가 펼친 또 하나의 놀라운 정책이 있어요. 그전

에는 여권에 후투족인지 투치족인지 알려주는 도장이 찍혀 있었는데 그 것을 없애버렸어요. 앞으로는 후투족 투치족이란 구분을 없애자면서 국민 대통합을 할 수 있는 계기를 마련하자는 취지하에 여권에 도장을 찍는 시스템을 다 없애버립니다. 제가 그런 모든 상황을 지켜보았어요. 그때 제가 지역 사회를 방문하는 길에 영화를 보여주고 싶어서 발전기를 실어 갔는데 발동기가 안 걸리는 거예요. 그 지역은 전구 하나도 없기 때문에, 영화를 보여주고 싶어서 스크린 투사기하고 전기를 다 가져갔거든요. 기름 혼합이 잘 안 되었는지 작동이 안 됐어요. 잘 섞은 다음 집어넣어서 발전을 시켜야 하는데 비율이 잘 안 맞았는지 발전기를 돌리지 못해서 결국에 영화를 보여주지 못했어요. 그게 너무 아쉬웠지요.

함돈균   어떤 영화를 보여주고 싶으셨어요?

폴 김   아이들을 위한 만화영화 같은 거였어요. 제목은 기억이 안 나지만 좋은 메시지를 줄 수 있는, 희망을 줄 수 있는 영화였다고 기억하고요. 당시 그 지역의 아이들은 영화를 한 번도 본 적이 없고 전기나 이런 것도 본 적이 없었어요. 입고 있는 옷들도 한 번도 빨았던 적이 없고요. 목욕이란 걸 해본 적이 없는 아이들이죠. 거의 전기가 들어오지 않고 물도 제대로 없으니까요. 상당히 참담한 심정으로 호텔방에 돌아와 비 내리는 바깥 풍경을 내다보면서 이 나라를 위해 무엇을 할 수 있을까 고민에 빠졌어요. 생각하다 보니까 아이들에게 어떤 롤모델이 없는 거예요. 우리는 옛날에 어려서 이순신 장군, 에디슨 이런 위인전을 읽으면서 위대하다고 느끼고 우리도 그렇게 되었으면 좋겠다는 생각도 하면서 살았지 않았습니까? 근데 이 아이들에게는 그런 책 한 권조차 없고 롤모델이 누구냐고 물어보면 그런 게 뭔지 모르고, 알고 있는 얘기라고는 사자 얘기 이런 것밖에 못하는 거예요. 상당히 마음이 아팠어요.

아이들에게 좋은 롤모델이 있을까 그리고 어떻게 하면 아이들에게 성장을 위한 좋은 메시지를 전달하는 책을 마련해줄 수 있을까 고민하다가 생각한 게 '천일 스토리'였어요. 1,001가지 이야기를 들려주면서 삶을 연장하는 셰에라자드 왕비의 심정이 생각났어요. 아이들이 스토리를 말하면서 생명을 연장하고 성장하는 것, '삶을 위해 우리에게 이야기를 해줘Tell us story to live'라는 기치 아래 '천일 스토리' 프로젝트를 만들어서 아이들에게 정말 즐거웠던 일은 없었는지, 기뻐했던 일은 없었는지, 또 누구를 용서했다면 용서한 계기가 무엇이고 어떤 용서를 해서 어떤 평화를 가져올 수 있었는지 질문을 던지면서 아이들로부터 스토리들을 받기 시작했어요.

함돈균 프로젝트의 발생 동기 자체가 감동적이고 실천적입니다. 그 생각을 실현시키는 아이디어 방식도 무척 흥미롭고요. 사회적 어젠다로도 지구적 현실의 리얼리티를 보여주고 알리는 캠페인이 될 뿐만 아니라, 교육철학적으로도 주체를 만들고 서사를 꾸며내는 형식이잖아요. 구체적으로 프로젝트의 프로세스는 어떻게 진행되는 건지요?

폴 김 아이들이 동네에 동그랗게 앉아 있으면 통역하는 사람들이 있고, 아이들한테 직접 물어봤어요. 그리고 저희가 휴대전화로 아이들이 이야기하는 것을 다 녹음해서 통역한 사람들에게 건네주면 그들이 타이

핑을 하고 번역을 해서 주거나 아니면 그 자리에서 아이가 지금 무슨 이야기를 하고 있다고 통역해주었어요. 그렇게 아이들과 직접 교감하면서 스토리들을 모았죠. 어떤 스토리가 있느냐고 물어보면 누구한테 들었는데 이런 일이 있었고 저런 사건이 있었고 우리 동네에는 이런 일이 있었다고 얘기들을 해요. 그런데 많은 경우 이야기들이 슬프고 상당히 심각한 폭력성을 포함하고 있었어요.

함돈균　이야기 내용을 구성하는 현실 자체가 끔찍할 정도로 폭력적이니까 당연한 거죠. 예를 들어주시겠어요?

폴 김　앞에서 말한 사례가 있었죠. '나는 고아였는데 계모가 뜨거운 물을 부어서 나를 죽이려고 했고, 구덩이에 밀어서 빠뜨렸어요. 또 뜨거운 물을 부어서 화상을 입었어요. 우리 형은 강에서 수영을 하다가 죽어서 시체로 떠올랐는데 아빠가 발견해서 형을 데리고 가 화장을 시켜주었어요. 우리 누나는 어디에 갔다가 강간을 당하고……' 이렇게 스토리들이 너무 어두운 거예요. 그리고 죽음이라든지 고통이라든지 삶의 갖가지 폭력이 너무 깊이 강하게 숨어 있었다는 거죠. 스토리를 고르기가 참 어려웠어요. 그래서 나중에 어떤 좋은 일이 있었는지, 화해가 되는 계기는 무엇이었는지, 이런 것을 자꾸 인터뷰하면서 스토리들을 모았어요. HIV-에이즈에 걸린 아이들의 이야기도 모으고, 여러 이야기를 모은 다음 가장 잘 완성된 스토리를 선정해서 아이들에게 상도 주고 학비도 제공해주고 하면서 그 이야기들을 출판해서 그 책을 그 아이에게 다시 주었어요. 아이는 자기 책이라는 것을 가져본 적도 없고 앞으로도 평생 가질 수 없을지도 모르는데 자기 책이 생긴 거예요. 그리고 책에는 아이의 얼굴 사진이 붙어 있는데 아이는 자기 사진도 가져본 적이 없었죠.

할돈균 '자기 책'이라고 하는 건 보통 책들도 소유해본 적이 없다는 뜻을 전제한 거죠?

폴 김 네. 동네 자체에 종이로 된 물건이 없어요. 당연히 '책'이란 물건도 없어요. 책이라고 해봐야 선교사가 두고 간 성경책 정도? 그래서 학교도 없고, 평생 교육의 기회를 얻기 힘든 아이들에게 힘이 되어주고 꿈과 희망을 줄 수 있는 프로젝트가 뭐가 있을까 고민하다가 생각한 게 '천일스토리'였죠.

할돈균 종이 자체가 없다, 책이란 물건이 없다. 아, 참 이거 생각하기 어려운 환경이네요. 그런 곳에서 아이들이 책을 쓰는 '작가'가 되는 경험을 하게 되는 것 아닙니까? 책을 그냥 보급하는 게 아니고 말이죠. 너무 감동적인 프로젝트예요. 제가 문학평론가이다 보니까 이 프로젝트의 의미를 더 잘 이해할 것 같거든요.

폴 김 그렇습니다. 책을 다시 전달해주면서 아이들이 그 동네에서 스타가 되는 거지요. 전 세계를 돌아다니며 가는 곳마다 스토리 텔링 워크숍을 통해 수많은 이야기를 모았어요. 르완다의 HIV-에이즈 소년에 대한 이야기, 우간다 소년 군인에 대한 이야기, 난민촌에서 받아 온 스토리, 팔레스타인 가자에게서 받아 온 이야기, 인도의 비하르 같은 곳의 벽지에서 받아 온 불가촉천민 이야기, 멕시코 분쟁 지역에서 받아 온 스토리, 콜롬비아와 베네수엘라 국경에 살고 있는 원주민에게서 받아 온 스토리, 모든 이야기를 모아서 번역을 한 다음 영어로 또는 그 나라의 말로 또는 원주민 말로 책을 다시 출간해서 그 아이들에게 선물로 주었죠. 또 번역된 스토리들은 다른 나라에 가져가서 다른 나라 아이들이 읽게 했어요. 그래서 다른 나라에 대한 이해와 공감도 끌어내고 글로벌 이슈에 대해 이해하게 했죠. 그 과정에서 자원봉사자들에게 스토리를 편집할 기회를 주어서 그들이 아이의 사진을 보면서 번역한다든지 편집한다든지 스토리에 맞는 그림을 그린다든지, 재능 기부를 하는 자원봉사자들을 많이 확보했어요. 이 사람들이 '시즈 오브 임파워먼트 Seeds of empowerment' 의 자원봉사자들인 거죠.

프로젝트를 진행하면서 그 스토리들을 미국의 아이들에게 주어서 미국의 학교를 다니는 아이들이 기존의 전형적인 신데렐라 이야기를 벗어나 다른 나라 아이들이 쓴 진짜 스토리들을 읽어보게 했어요. 다른 나라의 아이들이 어떤 고통과 상황에서 공부를 하고 있는지, 혹은 왜 공부할 여건조차 안 되는지, 어떤 어려움과 도전 과제를 갖고 성장하고 있는지 이해해보고 공감해보자는 차원에서 미국 학교 학생들에게 이런 스토리들을 편집하고 그림을 그릴 수 있는 자원봉사의 기회를 주고 있죠. 그래서 모든 사람이 동참할 때 글로벌 이슈를 더 잘 이해하게 되는 거예요.

함돈균　　국가적으로는 고통을 치유하는 하나의 방식이 될 수 있고, 교육적인 차원에서는 자기 이야기를 쓰고 주체를 성장시키는 이야기가 되기도 하고, 조직화되는 방식에서 보면 세계시민 의식을 기를 수 있기도 하고, 세상의 입장에서 보면 이슈화해서 이런 일들이 있었다고 전하는 정치·사회 캠페인화하는 의무들도 있어서 그야말로 융복합 프로젝트네요.

폴 김　　그렇죠. 그래서 여러 군데서 전시를 해요. 그 나라의 미술관 같은 곳에 전시를 하기도 하고, 미국의 실리콘밸리에서도 전시를 통해 더 많은 사람이 이런 프로젝트들을 이해하고 또 도움을 주는 결정을 하기도 했어요. 그런 의식을 불러일으키는 시도도 많이 하고 있고요.

함돈균　　스토리들을 애니메이션으로 만들어서 웹사이트에 하나씩 올리는 것도 좋을 것 같아요.

폴 김　　그런 샘플이 올라와 있어요. 앱 스토어에 가면 저희 스토리를 읽어주는 앱이 있는데, 다는 아니고 샘플 몇 개가 있어요. 하나하나 하려면 사실 상당히 조직적인 자원자가 많이 필요한데 저희는 100퍼센트 자원봉사자이고 수당을 받고 일하는 사람이 아무도 없기 때문에 상당히 더디요. 그래도 일생을 통해서 '천일 스토리'를 하고 죽어야지 하는 생각도 할 수 있는 거니까요.

함돈균　　일생을 통해 이 프로젝트를 하겠다고 하시니 선생님 입장에서도 정말 'Tell us story to live'가 되겠네요. 이 프로젝트는 지금까지와는 다른 방식의 계기들, 다른 주체들하고 연결되면 다른 이야기가 생길 수도 있어서 또 다른 차원의 확장성을 가질 수도 있을 것 같습니다.

폴 김 그렇죠. 예를 들어 '월드 리더'라는 NGO하고 연결이 되면 400만 명의 어린아이들에게 저희 스토리가 보급되는 거잖아요. 그렇게 더 많은 사람이 알게 되고 더 참여하고 싶어지면 더 많은 학교가 동참하고 모금 활동이 잘돼서 더 많은 나라의 아이들이 프로젝트에 참여하고, 자원봉사를 투입할 수 있는 워크숍을 진행할 사람들이 더 많아지고, 어떻게 보면 상생하는 거죠.

함돈균 저도 한국에서 그런 계기를 확장시킬 수 있게끔 노력해보고싶네요. 한국 아이들의 '천일 스토리'가 생겨나면 더 좋겠다는 생각도 해보고요.

Chapter

7

질문하는 문화
학교, 기업, 나라가 달라지는 길

지속 가능성은 중단 없는 질문에서

함돈균 앞에서는 선생님께서 해오신 일들을 중심으로 실질적인 교육적 실천들에 대해 얘기를 들어보았습니다. 이번에는 그 말씀을 바탕으로 해서 조금 일반론을 얘기해볼까 합니다. 선생님께서 '지속 가능성 sustainability'에 대해 계속 강조를 하셨습니다. 테크놀로지 혁신, 교육적 실천, 아이디어의 현실화 등등 모든 영역에서요. '지속 가능성'의 문제를 이번에는 집중적으로 얘기해보고 싶습니다. 이 얘기를 아까 말씀하셨던 '시즈 오브 임파워먼트 Seeds of Empowerment'로 시작하셔도 좋겠습니다. 이 단체도 결국 지속 가능한 교육 운동을 위한 실행 조직이잖아요.

폴 김 그렇게 하지요. 제가 스탠퍼드 대학의 학부생들과 대학원생들을 데리고 다니면서 여러 군데서 교육 프로젝트를 해보니까, 우리가 없으면 운동이 잘 이뤄지지 않는다는 걸 곧 확인하게 되었습니다. 문제는 우리가 직접 할 때는 잘되지만, 여건상 이런 실천은 이벤트성으로 끝나는 게 상당히 많아서 안타까웠다는 거죠. 이벤트가 아니라 어떻게 하면 지속 가능한 변화가 계속 일어나게 할 수 있는가를 고민하다 보니까, 자원봉사자들이 필요하게 되었고, 그 자원봉사자들도 지역의 봉사자들이 기반이 되어야 오래 지속된다는 걸 알게 되었어요. 현지에서 혁신을 추진하려면 지역의 생태계를 잘 이해해서 혁신의 맥락화를 해내야 하는 부분도 당연히 있지만 지역의 봉사자가 지속적으로 열정·헌신해야 계속 진행될 수 있거든요. 그래서 지속 가능한 열정과 헌신이 있을 때만 혁신이 가능하다는 말씀도 드렸던 거고요. 따라서 지속 가능한 헌신을 할 수 있는 지역 커뮤니티의 주동적인 역할을 할 사람들을 찾는 게 운동의 중요한 시작이고, 그들이 스스로 자율성을 가지고 주위를 북돋을 수 있게끔 씨앗을 심고 자라서 퍼져 나가도록 하는 게 중요하다는 거예요. 그렇기 때문에 최초의 질문을 제가 던지고 그다음부터는 그들 스스로 질문을 하게끔 하고 그들이 자기 질문에 답을 찾게 하는 모델이 중요하다는 생각이 들어서 '시즈 오브 임파워먼트' 같은 모임도 만들게 된 것이죠. 이 단체는 지금까지 100퍼센트 봉사자들의 참여로 운영되었고, '월드 리더'와 같은 단체의 프로그램과 협업해서 400만 명의 어린이에게 닿을 수 있었어요.

함돈균　'지속 가능성'과 관련한 얘기를 폴 선생님 주변이라 할 수 있는 실리콘밸리의 기업 사례를 들어 얘기해주실 수도 있을까요?

폴 김 　실리콘밸리에서 지속 가능성의 문제는 역시 혁신의 문제이고, 항상 질문하지 않으면 순식간에 도태된다는 사실과 관련됩니다. 우버 Uber 하고 에어비앤비 Airbnb 같은 회사가 어떻게 생겨났는지 말씀드렸나 요? 실리콘밸리 쪽으로 컨퍼런스를 하러 오라는데 호텔 예약하기가 너무 힘든 거예요. 비싸기도 하고. 보통 사람이면 그런가 보다, 돈 더 내야지 하고 말았겠죠. 그런데 에어비앤비를 만든 사람은 과연 호텔만이 주요 선택지인가, 다른 숙박 선택지는 없는가 질문을 던진 거예요. 이런 환경에서 새로 나올 수 있는 옵션은 무엇인가, 자문하고 뒤뜰에다가 텐트를 치고 하룻밤에 20달러를 걸었더니 계약하는 사람이 있는 거죠. 20달러면 텐트도 좋고 화장실은 공유해도 좋다고 했다는 거예요. 그런 식으로 질문을 계속하다 보니 에어비앤비가 생겨난 거죠. 법적으로 가능한가, 비즈니스 모델은 과연 적절한가, 트렌드에 적절한 솔루션인가, 질문을 계속했기 때문에 에어비앤비라는 회사가 생겨나고 현재 1억5천만 명의 유저가 생겨났어요. 질문하지 않으면 혁신적인 아이디어는 절대로 나오지 않습니다.

우버도 마찬가지예요. 택시나 렌터카 등 여러 가지 옵션이 있지만 이것이 과연 가장 적절한 옵션인가, 질문한 거예요. 또 밀레니엄 세대들은 차를 안 산다는 새로운 증후도 포착했지요. 그러니까 적절한 시기에 적절한 질문을 했기 때문에 적절한 솔루션이 나왔다고 볼 수 있어요. 지금은 없어진 기업들 가운데 블록버스터 Blockbuster 라고 비디오를 렌트해주는 회사가 있었어요. 가게에 가서 비디오를 렌트해서 집에서 보고 갖다 주고, 반납 날짜까지 돌려주지 않으면 연체료를 내는 회사였죠. 그런데 넷플릭스 Netflix가 나타나면서 우리는 연체료를 없애겠다, 비디오 하나 가져가고 갖다 주면 그때 새로운 비디오를 다시 볼 수 있다고 홍보했어요. 비디오를 보고 싶은 만큼 보고 연체료도 없고, 갖고 오고 싶을 때 갖고 오고, 다른 비디오도 가져갈 수 있다고 생각한 거죠. 그렇게 질문을 거듭하며 넷플릭스가 탄생했는데, 이러니 그 전의 시장 지배 기업이던 블록버스터는 당연히 도태될 수밖에 없었죠. 블록버스터의 경우 질문하지 않은 거예요. 현 상황에 변화된 것은 무엇인가, 패턴은 무엇인가, 트렌드는 어떻게 바뀌는가, 묻지 않은 거죠.

특히 미디어나 테크놀로지 관련 산업에서는 시계 속도clock speed가 상당히 빨라요. 그래서 질문하는 횟수도 많아야 하고, 자주 해야 하고, 또 다른 식으로 말하면 사회 자체가 많은 질문을 해야 하는 사회로 변화된 거라고 할 수 있습니다. 그런데 그런 변화된 사회에서 질문이 없거나 빨리빨리 묻지 않고 질문 빈도가 낮을수록 시계 속도가 느릴수록, 지속 가능성과는 거리가 멀어지고 도태를 경험할 수밖에 없게 됩니다. 어떤 산업인지, 그 산업에서 시계 속도가 어떤지를 잘 알아서 그에 맞는 질문 빈도, 질문의 양, 질문의 품질을 항상 체크하고 있어야만 살아남는다는 거예요. 한국의 기업들이 가끔씩 찾아와서 저에게 다음 먹거리는 무엇이냐고 많이 물어봐요. 그런데 대답해줄 수가 없잖아요. 저도 정답은 잘 모릅니다. 하지만 그런 요청이 올 때마다 항상 얘기하는 게 있어요. 어떤 질문을 하고 있습니까, 직원들이나 매니저들이나 관리자들이나 경영진이 어떤 질문을 하고 있는지 한번 모아보세요. 최고 경영자들만 하지 말고 밑에서부터 모두 질문을 해서 그것의 랭킹을 만들어서 가장 중요하다고 생각하는 것을 크라우드 소스 해보세요. 이것이 제가 하는 조언이에요. 아무리 말단 직원이라도 충분히 질문할 것이 있을 테고 그 질문이 기업의 존립을 결정하는 데 큰 역할을 할 만한 질문이 될 수도 있거든요. 질문하는 문화가 있어야 기업이 살아남고 시계 속도가 점점 더 빨라지는 미래 사회에서 경쟁력 있게 나아갈 수 있다는 거예요. 그래서 문제 제기하는 것을 두렵지 않게 하는 문화가 필요해요. 그런데 아마도 많은 기업에서 '어리석은 질문'을 하면 욕을 먹거나 잘리거나 하겠죠.

구글에서는 직원 모두가 질문을 마음대로 할 수 있는 도리^{Dory} 라는 시스템을 사용해요. 직원들이 마음껏 질문하고, 직원 투표로 상위에 올라오는 질문에 대해서는 CEO 등 최고 책임자들이 직접 공개적 답변을 하는 시스템이죠. 그러다보니 문제점, 새로운 아이디어들이 빨리 공유되고, 충분히 논의되며, 책임자는 답변을 할 수 있게 됩니다. 좋은 시스템이며 기업문화죠.

함돈균　　　한 조직 전체가 문제를 생각해보는 질문을 하고 그것을 모아 랭킹을 만들어본다는 건 참 좋은 생각이네요. 질문이라는 게 아래에서 보는 것과 위에서 보는 것에 따라 다를 테고, 각기 다른 입장에서의 질문이라면 한 조직이 생각할 수 있는 가능한 모든 각도에서의 질문일 테니까요. 그런데 '어리석은 질문'도 커트가 되겠지만, 실은 너무 영리한 질문이라서 한 조직이나 사회 문화가 잘 못 받아들이는 때도 많죠. 현재의 핵심과 기득권을 건드리는 질문인 경우가 많으니까요. 이런 질문은 조직과 사회 문화의 혁신과 장기 지속을 가능하게 하려는 목적의 질문이지만, 아마 기득권의 관점에서는 현재를 위협하는 질문처럼 보는 것 같아요. 그래서 문제의식을 가지고 있는 사람을 꺼려요. 특히 제가 경험하고 있는 한국 사회는 거의 모든 사회 영역에서 그런 분위기와 태도가 팽배한 것 같습니다.

폴 김 질문을 마음대로 하고, 그것을 자신 있게 공유할 수 있는 문화를 마련해줘야 하는데, 저는 그게 바로 리더십의 역할이라고 생각합니다. 왜냐하면 그런 질문을 수렴할 수 있는 위치가 사실 조직의 리더이기 때문이지요. 그런데 매니저나 리더, 직원 모두가 학교에서 그런 문화를 공부한 적이 없어요. 그러니 어떻게 조직에 와서 갑자기 그런 문화를 만들겠어요. 못 만들죠. 그러니 이런 문화의 문제는 따지고 보면 리더십 부재의 상태를 의미하는 것이기도 합니다.

국가도 마찬가지예요. 그렇게 질문을 당당하게 해도 개인이 손해가 없고 생존에 위협을 받지 않는 국가가 지속 가능한 국가가 되고 혁신을 추구하는 국가가 되는 거예요. 국가가 질문을 꺼리고 국가 지도자에게 질문을 못 하고 눈치보는 문화가 형성되면, 혁신적이고 주도적인 개발을 하거나 선도할 수 있는 국가로 발전할 수 없다는 거죠. 학교든 기업이든 국가든 결국 다 똑같아요. 수동적이고 암기식이고 질문하지 않는 문화에서 수동적인 학생으로 살다가 수동적인 직원으로 일하고 수동적인 리더, 수동적인 국민이 되는 거예요. 결과적으로 꽉 막힌 우물 안의 학교, 우물 안의 기업, 우물 안의 국가가 되는 거죠. 그러면 시계 속도가 느려지고 서서히 파산합니다. 그렇기 때문에 국가적 차원에서 전 사회적인 차원에서 질문할 수 있는 문화를 지속하게 하는 것이 또한 중요합니다.

함돈균 말씀을 듣고 보니까, 사회 전 영역에서 삶의 지속 가능성을 보장하는 필수 조건으로서 질문하는 문화를 형성한다는 게, 결국 정치적으로 보면 생활 민주주의의 구현과도 연관이 있다는 생각이 듭니다. 어떤 차원에서건 누구건 문제를 제기할 수 있고 의견을 제시할 수 있고 다양한 의견들이 존중되고 공존할 수 있으며, 리더의 입장에서는 그런 생각의 공존을 유지시키고 수용하는 포용력 있는 리더십과 소통 능력을 갖추는 일이라는 게, 바로 생활 속에서 민주주의적 삶을 실제로 구현하는 일이 아니겠습니까. 그것은 동시에 절대적 믿음이나 근거 없는 신념을 따져보는 생각의 우상 타파와 관련된다는 점에서, 필연적으로 지성적 문화의 형성과도 밀접한 관련이 있다고 생각합니다. 저는 인문 예술 교육을 하면서도 민주주의 제도의 양면성을 거론할 때가 종종 있습니다. 저에게 민주주의적 삶이라는 것은 정치의 원리이기 전에 지성적 삶의 원리로 이해되는 면이 있기 때문이죠. 저는 선생님이 말씀하신 자유로운 질문 제기가 가능한 사회 문화의 문제를 민주주의의 관점에서 이해할 때에도 언론의 자유라든가 이런 면보다도 근거 없는 맹목적 신념을 따져보고 해소하게 하는 지성의 원리라는 차원에서 우선 더 중요하다고 봐요. 그런 차원에서 다수결의 원리라는 게 생각 없는 다수의 폭력이 되는 경우도 적지 않기 때문에 제도로서의 형식적 민주주의가 지닌 야누스적인 측면도 늘 걸리죠. 한편 선생님의 지속 가능성과 질문의 중요성은 최근 몇 년간 한국 사회가 정치적으로 시민의 의견과 언론을 엄청나게 억압하는 사회였는데, 지금 '나라가 망했다'는 판단이 드는 상황이다 보니 더 절실하게 들리기도 하는군요.

폴 김　　그래서 제가 나라의 흥망은 조직 체계에 달려 있다고 말하는 겁니다. 조직이 어떤지를 봤을 때, 열린 체계인가 닫힌 체계인가 중요하고, 열려 있을수록 더 다양한 아이디어가 제시되고 다양한 질문들이 제시되고 다양한 답들이 제시될 수 있는 체계일수록 성공할 수 있다는 거죠. 좀 더 구체적으로 이야기한다면, 어떤 가치를 최상의 가치로 생각하느냐가 굉장히 중요하고, 그걸 계속 되물어야 한다는 거예요. 그런데 조직의 가치라는 건 '집단의 가치 지각collective value perception'이거든요. 많은 사람이 협력적으로 생각할 때 가치가 어디에 있는지, 과연 돈 많이 버는 배부르게 사는 사회만이 가치 있는 사회인지, 그런 국민들이 추구하는 국가는 어떤 국가가 될 것인지, 또 다른 면에서 집단의 가치 지각에 있어 좋은 대학만 가면 된다는 식의 부모의 가치가 과연 어떤 인간을 만들고 어떤 사회를 구성하게 하는지, 우리나라도 그런 집단의 가치 지각에 대해 이야기를 할 때가 된 것 같아요. 과연 이게 올바른 가치인가 질문해야죠. 남이 하는 것을 무작정 따라 하는 맹목적인 방식, 질문 없음, 다양성에 대한 두려움이 지금 너무 현저히 광범위하게 퍼져 있어서 대한민국에 아주 큰 장애가 되고 있다고 봅니다.

함돈균   선생님은 대한민국보다 더 열악한, 그런 형태의 의문을 제기할 수 있는 가능성조차 잘 인지되지 않는 곳에서 교육을 통해 길잡이를 하셨잖아요. 지금 한국의 상황에서 사회 전환을 유도할 수 있는 일종의 멘토링이 어떻게 가능할까요? 이렇게 과정이 닫혀 있는 사회, 질문하기 어려운 사회, 물질의 급속한 성장에 비해 정신이 그에 따라오지 못하고 또 다른 일방통행으로 질주하는 사회, 또 교육체계가 그걸 부추기거나 질문을 망각시키고 있다고 할 때 전환을 위해 어떤 방법이 있겠습니까?

폴 김　　제일 중요한 것은 무조건 어린아이 때부터 무언가를 시작해야 한다는 겁니다. 가치관 형성에서 집단의 가치 지각이 이미 형성된 후에는 변화시키기가 너무 힘들어요. 아주 어린아이 때부터 좋은 생각의 습관을 들이고 그런 문화에 익숙하게 하는 것이 중요해요. 그래서 교육은 처음에 어떻게 시작하느냐가 정말 중요한 거예요. 제가 항상 이야기하는 것이 아이들을 어떤 자극이나 환경에 노출되게 할 것이냐가 중요하다는 거지요. 아이들이 자라나면서 숨 쉬고 먹고 마시고 보는 그 환경을 어떻게 해주느냐에 따라 아이들의 지각perception이 달라지거든요. 예를 들어 어느 시골 동네의 개발도상국에 갔더니 여자를 막 때려요. 그런 모습을 보고 자란 아이들 머릿속에는 어떤 지각이 생길까요. 돈만 주면 다 되는 사회라는 지각이 받아들여지고 그게 당연한 논리라고 생각하게 하는 그런 자극에 노출되는 상황에 있다면요? 그러면 그런 지각하에 자라고 성장해서 그와 비슷한 지각을 지속적으로 갖게 되는 거죠. 그래서 이런 교육 문제는 사실 아주 어렸을 때부터 어떻게 자극을 주고, 어떤 가치 지각을 갖게 하느냐가 아주 중요해요.

　스마일SMILE 프로젝트도 최대한 어린아이 때부터 하라고 권장하는 이유가 5세 때 질문을 가장 많이 한다는 연구 결과 때문이에요. 2~5세 사이에 4만~5만 개의 질문을 하는데, 아이가 초·중·고등학교를 지나면서 질문 수가 급격히 하락합니다. 그리고 사회에 나가서는 질문을 전혀 안 해요. 왜 그렇겠어요? 주입식 교육이 아이를 망쳐놓고, 질문하는 문화가 아닌 데에서 살게 하기 때문이에요. 강하게 표현하면 범죄나 마찬가지예요. 모든 나라가 그렇지는 않겠지만 많은 나라에서 현재 행하는 공교육을 저는 범죄라고 봅니다. 사람을 저렇게 질문하지 않는 수동적인 존재로 키우니, 어떻게 보면 독재 국가를 유지하는 데에 아주 적절한 교육 방법이죠. 그런데 문제는 워크숍 하러 여러 나라의 동네를 돌아다녀 보면, 후진국일수록 어른들이 어린이들에 대한 믿음이 없는 것을 많이 봐요. 그런데 실제는 정반대라는 거죠. 아이들일수록 지성 능력의 척도가 되는 질문의 숫자가 많고 질문이 창의적입니다. 어른이 되면 될수록 생각이 고립되어서 안 되리라는 생각을 먼저 하는 데에 비해, 아이들은 안 되는 게 뭔지 몰라요. 아직 그런 집단적인 지각 체계를 많이 안 봤고 그런 지각이 덜 침투해 있다는 거지요. 그렇기 때문에 어떤 사안에 접근할 때 상당히 열려 있는 접근을 하고, 상당히 많은 질문을 하고, 상당히 많은 가능성에 대해 이야기할 수 있는 거예요.

함돈균　우리말에 '부적을 모르는 도깨비'라는 게 있는데 그 도깨비가 제일 무섭다고 하시던 지인 선생님 말씀이 떠오르네요. 본래 부적을 붙여놓으면 도깨비가 안으로 못 들어오는데, 부적을 못 알아보는 도깨비는 그게 부적인지를 모르기 때문에 한계 없이 그 안으로 들어간다는 거예요. 어느 집에나 제한 없이 다 들어간다는 거죠. 어린아이가 부적을 모르는 도깨비란 생각이 듭니다. '집단의 가치 지각'에 상대적으로 자유로운 아이들이 제한 없는 질문을 던질 수 있으니 말이죠. 어른들의 입장에서 보면 그 제한 없음이 기존의 생각들, 기득권을 위협할 수 있는 것일 수도 있겠죠. 그런데 이제 의문이 하나 더 생겨요. 선생님은 교육철학에 있어 아이에게 포커스를 주로 맞추시는 말씀을 많이 하시는데 어른들은 포기하시는 건가요?

폴 김　아니죠. 어른들도 어려서 비타민을 잘 못 먹어서 허약했어도 나이 들어서라도 다시 약을 잘 먹고 운동하면 건강해질 것 아니에요. 똑같죠. 교육도 하나의 언어라고 생각하면 돼요. 언어라고 생각하고 자꾸 습득하고 자극을 받고 참여하면, 결국은 훌륭한 역할을 담당할 수 있게 되지 않을까 생각해요. 어른이라고 포기하면 안 되죠.

4E가 곧 교육

함돈균　그럼 교육과 학교에 대해 아까 말씀을 많이 해주셨지만, 학교를 만든다면 최종적으로 무엇을 하는 어떤 형태의 학교가 가장 이상적인 학교일까요? 선생님의 관점에서는 질문하는 학교, 질문의 질을 높이는 학교, 질문하는 분위기를 편하게 해주는 학교가 최종적인 목표이면서 과정이 되게끔 하는 그런 것이 되겠네요.

폴 김　그렇기는 하지만 그렇게 얘기하면 너무 추상적이고 유토피아적인 학교 아닌가 하는 생각을 할 수 있어요. 구체적으로 이야기해야 해요. 처음에는 그런 것을 접할exposure 수 있게 해주어야 하고요. 참여할engage 수 있게끔 해야 하고 실험experiment 할 수 있게 해야 해요. 그다음에 교육에 대한 자율권empowerment을 스스로 가질 수 있게 해야죠.

함돈균　exposure, engage, experiment, empowerment. 4E네요. 그러니까 4E가 교육education이라고 정리할 수 있겠네요.

폴 김 그렇다고 할 수 있겠죠. 그런 점에서 제가 현실에서 테크놀로지를 이용하여 그런 교육적 이상을 좀 더 미래 지향적 차원에서 실험해보려던 강의인 무크MOOC: Massive Open Online Course 사례를 잠깐 소개해볼게요. 여러 나라에서 프로젝트들을 진행하고 스탠퍼드에 돌아와서 이런 경험과 교육적 고민을 확장하는 모델이 없을까 고민하던 중에 무크 아이디어가 생각났어요. 제가 스탠퍼드에 '새로운 교육 환경을 디자인하다designing a new learning environment'라는 수업을 개설했어요. 이 수업 개설 소식을 트위터, 페이스북 같은 소셜 미디어 채널을 통해서 알렸는데, 전 세계 170여개 국가에서 2만여 명의 학생들이 이 수업에 등록을 했죠.

함돈균 전 지구적 온라인 개방 대학 강의군요. 스탠퍼드 대학에 개설했는데 다른 학교 학생들도 들을 수 있는. 학점은 있는 건가요?

폴 김 네. 누구나 들을 수 있어요. 학점은 없지만 수업 이수증certification은 있어요. 성공적으로 마친 학생에 한해서요. 무크를 개설해 '새로운 교육 환경을 디자인하다' 강의에 누구든지 참여해서 함께 새로운 교육 환경을 만들어보자는 것이 목표였어요. 2012년 가을이었죠. 170여 개 국가에서 2만여 명의 학생들이 등록을 했고, 그러니까 이 학생들이 어디서 오는지 갑자기 빅 데이터가 생긴 거예요. 등록을 하려면 프로필을 작성해야 하거든요. 파키스탄의 라호르, 마다가스카르, 전에는 가보지도 못하고 듣도 보도 못 한 지역에서 학생들이 등록을 한 거예요. 그래서 이 개설 정보를 어떻게 찾았을까 하는 생각도 좀 해봤어요. 어떻게 그 짧은 시간에 170여 개 국가에서 2만여 명이 등록을 했을까 생각을 해보니까 '새로운 교육 환경을 디자인하다'라는 제목이 전 세계적으로 상당히 많이 공감되는 제목인가 봐요. 모든 나라에서 많은 사람이 교육에 대한 관심이 엄청난 거죠. 등록한 학생들의 프로필을 대략 보면 물론 대학원생도 있고 선생님도 있고 정치인도 있고 교수도 있고 다양한 사람들이 등록을 했더라고요. 처음 수업을 개설할 당시 제가 탄자니아에 있었어요. 탄자니아 시골에 있는데 휴대전화에 신호가 들어와요. 거기서 제가 메시지를 보낸 거죠. '환영합니다, 학생 여러분. 이 수업을 듣게 된 것을 환영합니다. 첫 번째 주제는 서로 소개하는 것부터 시작합시다. 온라인 시스템에 들어가서 자기소개를 하고 어떤 프로젝트에 관심이 있는지 얘기합시다.'

함돈균 엄청난 사건이고, 수업 개설 자체가 대단한 프로젝트네요. 그런데 2만 명이라니, 그들이 그런 소개를 다 하고 수업에 참여한다는 말입니까?

폴 김 네, 다 해요. 첫째 주에는 서로 소개하고 서로를 알아가는 과정인 거죠. 둘째 주부터는 팀을 구성하는 거예요. 서로 프로필을 서치하는데 그 안에서는 시스템이 찾는 게 수월해요. 어떤 사람의 프로필에 어떤 단어가 있다고 하면, 예를 들어 'co-operation'이라고 치면 'co-operation'이라는 단어가 들어간 사람들의 프로필이 다 나와요. 컴퓨터에 미리 프로그래밍되어 있어요. 서로 그걸 공유하고 찾기가 쉽죠. 그래서 팀을 만들라고 했거든요. 팀이 엄청나게 많이 생겼어요. 2만 명의 학생들이 팀을 만들었으니까요. 제가 팀 규모는 한정하지 않았기 때문에 어떤 팀은 50명, 어떤 팀은 네 명이래요. 그리고 팀을 아직 구성하지 못한 사람들은 시스템이 해줍니다. 버튼을 누르면 비슷한 키워드가 많이 매칭되는 사람끼리 자동으로 팀을 만들어줘요. 처음 제가 강의를 개설하면서 소개 영상에 여러 나라의 상황들이나 사진들을 올렸어요. 인도, 아프리카, 남아시아, 남미 사진들을 보여주면서 공감대를 형성하게 했던 거죠. 그러면 '우리 동네 사진하고 비슷하네. 재밌겠다, 뭐라고 하는지 들어보자' 그런 식으로 해서 학생들이 등록을 한 거고요.

그렇게 시작을 했는데 제가 상당히 놀란 부분이, 사실 중국 같은 곳은 유튜브나 구글이 작동 안 돼요. 다 막혀 있어요. 그래서 뒷문으로 유튜브를 보지요. 중국 학생들이 이걸 어떻게 찾았는지, 비디오하고 내용을 보며 중국어로 통역을 해서 유쿠^{Youkou} 같은 곳에 제 수업을 올린 거예요. 비용도 많이 들어서 저는 시킬 수도 없는 일인데 말이죠. 비디오 강의를 다 듣고 통역해서 다시 올리려면 비용도 들고 시간도 오래 걸릴 텐데 그런 게 삽시간에 생기더라고요. 그리고 아랍 쪽의 아이가 똑같이, 아랍어로 통역해서 올렸어요. 스페인어로도 올리고 다른 말로도 올라왔어요. 보고 있으니까 '왜 이러지? 왜 이렇게 관심이 많지?' 생각이 많아졌어요. 어떻게 보면 '시즈 오브 임파워먼트'가 확장된 거라고 할 수도 있죠. 이 친구들이 실은 자원봉사자인 거나 마찬가지인 거예요. 자기 노력과 비용을 들여서 교육적 활동을 스스로 전개하니까요. 교육에 대한 관심과 열정으로 참여한 각계각층의 사람들 2만 명이 모이다 보니까 교육을 공유하고 싶은 거예요. 자기네 나라에서 자기네 말로. 그런 식으로 자원봉사자들이 번역을 했어요.

함돈균　　그때 한 학기만 하셨어요?

폴 김　10주 동안 했죠.

함돈균　구체적인 콘텐츠는 뭐였습니까?

폴 김　말 그대로 '새로운 교육 환경을 디자인'하는 수업(학교) 디자인 프로그램이지요. 콘텐츠를 보면 제가 했던 교육 프로젝트들에 대한 소개가 나오고 그쪽에 관련된 강사들, 하버드대 교수, 실리콘밸리의 이노베이터, 이런 사람들이 한마디씩 하는 거예요. 교육을 혁신하려면 무엇이 중요하다, 교육 환경을 새로 디자인하려면 무엇이 중요하다, 하는 말들이 비디오에 들어가 있죠. 그 비디오들을 다 봐야 하고 제가 한 프로젝트도 이해해야 하고 서로 그걸 공유하고 팀을 구성해서 새로운 교육 환경을 디자인한 다음 프레젠테이션을 해야 해요.

함돈균　온라인상으로 다 하는 거죠?

폴 김　온라인상으로 다 하죠. 지역에 따라서 자기들끼리 만날 수 있으면 만나기도 하고요. 파키스탄에 사는 사람들끼리 밥 먹고 사진을 올리거나, 서울에서 듣는 학생들은 서울에서 만나서 같이 회식하고 '우리 수업 듣고 있어요' 이러면서 사진을 올리더라고요.

함돈균　계속하시면서 사이트를 오픈했으면 교육 혁명의 플랫폼이 될 수 있었을 것 같은데요.

폴 킴   그럴 수도 있었겠죠. 그런데 저는 일단 실험을 해보고 싶었던 거고 그걸 통해서 사실 많은 파생물이 생겨났어요.

함돈균   어떤 겁니까?

폴 킴   자기들끼리 NGO를 만들었죠. 마음 맞는 사람들을 찾아 공유하고 팀으로 일하다 보니까.

함돈균   프로그램 자체가 네트워킹 역할을 한 거네요.

폴 킴   엄청난 네트워킹 역할을 해준 거죠. 글로벌 네트워크를 형성해준 거고요. 책으로 출판되기도 했어요. 그리고 그걸 통해서 팀 프로젝트들이 생겨나고, 창업한 케이스도 있죠.

함돈균   어떤 회사가 창업될 수 있을까요?

폴 킴   교육 환경을 디자인하는 데 필요한 새로운 에듀케이션 소프트웨어 개발, 새로운 에듀케이션 게임 개발, 새로운 NGO의 개발, 이런 여러 가지 파생물들이 많이 나왔어요.

함돈균   참여자들에게 관련된 새로운 일을 할 수 있는 아이디어들을 촉발시켰군요.

폴 김 그렇죠. 수업에 참가하면서 결과물이 새로운 파생물로 탄생하게 된 거예요. 그러면서 많은 사람이 제 프로젝트를 알고 참여하게 되고 많은 자원봉사자가 '시즈 오브 임파워먼트'에 합류하게 되고요. 거기에서 하고 있는 '천일 스토리'의 그림을 그리고 색을 입히고 편집하는 과정에 참여하게 된 거죠. 그래서 6천 명이 숙제를 다 잘하고 팀 프로젝트를 잘해서 이수증을 받았어요.

함돈균 6천 명을 어떻게 체크하십니까? 사실은 2만 명이었겠지만 말이죠.

폴 김 강의 프로그램 시스템이 그렇게 설계되어 있어요. 얼마나 참여를 잘했고, 과제를 잘 냈고, 팀을 잘 구성했고, 팀 프로젝트를 잘했는지 그 팀에서 서로 평가가 있어요. 누구는 잘 안 했는데도 똑같이 졸업하면 싫잖아요. 팀원들끼리 서로를 평가하는 거예요. 누구는 5점 만점에 4.5점, 이런 식으로 서로 평가하게 하고 팀끼리도 평가하게 했어요. 그렇게 평가가 많이 이루어졌죠. 그리고 프레젠테이션을 한 후에도 학생들이 그걸 평가를 해야 해요. 평가해서 점수를 매기는데, A팀과 B팀이 있다고 하면 A팀은 B팀을 평가해야 하고 B팀은 A팀을 평가해야 해요. 그런데 한 프로젝트를 최소한 다섯 개 이상의 팀이 평가를 해야 해요. 어떻게 보면 '크라우드 소스 평가'인 거죠. 그런데 평가를 하기 전에 뭐가 있는가 하면 샘플 프로젝트를 하나 놓고 제가 그걸 평가해요. 이건 이래서 잘했고 저래서 잘했고 이건 부족하다고 하는 평가를 하죠. 그와 똑같은 것을 롤모델로 해서 모든 학생이 그걸 평가하게 해요. 그러면 학생이 평가한 것을 보고 '잘했어, 내가 평가한 것하고 비슷해'라고 제가 판단하면 이 학생은 바로 다른 팀의 프로젝트를 평가할 능력이 되는 거예요. 만약 평가가 잘 안됐으면 다른 모델을 하나 또 주고 내가 평가한 것과 다시 비교해요. 분석을 했더니 이 학생이 평가를 잘했어요. 그러면 통과고 그렇지 않으면 또 다른 3~4개의 프로젝트를 평가해서 교수가 평가했을 때는 어떻게 평가할 것이라는 것과 학생들이 평가할 때는 어떻게 평가해야 한다는 것을 최대한 가깝게 맞추는 거죠. 그런 식으로 2만 명이 참여해도 크라우드 소스 평가를 하기 때문에, 교수의 평가와 그렇게 다르지 않다는 거예요. 그런 시스템이 구현되어 있는 거죠.

'바보 셋 문수 하나', 아이들은 '애'가 아니다

함돈균 평가하는 능력 자체를 교육 과정의 일부로 구현하고 있네요. 일종의 판단 능력인데, 그건 사실 잠정적으로는 이후에 이런 종류의 프로그램 디렉터를 키우는 일이기도 한 것이죠. 한편 그런 방식의 크라우드 소스 평가는 그 자체로 흥미롭네요. 가치 판단이나 분석에 있어서도 여럿이 모이면 교수의 판단처럼 기본적인 수준에 비슷하게 도달한다는 지표가 되기도 하니까요. 불교에 '바보 셋, 문수 하나'라는 말이 떠오릅니다. 문수보살이 지혜를 상징하는 보살인데, 바보 셋이 모이면 그 지혜가 비등해진다는 뜻이죠. '시민행성'에 불교 철학 전공하시는 선배 선생님이 그 얘기를 해주셔서 참 흥미로운 얘기라고 생각하고 종종 떠올리는 말인데, 지금 선생님 방식이 바로 그거라는 생각이 들었어요.

폴 김　　그런 얘기가 있나요. 참 재미있네요. 그 이야기를 하시니까 생각나는 일이 있어요. 인도에서 모바일 러닝 프로젝트를 하면서 궁금했던 게, 1인 1기기냐, 3인 1기기냐, 7인 1기기냐, 이런 것에 관심이 있었거든요. 어떻게 해야 지식의 공유가 가장 빠를까 궁금했어요. 그걸 실험해보기 위해서 먼저 열 명 모두에게 기기를 하나씩 주고 집에 가서 해보라고 한 다음, 아이들이 어디까지 해내는지 시간을 쟀어요. 그러고 세 명당 기기를 하나씩, 일곱 명당 기기를 하나씩 주고 해보라고 했어요. 그랬더니 세 명당 기기 하나인 그룹이 제일 빨라요. 그다음이 일곱 명당 하나, 그다음이 한 명당 1기기. 혼자서 뭔가를 하려고 하는 그룹이 가장 느리다는 거예요. 일곱 명은 사람이 많으니 아이디어는 확확 나오고 다 좋은데……

함돈균　　그것도 적정 수준이 필요한 거죠.

폴 김　　그렇죠. 아이디어를 조합하는 적정 매직 넘버가 또 있는 거예요. 그 결과를 제가 논문으로 발표했어요. 매직 넘버는 3, 세 명이 일곱 명보다 낫고, 한 명보다는 일곱 명이 낫지만 적절한 아이디어는 세 명이 하는 게 가장 효과적이더라는 내용이었죠. 브레인스토밍을 하고 모바일 러닝을 배워서 스스로 깨우쳐나가는 과정이었어요.

함돈균　　매우 흥미로운 결과군요. 교육공학적으로도 보면 아마 가장 적정한 효과를 내는 형태로, 교실 안 학생의 숫자라든가 브레인스토밍 적정 인원이라든가, 팀플레이의 유효 숫자 같은 게 분명 있을 거예요. 그런 교육적 통계가 있다면 현실의 조직 체계에서도 응용할 부분이 생길 수 있겠죠. 그런데 무크의 이런 프로그래밍 세팅은 원래 어떻게, 누가 만든 건가요?

폴 김 스탠퍼드 대학의 교수가 만들었어요.

함돈균 이 코스를 위해서 만든 거예요?

폴 김 아뇨, 그런 건 아니고. 그런 시스템 만드는 걸 좋아하는 사람이에요. 저하고 만나 이야기하면서, 이런 수업을 하려고 하는데 어떻게 하면 좋겠느냐, 그런 시스템에는 이런 수업이 딱이다, 하면서 '새로운 교육 환경을 디자인하다'라는 수업을 넣고 돌려본 거죠.

함돈균 저는 이런 강의를 계속하셨으면 좋겠어요. 아직 참여하지 못한 사람들도 굉장히 많고 하고 싶은 사람도 많을 텐데, 교육 혁명의 한 플랫폼이 될 수 있을 것 같은데요. 저도 개설해보고 싶은 강의네요.

폴 김 제가 도와드릴게요. (웃음)

함돈균 이런 놀라운 일이 테크놀로지에 의해서 가능해진 거네요. 테크놀로지가 부분적인 변수가 아니라 결정적인 변수, 아니 이제는 교육에 있어서도 하나의 상수로 놓고 봐야 하는 부분이 있는 것 같고, 앞으로 그 부분은 더 강화되고 확장되어갈 것 같습니다.

폴 킴   그렇죠. 테크놀로지에 대한 주목이 필요합니다. 또 재미있었던 것은, 이 실험에서 연령을 제한하지 않았다는 거죠. 사회적 위치나 학력 다 상관없이 마음대로 누구나 와서 참여할 수 있게 되었잖아요. 그랬더니 중학생이 팀 리더를 한 케이스도 있었는데 그 팀 안에는 박사도 교수도 있는데 중학생이 팀 리더의 역할을 참 잘했어요. 각자의 팀원들이 동등하게 참여해서 최소한 해야 할 의무를 다하게 하는 것이 팀의 리더 역할이잖아요. 계속 상기시키고 메시지를 전달해서 다들 참여를 잘하게끔 하고, 또 서로 긍정적인 피드백을 주고받게 하는 역할을 하는 팀 리더 중에 중학생도 있었던 거예요. 성공적으로 잘해내서 별 다섯 개를 받기도 했어요. 그런 것도 재미있어요. 교육 환경이라는 게 전 세계가 항상 몇 살에서 몇 살까지는 무엇, 몇 살에서 몇 살까지는 무엇, 이렇게 역할과 권한을 정해놓잖아요. 그런데 꼭 그렇지 않은 기회의 동등성도 이 수업을 재미있게 하는 것 같아요. 연령의 다양성이 그 아이에게도 팀 리더가 될 수 있는 기회를 제공하니까요.

함돈균   제도권 학교에서는 같은 나이로 똑같이 학년을 매긴다거나, 학년이 올라간다든가 하는 획일화된 표준이 있는데, 그런 형태를 파괴한 거네요.

폴 킴   물론 그런 표준^{norm}이 필요한 데도 있어요. 하지만 그렇지 않은 데도 있다는 거죠. 특히 새로운 아이디어를 생성하게 하려면 그런 기준이 문제가 될 수 있어요. 기업 또한 제대로 질문 잘하는 아이를 이사급으로도 쓸 수 있어야 한다는 게 제 생각입니다. 저는 그 사실을 전혀 의

심하지 않아요. 생각에 제한이 없는 질문을 하는 아이들이 필요해요. '그렇게 하면 안 돼요?' 하고 황당한 질문을 할 때가 있어요. 그럼 어른들이 생각해봐요. '어, 생각해보니 그러네. 그렇게 해보면 안 되는 것도 아니잖아' 깨닫는 거죠. 물론 모든 아이가 다 기발한 아이디어를 많이 내는 건 아니에요. 질문을 많이 하는 아이들이 그렇게 할 수 있는 거죠. 그래서 미래의 학교는 학교가 디자인 랩design lab이 되는 게 맞는 거예요. 학교가 사회나 기업의 제품과 서비스 아이디어를 디자인하는 연구실-회사가 되는 거죠.

함돈균 부산에 '인디고 서원'이라는 데가 있어요. 지역의 작은 서점이죠. 한국 출판 시장이 교보문고 같은 대형 서점 외에는 지역 서점이 거의 다 없어졌다가, 최근 취향에 따라 시집만 팔거나 동화책만 팔거나 인문학 서적만 팔거나 하는 식으로 굉장히 작고 독특한 서점들이 생기는 트렌드가 형성되었어요. 그런 작은 서점, 독특한 서점들이 생기는 데 선구적인 역할을 하고 영향을 준 서점 가운데 하나가 부산의 인디고 서원이에요. 10년 전에 청소년 인문학 전문 서점으로 출발해서 이제는 책만 파는 게 아니라 지역의 중요한 인문적 거점이 되는 역할을 하고 있어요. 그런데 거기 활동과 운영 자체를 아이들이 다 해요. 어른이 있다고 해도 인디고 서원 출신 '청년'들이죠.

폴 김 아이들이라면?

함돈균 주로 중·고등학생들이죠. 부산에 제가 인터뷰도 갔었는데 심지어 질이 높은 영문판 국제 저널도 냅니다. 그 아이들이 거기서 공부하고 자라서 청소년이 되고 세미나 같은 것도 열리고 하니까 그 서점이 지역의 인문적 거점이 되는 거예요. 대학생이 되었다고 서울로 가서 큰 기업에 취업하는 게 아니라, 졸업한 다음에 다시 그곳으로 돌아와요. 돌아와서 서점을 운영하는 주체가 되는 거죠. 그런데 거기서 있었던 재미난 일이 인디고 서원 주최로 지역의 학자, 고위 공무원 뭐 이런 사람들도 참여한 인문 행사를 진행하는데 사회를 인디고 서원 소속 중학생에게 시켰다는 거예요. 처음에는 참석한 공무원이 행사가 장난이냐면서 매우 불쾌해했대요. 그런데 이 학생이 진행을 너무 잘하는 거예요. 그래서 이후의 평가가 좀 달라졌다고 하는데, 지금 그 일도 떠오르네요. 사실 교육이라는 게, 주체화시키는 일 아닙니까. 다들 교육이 중요하다고 말하면서 아이들의 주체화 능력을 깔보고 폄하하는 아이러니를 계속 범하는 것 같아요. 특히 한국의 어른들은 말이죠.

폴 김   안 시켜서 그렇지 아이들이 참 유능한 역할을 할 수 있는데 우리가 자꾸 아이들을 어리석게 만드는 거예요. 그런 생각이 많이 들어요. 예전에 제가 일선의 교장 선생님들에게 이런 이야기를 많이 했어요. 왜 아이들을 안 시키느냐고요. 그럼 걔네가 뭘 하느냐는 거예요. '왜 못해요? 엄청난 일을 할 수 있어요. 시켜보세요, 잘해요' 그랬더니 말도 안 되는 소리 하지 말라는 거예요. 지금 팔로알토의 하이스쿨에서는 자기네들이 신문사를 운영하거든요. 신문기자, 신문 편집장 다 있는데 참 잘해요. 보통 학교 신문 수준이 아니에요. 진짜 대단한 결과물을 만들어내고 있어요. 그런데 자꾸 학교에서 그런 기회를 주지 않아요. 세계적인 NGO들을 보면요. 청소년들이 엄청난 역할을 하는 곳이 대부분이고요, 미국의 고등학생들은 파티나 이벤트 주관, 기획, 모금 등을 모두 자기들이 해요. 당연하게 말이에요.

함돈균 아까 교육이 오히려 범죄를 저지르고 있다고 하셨는데, 우리가 사악한 어른일 수도 있어요. 어른들이 아이들 하는 일에 두려움을 느끼고, 늘 통제를 많이 하려고 하니까요.

폴 킴 통제하는 능력을 컨트롤이라고 하잖아요. 스스로 컨트롤하게 하는 게 교육입니다. 자기 통제를 아이들이 할 수 있다면 얼마나 좋겠어요. 교육이 그런 능력을 기르는 건데 교육한다고 하면서 부모도, 교사도 아이를 안 믿어요. 키워줘야 하는데 자꾸 기회를 주지 않으니까 컨트롤을 못 하게 되고, 그런 어른은 컨트롤할 능력이 있느냐 하면 사실 어른들도 그런 능력이 별로 없지요. 왜냐하면 어릴 때 그런 능력을 배울 수 있게끔 존중받고 믿음을 받아본 적이 없거든요. 나중에 어른이 되어서는 컨트롤에 대한 개념이 없으니까 어른이 되어도 자꾸 의존적이 되는 거지요.

함돈균 이 얘기를 하다 보니까 문득 지금 한국에서 큰 이슈가 되기 시작한 선거 투표 연령 낮추기 움직임이 자연스럽게 떠오르는군요. 이번에 대통령 탄핵 관련 촛불 시위의 큰 특징이 청소년들이 대거 광장에 참여했다는 거예요. 언론 인터뷰나 광장의 단상에서 청소년들이 의견을 얘기하는 모습을 보고 한국의 대다수 어른들이 다들 깜짝 놀랐지요. 어른들이 머릿속에 관념적으로 그리고 있던 '애들'이 아닌 거예요. 의견도 멀쩡

하고 논리적이고, 어떻게 보면 어른들이 망쳐놓고 자기 생존에만 몰두하며 내팽겨쳐놓은 사회와 나라에 대한 걱정과 자긍심과 의무감과 권리 의식이 훨씬 진화한 세대라는 걸 어른들에게 정확히 보여주는 계기가 되었어요. 그러다 보니 어른들도 아이들도 동시에 그들이, 자신들이 사회와 국가를 구성하는 '정상적' '시민'이라는 걸 자각하게 된 거예요. 그런데 대의 민주주의 사회에서는 제도 정치 내의 권리로 표현되지 못하는, 투표로 표현되지 못하는 권리는 대의되지 못하는 목소리가 되잖아요. 투표권에 왜 아이들이, 청소년들이 10대라는 이유만으로 참여할 수 없느냐 이런 목소리가, 요구가 이제 막 터져 나오기 시작하는 계기가 된 거죠. 어떻게 보면 우리 사회가 표면으로는 교육열이 전 세계적으로 제일 높다 어쩐다 말하지만, 청소년을 전 세계적으로 가장 억압하고 통제하는 사회이고, 이것은 결국 교육이 인간을 성장시키고 주체화시키는 문명의 프로그램이라는 본질을 망각하고 속여온 결과이기도 해요. 폴 선생님 말씀대로라면 스스로 생각하고 행동하고 자기 통제를 할 수 있는 자율권을 오히려 교육이라는 기만적 장치를 통해 억압하는 사회인 거예요. 한국 사회를 보면 어른들이나 기존 정치권이 지금 제일 무서워하는 일 중 하나가 아마 청소년들이 명확한 판단력을 지니고, 자기 목소리를 내고, 자기 통제력을 갖추는 일이 아닌가 싶을 정도예요. 그러고 보니 폴 선생님 표현대로 '교육이 범죄'가 되는 실례 중 한국 사회도 들어가지 않을까 싶네요. 그런 점에서 저는 OECD 국가 중에서 선거권 연령이 가장 높은 나이로 제한되어 있는 나라 중 하나인 한국 상황이 논리적으로나 시대정신으로 보나 매우 비정상적이라고 생각하는 사람이고요. 그런 사회 변화에 작은 역할이라도 해야겠다고 생각하는 사람 중 하나입니다.

학교의 미래,
대학의 미래

새로운 학생의 등장과 교육 환경의 진화

목적 있는 학습자, 강력한 학습자의 출현

함돈균   이번 장에서는 '미래의 학교' 또는 '학교의 미래'에 대해서 지금 흐름을 보면서 큰 경향성을 생각해보면 어떨까 싶습니다. 결국 사회의 미래에 대한 이야기가 되겠지요. 국가나 기업의 미래와도 관련이 될 거고요. 지금까지 하신 이야기를 바탕으로 현재 학교교육의 형태에 대한 짧고 개괄적인 진단, 미래의 학교 형태에 대한 방향성에 대한 생각을 편하게 말씀해주시면 되겠습니다.

폴 김   지금까지는 학교에 가고 학교에서 공부를 하는 모든 것이 교사·교수 입장에서 전개가 되었다고 한다면, 앞으로는 피교육자, 학습자 중심의 교육 환경이 필요하고 그렇게 될 수밖에 없다는 이야기를 우선 드리고 싶습니다. 이것은 '목적이 있는 학습자'의 출현을 뜻하고, 목적 있는 학습자야말로 강력한 학습자가 된다는 뜻이지요. 목적 없는 학습자들은 주입식에 지금까지 이야기해왔던 수동적인 학습자 형태로 갈 가능성이 큽니다. 약한 학습자죠. 교육에서는 특히 아이들의 태도가 상당히 중요한 것이 어떻게 공부할 것인가, 공부에 어떻게 접근할 것인가를 학습자가 이해하면 동기 유발 면에 있어서나 참여도에 있어서 아주 많이 달라집니다. 저는 과학을 가르칠 때 '속도는 어떻게 재면 좋을까? 속도가 대체 뭘까? 우리 재미있게 한번 해보자' 하거든요. 그러면 아이들이 '그게 뭐예요?' 하면서 스스로 인터넷에서 찾아봐요. 그럼 제가 '이런 건데 우리가 어떻게 잴 수 있을까?' 물으면 학교 안에 있는 여러 가지 도구를 찾고 팀을 이뤄서 문제를 정의하는 거예요. 속도라는 것이 무엇인지, 속도를 왜 재야 하는지, 속도를 재면 알 수 있는 게 무언지, 속도를 어떻게 잴 수 있는지, 이런 생각들을 서로 이야기한단 말이에요. 그러면서 그때 과학 시간에 아이들이 휴대전화를 가지고 있었는데 휴대전화로 우리가 속도를 잴 수 있는 게 없을까, 하는 이야기가 나왔어요. 그러니까 아이들이 GPS 기능이 있으니 여기서 저기까지 뛰어가는 데 몇 초가 걸리는지 GPS 좌표가 바뀌는 걸로 계산을 하면 속도가 나온다, 이런 생각을 떠올리는 거예요. 요즘 아이들에게는 휴대전화가 상당히 친근하기 때문에 가능한 거죠. 또 이런 실험도 어느 정도 GPS 신호가 잡히는 곳에서만 되고 신호가 안 잡히는 곳이나 실내에서는 힘들다고 하면 이런 곳에서도 속도를 잴 수 있는 방법은 무얼까, 이런 이야기들이 나와요. 그러면 저는 가만히 관찰을 하는 거죠. 그럴 때 아이들이 비디오를 켜면 비디오에 타임라인이 나오니까 어떤 움직임을 비디오에 보여주고 타임라인을 함께 계산하면 속도를 알 수 있을 것 같다, 생각해내는 거예요. 그러면서 휴대전화에 바퀴를 달아서 굴려보고, 책상에 눈금자를 놓고서 이만큼 갔으니까 어떤 속도를 잴 수 있다, 이런 식으로 해보는 거죠. 어떤 도전 과제를 주었을 때 아이들이 스스로 재미있게 공부하고 주변 상황에 있는 자원을 이용해 필요한 것을 스스로 찾아내서 공부하는 교육 방식이 맞는 거예요.

핀란드 같은 나라도 전체 획일적인 커리큘럼을 폐지하고 자율적인 커리큘럼을 구성해서 학습 체계를 만들려고 합니다. 그런 것을 교육자들이 상당히 관심 있게 보고 있고요. 물론 우려하는 사람들도 꽤 있어요. 그러면 아이들이 어떻게 필요한 순서대로 공부를 하느냐, 구구단을 할 줄 알아야 나눗셈을 할 줄 알고 그다음에 사각형을 공부하고, 이런 순서가 있지 않으냐고 우려하는 거죠. 그런데 이제 그런 순서가 어떻게 생성되었는지 생각해봐야 한다는 거예요. 예를 들어서 뉴턴이 초등학교 5학년 과학 시간 때 중력에 의문이 생겼는데 문제를 풀다 보니 고등학교 수준의 생각이 필요했다고 치면, '너는 그만해, 초등학교 5학년이니까 5학년 것만 해'라는 말을 들을 경우 얼마나 실망을 하겠어요. 그래서 레벨을 폐지해야 해요. 물론 나이나 수준에 적절하게 필요한 교육 토픽들이 있기는 하지만, 아이들이 더 나아가고자 할 때는 자연스럽게 올라갈 수 있는 학습 제도가 필요하다는 거예요. 5학년이 수학을 파고들다가 6학년, 중학교 교과까지 하고 싶다고 하면 그렇게 할 수 있게 해줘야 한다는 거죠. 단지 편의성 때문에 아이들을 묶어서 '너희들은 5학년이니까 5학년 것만 하고 다른 이야기는 하지 마'라고 하는 현재의 교육제도는 말이 안 된다고 생각합니다. 교육자의 편의를 봐주기 위한 교육제도일 뿐이지, 학습자에게 최대한의 학습 능력을 보여주고 하고 싶은 공부를 파고들 수 있게 하고, 하고 싶은 연구, 자기가 느끼는 질문에 대한 대답을 찾아가는 데 있어서는 도움이 안 되는 제도라는 거죠. 그래서 제도 변화가 많이 필요합니다.

또 저는 이런 생각을 해요. 아침마다 학생을 맞으면서 '지금까지 이런 내용을 공부했으니까 오늘은 이런 문제를 풀어보면 어떨까? 이런 내용으로 아이들과 함께 팀 프로젝트를 하면 어떨까?'를 늘 고민하고 매일매일 처방전을 줄 수 있는 시스템을 갖춰야 한다고 생각하거든요. '나는 5학년 5반이니까 5학년 5반 교실에 가야 해'가 아니라 오늘 학교에 갔더니 오늘 공부하면 좋을 주제들이 인쇄된 출력물이 놓여 있는 거예요. 그럼 아이들이 오늘은 이 팀하고 이런 프로젝트를 해봐야겠다고 생각을 해요. 초등학교 1학년부터 그게 다 가능해요. 팀 프로젝트 하고 공부하고 자기가 했던 것을 발표하고 공유하는 식으로 학교를 운영할 수가 있어요. 지금 당장도 가능한 일이에요. 그런데 현재 여러 가지 문제점들이 있기 때문에 실현하지 못하는 단계이고, 또 특히 공교육에서는 그런 변화를 가져온다고 하면 엄청난 부담이 있기 때문에 어려워요. 일단 이런 식으로 문제와 도전 과제를 부여하는 교육을 통해서 아이들이 12학년을 공부한다면 그 아이들이 대학에 갔을 때는 어떤 공부를 할 것인가, 하는 것이 지금부터 이야기할 내용입니다.

함돈균 학습자 중심 교육, 흥미와 원리 중심 수업, 획일적 커리큘럼과 클래스-레벨업의 파괴, 테마형 수업과 팀 프로젝트. 이런 방법론은 기본적으로 많이 이해되고 동의하고 저도 그런 생각을 해본 적이 있어요. 그런데 우리가 어떤 필요나 솔루션에 대한 자각은 처음부터 갖게 되는 부분이 아니기 때문에 이 세계를 기초적으로 이해하는 데 필요하다고 하는 인식론적인 요소들이 있고, 그걸 학업의 카테고리와 과목 등으로 부여하는 부분이 있지 않습니까. 그게 꼭 강의자 중심의 사고라기보다는 우리의 인식론적인 체계 등에 입각해서 만들어진 이유도 있는데, 기초적 인식에 대한 카테고리를 묶은 전통적 과목 교육은 지금 말씀하신 부분에서는 생략되는 것인가요, 아니면 불필요하다고 생각하시나요?

폴 김　생략이나 불필요함 둘 다 아니고요, 필요에 따라 있어야 한다는 겁니다. 학습자가 스스로 그런 방향의 필요성을 느끼게 해주는 게 중요하다는 거예요. 원론적으로 무작정 어떤 '과목'의 형태로 던져주는 교육이 아니어야 한다는 거죠. 예를 들어 아이들에게 미래 도시를 한번 생각해보라고 하면 미래에는 어떤 도시가 있을까 생각을 막 하겠죠. 그러면 '왜 그런 도시를 생각하고 있어? 그런 도시에는 뭐가 보일 것 같아? 어떤 게 있을 것 같아? 그걸 그림으로 한번 그려봐' 하면 미술 수업이 될 수 있고, '거기에 있는 장치들을 한번 만들어봐' 하면 공학 수업이 될 수 있고, '공학을 하려고 하는데 프로그래밍이 필요하네' 하면 코딩을 해야 하거든요. 그러면 '저쪽 팀에서 코딩을 하고 있으니 가서 배워 와서 해봐' 하는 거죠.

결국 400명의 학생이 있다고 하면 400명의 학생을 위한 코치들이 있는 거예요. 코치들이 학생 한 명의 모든 것을 알고 있는 겁니다. 프로필뿐만 아니라 그 학생의 잘하는 부분, 못하는 부분을 잘 알고서 코칭해주는 역할을 하는 사람이 필요하다는 거예요. 제가 볼 때는 그런 역할을 하는 사람이 미래의 선생님이라는 겁니다. 그래서 필요하다, 불필요하다가 아니라 그렇게 하다 보면 필요성이 있게 되고, 그런 주제를 던져줄 수 있어야 한다는 거예요. 적절한 주제를 적시에 제시해줄 수 있는 일은 코치가 할 수 있는 것이지 선생님이 하기는 힘듭니다. 많은 학생에게 똑같은 걸 주고서 똑같은 시간에 끝내고 시작하는 반복되는 교육제도 안에서는 제가 지금 말씀드린 방식들을 적용할 수가 없겠죠. 더군다나 가장 중요한 것은 동기 유발이 안 된다는 거예요. 왜 해야 하는지도 잘 모르고 어떤 도전 과제나 흥미를 불러일으키는 데도 도움이 안 된다는 것이죠. 그런 차원의 이야기이지 다른 필요한 기초 지식이나 인지 이론에 입각한 방식을 완전히 무시한다는 것은 아니에요.

강의 중심 대학의 쇠퇴

함돈균　그러면 지금 말씀을 중심으로 다음 단계로 넘어가면요, '미래' 대학에서의 큰 방향이나 포인트가 되는 지점은 어떤 것이 될까요.

폴 김　이 연장선상에서 봤을 때 그런 아이들이 대학이라는 고등교육 시스템에 들어왔다고 치면, 아이들이 가야 할 길들에 자율성이 보장된다고 한다면야 무조건 좋은 대학이라서 가고 싶어 하는 아이들도 있을 거고, 그렇게 가고 싶다고 하면 말리면 안 되죠. 학생들이 가고 싶은 대로 가게끔, 하고 싶은 공부를 추구하게끔 도와줘야죠. 지금 현재로서는 강의teaching와 연구research 대학 두 개로 나눌 수 있다고 보고요. 하버드, 스탠퍼드, MIT, 아이비리그 같은 선도 대학leading university은 연구 중심 대학으로서의 기능에 중점을 두고 있습니다. 강의 중심 대학이라 하면 지식을 효율적으로 보급하는 체계를 갖추는 데 주력해야 하는데, 지금 강의 중심 대학들이 상당히 경쟁력을 잃고 있는 것은 사실이에요. 그와 같은 티칭은 많은 다른 대안 경로를 통해서 이루어질 수 있다는 게 증명이 됐거든요.

함돈균 심지어는 혼자 하기도 하죠.

폴 김 혼자서 하는 것도 있죠. 그런데 리서치는 그렇게 할 수가 없어요. 그렇지만 티칭은 '코세라Coursera', '유다시티Udacity', '유데미Udemy' 등 많은 채널을 통해서 미적분학, 사회과학, 역사, 세계 역사, 물리학 1, 2, 3, 다 할 수 있어요. 원하면, 스스로 필요하면 모든 공부를 다 할 수 있죠. 그래서 지금 '마이크로 단위'라든지 '나노 단위'라든지 '마이크로 인증certification'이라든지 한 과목을 또 나눠서 하고 싶은 만큼 골라서 마음대로 순서대로 할 수 있는 시스템이 자연스럽게 갖춰지고 있거든요. 그래서 미적분학 101을 이 세상에서 가장 잘 가르치는 교수가 그런 온라인 수업을 하나 했다고 하면 그 비슷한 수업이 수천 개나 있어야 하는지 의문이 들어요. 이 교수님의 미적분학 101이 너무나도 잘되어 있고 너무도 잘 가르치고 너무도 유명하다면요. 이론이 쏙쏙 들어오게 잘 가르친다면 말이죠. 그럼 그 비슷한 게 굳이 천 개나 필요할까, 이런 생각이 들어요. 그건 단순한 필요에 의한 정보라고 저는 생각하거든요. 그런 강의가 있다면 앞으로 수많은 대학에서 그렇게 많은 미적분학을 가르쳐야 할 필요가 있느냐는 거예요. 그 가운데 90퍼센트는 사실 잘 못 가르치거든요. 그런 비효율적인 상황을 왜 끌고 가야 하느냐는 거죠. 대학에서도 그런 면의 티칭 대학들은 상당한 변화를 꾀해야 경쟁력이 지속될 것이라고 생각하고요.

리서치 대학의 경우에는 얘기가 좀 다르죠. 리서치 대학은 팀을 이루어 연구를 하고 토픽에 상당히 깊숙하게 들어가야 하는 필요성이 있기 때문에 실험 장비도 있어야 하고 고가의 실험 환경도 필요하고 또 그와 같은 분야의 전문가들을 모아서 마음대로 연구할 수 있게 하는 지원 체계가 있어야 하는 거고요. 그래서 이런 유능한 대학들이 노벨상 수상자나 유능한 사람들을 고액의 연봉을 주고 모셔 오려고 펀딩을 지원하고 연구실을 만들게 하는 거고요. 그런 사람들이 연구를 진행할 수 있는 학생 인력을 충분히 제공하니까 연구들이 자연스럽게 이루어지고요. 그런 리서치 대학들은 현재와 다르지 않을 것이라고 생각하고 있어요. 단지 달라질 만한 게 있다면 그와 같은 최고 수준의 재능이 있는 학생 인력을 데리고 오는 방식이 약간 달라질 수 있을 것 같아요. 현재는 많은 경우 학교 성적을 중점적으로 보고 데려오겠지만 아까 말씀드렸던 그와 같은 초·중·고 체계에서 공부한 아이들이라면 평가 방식도 달라져야 하겠고요. 저는 팀 평가 같은 것이 들어가야 한다고 생각해요. 개인 평가보다는 팀 평가를 한 증거가 충분히 있어야 하겠죠. 그리고 팀 평가나 팀 프로젝트 리더로서의 역량을 볼 수 있는 평가 기준은 지금 사용하는 국·영·수-A, B, C와 같은 등급이 아닐 겁니다. 그것만으로는 이 아이들이 정말한 가지 분야의 역량을 갖춘 연구자나 리더가 될 수 있는지 증명하기가 힘들기 때문에 변화가 있으리라고 봅니다. 대학 평가는, 티칭 대학의 경우에는 제가 볼 때 개념이 완전히 바뀌어서 개방 대학 같은 것으로 상당히 대체될 것이고, 리서치 역량이 강한 대학들은 지금과 큰 변화가 없으리라고 생각해요.

함돈균   오픈 대학으로 대체된다는 것은 사실상 역할을 좀 잃을 것이다, 이렇게도 이해할 수 있겠네요.

폴 킴   현재로서는 대학들이 모든 걸 다 잘하고 싶어 해요. 다 잘할 수 있을 거라 믿고 있고요. 절대 그렇게 될 수 없거든요.

함돈균   주요인은 뭐라고 보십니까?

폴 킴   지금 대안적인 채널들이 많이 나와 있고, 또 학생들이 대학을 선택하는 기준이나 선택권이 너무 많아졌어요. 자격에 관한 이야기를 해 보면요. 예를 들어 대학원을 진학할 때 이러저러한 수업을 들어야 하고 경험이 있어야 한다고 했을 때 물론 아주 유능한 대학 출신이면 좋겠지만 유능한 대학에서도 학생들을 뽑는 방식이 이제 조금 바뀔 거예요. 가령 무크 환경을 통해서 자율 경쟁을 하게 하는 거죠. 전 세계 170개, 200개 국가로부터 누구나 참여하는 환경에서 팀 프로젝트를 잘하고 팀 리더십의 인증을 받고 프로젝트들을 성공적으로 수행한 사람이 역량이 강화될 것 아닙니까. 그러면 그중에서 상위 2퍼센트만 입학시키면 되는 거예요. 지금 그런 식으로 교체를 하는 데도 있어요. 그런 경험이 있는 사람은 학점을 어느 정도 인정해주고 나머지 수업은 캠퍼스에서 하는 시도가 이미 이루어지고 있어요. 그렇기 때문에 무크라든지 대체 대학 교육 방식이 기존 대학의 기능들을 상당 부분 대신하게 될 것이라고 예측할 수가 있죠. 지금 스탠퍼드도 그런 시도를 하고 있고요.

함돈균　테크놀로지가 종래와는 굉장히 다른 방식으로, 또 빠른 속도로 변화하는 것도 대학의 미래와 연관성이 있다고 얘기할 수 있겠습니까?

폴 김　그렇죠. 지금 대안 교육 채널alternative education channel들이 점점 진화할 거고, 아마 두세 가지로 진화하는 성향이 있을 텐데요. 하나는 비디오로 강의 중심의 교육인데 참여도가 상당히 떨어지고 평가도 단순 암기 위주의 방식이라고 할 수 있습니다. 또 하나는 정보를 보여주고 정보를 전달하는 방식이 지금 교육이라고 할 수 있고, 앞으로는 점점 더 흥미롭고 자기 주도적인 교육 환경으로 변화될 겁니다. 그러다 보면 강의의 양은 점점 더 적어지고 더 많은 양의 문제와 더 많은 양의 도전적인 환경이 조성될 거예요. 이런 환경에서 최대한 역량을 발휘해서 문제를 풀어나가고 팀과 함께 과제를 수행하고 발표하고 평가할 수 있는 기회들이 더 많이 늘어나게 된다는 거죠. 그래서 지금같이 한 시간 비디오 보고 시험 치는 게 아니라, 한 시간 동안 문제를 제시하고, 문제점에 대한 문제를 제시하고 의견을 나누고 프로젝트를 어떻게 수행할 것인지 팀으로서 연구해서 하나의 팀 프로젝트를 성공적으로 마치는 수업 방식으로 많은 변화가 있으리라는 겁니다.

세계적 영향력을 발휘하는 학교가 글로벌 대학

함돈균　조금 비판적인 물음일 수도 있겠습니다. 스탠퍼드는 실리콘밸리에 위치한다는 조건 때문에 창업가 정신 이야기를 많이 하셨는데요.

한국의 일반 대학들 상황을 보면, 대학이 사회에 기여하는 방식 가운데 하나인 실용성 부분에서 대학이 마치 기업의 전 단계 과정으로 산업 인력을 양성하는 구조처럼 점점 이해되고 있어서 한국에서는 이에 대한 비판적 물음이 지식인들 사이에서 나오기도 합니다. 대학이 기업에 식민화되었다는 말도 있고요. 대학 평가라는 것도 보면 취업률에 큰 가산치가 있는 것 같아요. 대학의 사회적 가치가 취업률에만 있는 게 아닐 텐데요. 물론 한국에서는 전국적인 대학 입학 시험제도가 있기 때문에 그 입학 성적 기준이 대학 레벨의 가장 중요한 척도가 되고 있기도 하지만, 실제 대학의 상황을 보면 그런 대학들이 양질의 연구자나 교수들을 보유하고 있다고 하기도 어려운 모습을 많이 보거든요. 소위 '대학 평가'라는 것에 대해 어떤 생각을 하십니까? 또 미래의 대학 평가에서는 어떤 요소가 중요할까요?

폴 김　　대학을 평가하는 방식이나 기준은 다양할 수 있습니다. 제가 대학 평가 기관에도 참여하고 컨퍼런스에서 발표도 하고 하지만, 미래의 대학은 '세계적인 영향력global impact'이 관건이 될 겁니다. 한마디로 정의하면, 세계적인 영향력이 어느 정도 되느냐에 따라 대학 평가가 달라져야 한다는 거죠. 지금처럼 입학 경쟁률이나 입학시험 레벨에 따라서, 예컨대 스탠퍼드는 입학 경쟁률이나 점수가 상위 몇 퍼센트에 들어가는 곳으로 상당히 들어가기 힘든 곳이니까 경쟁력이 있다, 이렇게 말하면 이상한 거라는 거죠. 한국은 그런 식일 거예요. 물론 교수와 학생 간의 비율이 몇 대 몇이냐, 자금을 얼마나 모았느냐, 등 요인이 될 수 있는 부분을 평가하지만 그로써 어떤 영향력이 실제로 사회에 일어났는지에 대한 평가는 사실 별로 없어요. 평가 기관에도 세계적 영향력을 판단하는 척도나 카테고리 자체가 지금은 없어요. 그게 저는 불만입니다. 대학의 역할이 무엇이냐고 할 때, 사회적으로 그리고 세계적으로 얼마나 영향력을 미치고 있는지를 평가해서 대학의 순위를 매기는 게 더 올바른 것 같다는 거죠. 물론 랭킹 자체를 저는 좋아하지는 않지만, 만약에 굳이 해야 한다면 그렇게 세계적 영향력을 기준으로 해야 한다는 생각이 들어요.

그럼 '세계적 영향력'이란 무엇이냐면, 사회적 파급력, 사회적 효율성, 사회 발달에 대한 기여도 같은 것이지요. 요즘엔 다들 글로벌, 글로벌 하잖아요. 우리는 글로벌 대학입니다, 이런 이야기들 많이 하는데 그럼 '정말로 세계에 기여한 바가 있어요?' 하고 물어봐야 한다는 거죠. '그런 게 없는데 왜 글로벌 대학입니까' 이렇게 반문할 수 있거든요. 대학이 어떤 장소, 물리적 환경이 중요한 시대는 지났어요. 그럴듯한 건물, 아이비 타워, 멋진 캠퍼스와 멋진 스포츠 스타디움 같은 것으로 자랑하던 때는 옛날에 지났고, 지금은 배출된 학생들이 얼마나 인재로서 리더십을 발휘하고 있는지, 그리고 그런 리더십을 통해서 얼마나 사회 발전을 이루는지 어떤 혁신이 일어나는지 어떤 변화가 일어나는지 등을 측정해서 세계적 영향력을 측정해야 한다는 거죠.

함돈균 좋은 말씀입니다. 그건 허울이 아니라 삶에 대한 실질적 기여 문제와 관련이 있으니까요. 그런데 세계적 영향력은 어떻게 측정할까요? 추상적이기도 하고 무척 어려운 이야기잖아요. 기준이나 요소도 그렇고.

폴 김 유엔 같은 데는 발달 지수 development index 가 있잖아요. 그렇게 보면 그런 지수를 이용하여 어떤 정책을 전공한 학생이 정책에 실제로 얼마만큼 참여하고 시행이 되어서 얼마만큼 사람들에게 도움이 됐다든지 하는 방식도 가능하겠죠. 요즘 빅 데이터 얘기 많이 하잖아요. 바로 이런 것을 두고 빅 데이터라고 하는 거예요. 단순 데이터가 아니라 빅 데이터를 다루는 시대가 왔기 때문에 데이터를 추적할 수 있는 시대가 가능해지고 있거든요. 알고리즘 개발이라든지 여러 가지가 있죠. 처음에는 여러 가지 오류도 많을 것이고 많은 시도가 있고 시행착오가 있겠지만 결과적으로는 빅 데이터처럼 큰 도움이 되는 서비스가 가능해지는 시점이 왔기 때문에 이제는 가능하고 적절하다고 생각해요. 그래서 '세계적 영향력'을, 물론 제가 정하는 것도 아니고 누가 정하는 것도 아니겠지만 그런 시도들이 있어야 하고, 있게 될 것이라고 생각한다는 거죠.

앞에서 말씀드렸듯이, 스탠퍼드 출신의 글로벌 기업이 몇 개가 생성되었고, 그들이 창출해내는 가치가 매년 2조 7천억 달러이고, 글로벌 랭킹에 드는 회사가 4만여 개가 창출되었다는 조사를 했듯이 말이죠. 이게 평가의 전부는 아니지만 하나의 척도가 될 수 있거든요. 어떤 학교는 글로벌 기업이 전혀 없을 수도 있어요. 하지만 대신 NGO가 많이 생성될 수도 있죠. 4,600개의 NGO가 생성되어서 7,400만 명의 아이들이 교육의 기회를 받게 되었다는 식으로 수치화할 수 있잖아요. 빅 데이터 이야기를 많이 하는 요즘 상황에서 이렇게 척도를 만들어나가고 그런 식으로 척도를 계산해서 랭킹을 한다고 하면 할 수 있을 것 같다는 생각입니다. 저는 수치화를 통해 척도를 많이 만들어본 사람이라 마음먹으면 이런 일이 불가능한 일이 아니라는 걸 알고 있습니다.

융합, 컬래버레이션

함돈균 사회적 기여도나 세계적 영향력 같은 걸 수치화할 때, 기업 사회나 기술 사회에 잘 통합되지 않거나 수치로 환산이 잘되지 않는 대학의 전통적 계열들이 있습니다. 인문학이나 예술 계열 같은.

폴 김 현재부터 이야기할게요. 현재 그런 전통적 인문대학들은 펀딩이 별로 없어요. 기업이라든지 과학 재단에서 내는 펀딩은 사실 공학 계열 학교engineering school로 많이 가잖아요. 인문학과 관련된 펀딩은 상당히 적어요. 그런데 저는 앞으로는 인문학이나 예술에 대한 관심도 훨씬 늘어나야 한다고 생각하거든요. 왜냐하면 혁신을 하려면 사회를 이해해야 할 것 아니에요. 그들이 사용하는 언어가 무엇인지도 알아야 할 것이고, 문화가 어떤지도 알아야 하고, 그들이 싫어하는 음악이 뭔지도 알아야 할 때가 있을 거란 말이에요. 그런 맥락화를 위해서는 학제 간 연구만이 해답이라는 거예요. 공학자들만으로 무언가를 하면 분명히 실패합니다. 그래서 다른 학문들, 지금은 각광받지 못하는 학문들이 앞으로는 더욱 각광을 받게 될 것이고 그래야 한다고 봐요. 학제 간 팀이 구성됐을 때 와이드 렌즈wide lens가 만들어지는 거거든요. 그렇지 않으면 렌즈가 좁을 수밖에 없어요. 공학도들끼리 상당히 좁은 렌즈로 뭔가를 하려고 한다면 분명히 실패해요. 지속 가능한 접근을 할 수가 없어요. 광각 렌즈라는 말은 그처럼 많은 다른 학자들이 보는 관점이 상당히 중요하다는 거예요. 그들이 보는 관점을 통해서 그들의 렌즈를 통해서 어떤 맥락을 이해하는 거죠. 더 자세히 이해하려면 인류학자도 있어야 하고 화학자도 있어야 하겠지만 생물학자도 필요할 수 있고 의학자, 언어학자, 역사학자 등 이처럼 다양한 사람들이 모여 학제 간 연구 수준이 더 높을수록 탁월하고 넓고 큰 렌즈가 되어서 맥락을 잘 이해하기 때문에 맥락화가 되는 거예요. 그래서 그런 학문들에 대한 관심도가 지금보다도 훨씬 더 높아야 한다는 거죠. 저희는 그런 사람들이 팀에 필수적으로 참여해야 한다고 생각해요.

함돈균 그러면 전통적으로 인문학이나 예술이 존재해왔던 방식들, 쓰임새에 대한 관점 전환이라든가 종사하는 사람들도 포지션에 대한 입장 변경이 필요하다고 보시는 거죠?

폴 김 필요하죠. 그들의 전공이나 관심 분야는 더욱더 세분화될 거예요. 예를 들어서 지금은 없을지도 모르지만 미래에는 인류학을 하는 사람인데 테크놀로지 디자인을 전문으로 하는 사람, 문학 및 음악에 관련된 사람이 개발하는 새로운 디자인 기기도 있을 수 있다는 거예요. 상당히 재미있고 세분화되는 현상들이 일어나리라는 거죠. 인문학자라고 단순한 인문학자가 아닌 거예요. 인문학자인데 사실은 엔지니어인 거죠.

함돈균 사실 지금 이미 그렇다고 봐야죠. 저만 해도 문학을 전공하던 사람이 인문학과 예술을 결합한 융합형 교육 프로그램을 기획하고 있다든가, 저희 '시민행성'의 운영 위원 중에도 글로벌 IT 기업의 UX 디자이너인데 문학을 전공한 경험이 큰 도움을 주고 있다고 하더군요. 왜냐하면 지금 '디자이너'라는 개념이 단순한 엔지니어링이라든가 제품 스케치가 아니라 삶의 다양한 경험을 디자인한다는 식으로 가고 있기 때문이에요. 어떻게 보면 폴 선생님이 말씀하신 맥락화 문제가 역시 중요하다 보니 융합적 사고로 갈 수밖에 없거든요. 그럼 인문적 사고와 경험이 매우 중요하다는 거죠. 제가 『사물의 철학』이라는 책을 썼는데, 일상의 도구들을 인문학을 하는 사람의 관점에서 비평한 거예요. 예컨대 '의자'를 공예가나 미술가가 보는 것과 인문학자가 보는 방식은 다르죠. 카메라나 인터넷도 엔지니어나 IT 기업가가 보는 방식과 문학을 전공하는 사람이 보는 방식이 달라요. 예컨대 저는 인터넷의 출현을 20세기의 위대한 작가 보르헤스가 일찌기 쓴 이상한 도서관에 관한 소설에서 영감받은 산물이라고 해석합니다. 더구나 저는 인간의 무의식을 많이 들여다보거나 낯설고 미세한 이미지를 분석하는 시poetry 비평을 전문적으로 해온 사람이라 물건에서 좀 특별한 무의식을 읽거나 문명의 증후를 읽는 '능력'이라면 능력이랄까 하는 걸 훈련받지 않은 사람들보다 상대적으로 더 갖고 있기도 하죠. 저는 이런 방식이 이미 컬래버레이션이고 융합적 사고라고 생각하고 있고요. 교육에서도 이런 관점이 점점 더 중요해질 거라고 생각해서 제가 구상하는 인문 예술 융합 교육의 중요한 과목으로 생각하고 있습니다. 이런 방법으로 전통적인 인문학자이자 문학 연구자인 저 같은 사람이 한국의 미술관이나 디자인 학교에서 강의를 하거나, 공공 기관에서 인문적 관점과 예술적 체험을 결합한 융합 프로그램을 기획해보기도 하는 것이지요. 저는 이제 여기에 테크놀로지에 대한 이해를 결합시켜서 '인문+예술+테크놀로지'에 대한 이해와 표현을 결합시킨 교육을 해야 한다고 생각하고 그런 모색을 해나가고 있어요. 미래 교육의 큰 줄기는 이런 방식이 될 거고, 그래야 한다는 믿음이 있습니다.

이미 그게 세계적인 추세가 되고 있는데, 한국에서는 아직 그런 생각을 잘 하지 못하고 협소한 사고에 얽매여 있는 게 아닌가 싶어요. 그래서 융합적 흐름에 대해 불필요하게 감정적 대응을 하는 인문 계열 학자들도 적지 않습니다. 기술 사회, 기업 사회에서 이런 전공들이 경시되고 위협을 받으니까 생기는 방어적인 반응이라고 느낄 때도 많은데, 그렇다면 이럴수록 시야를 좀 더 개방적이고 적극적으로 모색해봐야 하는 게 아닌가 생각이 들어요. 오히려 제가 보기에는 이런 흐름들이 기회가 될 것 같다는 느낌이 있고요. 단지 취업률 때문에 그런 게 아니라 삶의 실질적 성찰과 의미 있는 실용성을 위해 생각의 융합과 공존을 유기화하는 발상의 전환이 필요하거든요. 깊이 있는 사회 혁신을 위해서죠. 물론 이런 이야기가 가능하기 위해서는 사회 전체적으로도 협소한 학문적 실용주의에 대한 관점 전환이 있어야 하고요.

폴 김   그런 일은 더욱더 많이 일어나고 가속화될 거예요. 그래서 정보사회, 기술 사회 같은 어떤 큰 흐름은 어쩔 수 없지만 그 안에서 다른, 각광을 받지 못했던 전공들이 오히려 각광을 받는 시대가 된다는 거죠. 그래야 하고요. 저도 스탠퍼드에서 프로젝트를 진행할 때 다른 과 학생들을 투입해요. 공대 학생들만 데리고 하면 공대적인 생각을 하고 공대적인 디자인밖에 나오지 않아요. 그래서 인문학 전공 학생이나 다른 사람들한테 물어보는 거예요. 어떻게 생각하는지, 어떤 다른 점이 있는지, 자꾸 물어봐요. 그들이 아이디어를 제공할 때가 상당히 많거든요. 그래서 그런 사람들이 충분히 있고 학제 간 연구가 되어야만 맥락화에 가까운 혁신을 찾아갈 수 있다는 거예요. 절대로 그런 분야를 무시해서는 안 돼요. 이런 흐름에 반발하는 사람들도 있지만, 적극적으로 참여하는 사람들도 분명 있어요. 그러면서 또 그 분야에서 본인의 전문성을 갖게 되는 거죠. 인류학을 전공한 사람이 어떤 과학에서 새로운 전문성을 가진 필드가 새로 생겨나고, 그러면서 필드의 세분화는 더 빨라질 거예요.

함돈균 그런 경향을 요즘 많이 하는 말로 '융합'이라고들 하는데, 또 그 융합이 말도 많고 탈도 많아요. 많이 거론되고 있는 융합이라는 말을 어떻게 이해하면 좋을까요? 저는 그런 개념의 대두가 교육적으로도 그렇고 여러모로 상당히 의미 있고 시대적 요청을 담고 있는 걸로 보는데, 한국에서는 뭐든지 실제로 삶을 혁신시킬 생각은 없이 유행과 이벤트, 껍데기로만 들어오니까 문제인거죠.

폴 김 융합 개념은 정의하는 사람마다 많이 달라서 모두 다 대변할 수는 없지만 제가 이해하는 융합은 이렇습니다. 융합 교육이라고 하면 과학 시간에 과학만 배우는 게 아니라 하나의 컨텍스트 안에 과학과 역사와 음악과 예술이 다 들어 있는 학습 방식이 되는 거예요. 여러 가지 지식을 섭렵해야만 문제를 풀어갈 수 있는 거죠. 동기 유발, 도전적인 디자인을 할 수 있는 환경을 만들어주는 거예요. 그래서 학생들이 파고들 수밖에 없죠. '이 문제를 풀려면 음악의 이걸 알아야 해. 이걸 알아야 이 수학 문제를 풀 수 있어' 같은 상당히 고차원적인 문제들이 우리가 더 가치 있다고 보는 문제들이에요. 그냥 2+2=? 이런 것 말고, 음표를 가지고 이야기할 수도 있고 음악을 들으면서 소리의 높이가 변할 때 그걸 수학적으로 이야기하면, 수학과 음악을 동시에 공부할 수 있고 관련성도 공부할 수 있는 접근과 시도가 자꾸 이루어져야 한다고 봐요.

문제는 그걸 어떻게 도입하느냐가 중요한데, 실행을 잘못하기 때문에 본질 자체가 흐려지는 것이 한국의 전반적 상황인 것 같아요. 그래서 알아서 하라는 식으로, 그렇게 하지 않으면 펀딩도 안 해준다고 당국이 '협박' 비슷한 걸 하니, 사람들은 울며 겨자 먹기이기도 하고, 준비도 없고 방법도 없고 생각도 없으면서 '융합'이라는 말만 겉으로 걸고서 펀딩을 받아서는 결국 나눠 먹기로 끝나고 아무 성과도 없는 그런 식이죠. 그런데 이런 상황이 왜 생기느냐 하면 결국에는 교육 문제예요. 그런 환경과 문화에 익숙하지도 않고, 그런 공부를 한 적도 없으니까, 왜 갑자기 이런 걸 이렇게 밀어붙이듯이 하는지 '융합'이란 것 자체에 대한 이해가 사회 전체에, 그리고 학자들조차 없어요. 필요성도 별로 안 느끼죠. 안정적 자리를 가지고 있는 사람들 입장에서는 또 하나의 변화를 요구하는 것이기도 하니까 불편하고요.

하지만 스탠퍼드에서는 연구도 교육도 상당히 자연스럽거든요. 제가 참여한 POMI라는 프로젝트가 있었는데 'Programmable Open Mobile Internet 2020, 2020년에는 어떤 인터넷이 사용될 것인가?'란 주제로 연구하는 거였어요. 교육자, 의학자, 공대생, 법대생, 경제학자 들이 모여서 자연스럽게 토론하면서 이런 프로젝트는 어떨까, 저런 프로젝트는 어떨까 생각을 나눠요. 이처럼 다양성을 중요시하는 데가 스탠퍼드거든요. 지적인 다양성도 있겠거니와 학생과 교수, 다양한 교직원이 참여해요. 어떤 랭킹도 없고, 저 사람은 교수진이니까 뭘 해야 되고 저 사람은 새로 들어왔으니까 발언권이 없다거나 하는 것도 없어요. 스탠퍼드의 특징이 상당히 수평적인 제도를 추구하거든요. 한국은 총장, 학장 내려와서 재가를 받고 하니까 어떻게 진행이 되겠어요. 스탠퍼드에서는 모든 교직원과 학생이 한 팀으로서 발언하고 토의하고 디자인에 대해 생각하고 유추해내는 데 있어서 상당히 수평적인 관계예요. 물론 어떤 위계가 없는 건 아니지만, 수평적으로 상당히 존중하는 대학이라고 볼 수 있죠. 그래서 아마 다른 대학과 많이 다른 것 같아요.

학교는 사회 디자인을 위한 실험실이 될 수 있다

함돈균　학교가 실험실이 될 것이라는 얘기를 제게 하신 적이 있는데요, 이것은 대학에 한정되는 얘기인가요? 이에 관해서도 구체적으로 말씀해주시죠.

폴 김　초·중·고·대학 어디에나 해당될 수 있는 얘기인데요, 교육의 방식이 도전적으로 이루어지는 이상적인ideal 상황을 가정해본 이야기입니다. 아이들은 질문이 많고 한계가 없다고 했잖아요. 그래서 어린 나이에 상당히 창의적인 아이디어들이 많이 나와요. 안 되는 게 뭔지 모르니까요. 그런데 어른이 되면 안 되는 게 많다는 걸 알고 안 될 것이라고 하는 두려움이 상당히 많거든요. 어떤 디자인을 하는 데 있어서 가장 저해 요소가 바로 그런 '안 된다'는 두려움이죠. '디자인적 사고design thinking'를 하는 환경에서 오랫동안 살아온 어른이라면 상관없지만 그렇지 못하고 수동적인 암기식 교육에 너무나 익숙한 사람들에게는 디자인이라는 게 너무 어렵고 힘들거든요. 학교에서, 예를 들어 과학 시간에 '미래 도시에 대해 상상해보세요. 어떤 게 있을까요?' 하고 아이들에게 한번 물어보면 아이들 대답이 참 재밌어요. '우리는 다 하늘을 날 수 있는 개인용 자동차를 갖고 있을 거고요. 주차 걱정 안 하고 하늘에 파킹하면 돼요.' '하늘에 어떻게 주차하는데? 중력이 있지 않을까?' '아, 중력은 안티 그래비티 anti-gravity 라는 시스템이 있어서 다 떠 있어요. 그래서 주차 공간은 문제가 안 돼요.' 이런 이야기를 하거든요.

물론 이런 말을 어른들은 말도 안 되는 소리라고 생각하겠지만, 아이들이 이야기하는 상상을 초월하는 아이디어들은 상당히 획기적인 혁신에 관련된단 말이에요. 이게 모두 지금 구글 같은 곳에서 연구하는 프로젝트예요. 아이들 아이디어에는 특허감이 상당히 많아요. 다만 아직 특허가 안 나온 것들이지요. 똑똑한 어른들이라면 그걸 받아 적어서 특허를 내야 해요. 걔네들은 겁이 없어요. 자기가 어리석다고 생각하지 않습니다. 이런 말을 해도 누가 뭐라고 할까 걱정하지 않아요. 두려움이 없어요. 그런데 기업에서 '새로운 제품을 개발하는데 각자 아이디어 내보세요' 하면 그런 얘기 하겠어요? 그러니까 학교가 디자인 랩 design lab 으로서 오히려 더 역할을 할 수 있다는 거죠. 단, 조건이 있어요. 그렇다고 모든 학생이 다 그런 아이디어를 내는 것은 아니에요. 그런 학습 환경에서 자라나는 아이들이 그렇다는 것이지 6년 동안 주입식 교육을 하다가 갑자기 중학교부터 확 바꿔준다고 하면 좀 힘들겠죠. 아마 그런 교육은 실패할 거예요. 그렇게 교육하려면 아주 어릴 때부터 그런 교육 환경을 접하게 해서 그게 표준 norm 이 되게 해야 해요. 그렇게 커가고 공부하며 성장할 때 아이들에게서 엄청난 아이디어들이 나온다는 거죠. 또 그런 아이디어들을 잘 획득할 수 있으려면 기업들이 아이들한테 문제를 한번 내봐도 좋아요. '우리는 교통체증이 상당히 심해요. 캘리포니아 15번 도로 탔다가 10번 도로 타고 오는 데 세 시간이나 걸려요. 그런데 밤에는 한 시간밖에 안 걸려요. 이 문제를 해결할 수 있을까요?' 이렇게 아이들에게 한번 물어보라는 거죠. 어떻게 보면 유토피아적인 상상이라고 이야기하는데, 아니에요. 한번 물어보기나 하자는 거죠. 엄청난 아이디어들이 쏟아져 나올 거예요. 그러다 보면 우리가 실현할 수 있는 엄청난 보석 같은 아이디어들도 있을 거란 말이죠.

함돈균   사실 요즘은 이런 혁신적인 아이디어가 있다면 여러 가지 기구나 1인 미디어도 발달해 있어서, 대기업이 아니라도 현실화하는 일이 가능하고, 이런 아이디어 자체, 디자인적 사고 자체가 사회적으로도 의미 있는 상품이 될 수 있는 시대가 되었다고도 할 수 있지 않나요. 인공지능의 현실화로 인해 인간이 기계와 아이디어를 경쟁하는 시대가 드디어 코앞에 다가오고 있고요.

폴 김   바로 그렇죠. 그래서 학교를 디자인 랩으로 만드는 것이 더 중요하다는 겁니다. 주목할 점은 '제작자 클럽makers club'이라는 게 상당히 보편화되려고 하는 시점이라는 겁니다. 아이들이 상상한 것들을 집에서도 3D 프린터로 직접 만들 수가 있어요. 예를 들어 어떤 아이와 아빠가 손이 없이 태어난 아이들, 기형으로 태어난 친구들을 위해 직접 손가락 관절을 3D 프린트로 만들어서 선물로 줬잖아요. 그렇게 수천 명의 아이들에게 선물한 아이와 아빠가 실제로 있단 말이에요. 집에서 아이디어를 내서 실질적인 생산품까지 만드는 거예요. 앞으로 그런 시도가 많이 이루어지고 성과도 상당히 많아질 거라는 거죠. 중간 과정 없이 아이디어가 바로 제품화되는 사회, 제작이 너무나 쉬워지는 사회, 3D 프린터에 상상력을 집어넣으면 결과물이 나오는 사회가 된다는 거예요. 그렇기 때문에 기업이 학교의 이런 아이디어들을 무시하는 것은 제가 볼 땐 엄청나게 자원을 낭비하는 일입니다.

미국에서 좋은 학교들은 제작자 클럽을 만들려고 지금 난리입니다. 엄청난 부가가치를 생산할 수 있거든요. 그런데 이런 어린 학생들의 아이디어 자체가 학교를 디자인 랩으로 만들 수 있다는 말이죠. 그래서 바로 제품화를 하는 거고요. 그 아이와 아빠가 수천 명의 아이들에게 손을 줄 수 있는 사례를 이미 증명했고 또 그와 같은 케이스가 상당히 많이 있거든요. 혁명적인 제품화가 아이들 손에서도 가능해질 수 있는 사회가 이미 되었단 말이에요. 신발도, 의자도, 복잡한 기계도, 컴퓨터로 조금만 뚝딱 하면 바로 만들고 또 그런 디자인을 공유할 수 있어요. 그런 게 인터넷에 돌아다니기도 해요. '이런 것 만들고 싶은데 어떻게 생각하니? 관절이 이렇게 생겨야 하는데 어떻게 생각하니?' 물으면 누군가 이미 디자인을 한 게 있을 수 있고, 그럼 가져다 스스로 차도 만들어보고 장난감도 만들어보고 '만드는making 게 놀이가playing 되는' 거예요. 옛날에는 기업이 만들어준 장난감을 가지고 놀았지만, 이제는 스스로 상상을 해서 자기가 직접 장난감을 만들 수 있는 가능성이 존재하는 세상이 되었단 말이죠. 이미 그렇게 하는 아이들도 있고요. 상상하는 대로 손가락만 까딱 하면 결과물이 나오는 사회, 그처럼 엄청난 제품들이 나오는데 기업들이 무시하고만 있을 수는 없을 걸요. 아이들이 무얼 만드는지 어떤 상상을 하는지 미래를 어떻게 상상해서 어떤 장난감이나 제품을 디자인하는지 관심을 갖지 않을 수가 없을 거란 생각이 들어요. 그런 환경이 조성되어 있는데, 아까 이야기한 미래형 교육 시스템이 도입된다면, 완전한 패러다임 전환이 일어나지 않을 수가 없는 거죠.

함돈균 그런 추세라고 한다면, 그런 흐름이 현실이 될 수 있다면 대학이 중등교육과 맺는 관계에도 변화가 있지 않을까요? 지금은 두 개의 학교 과정을 보통 상당히 독립된 단위로 생각을 하죠. 아마 그렇게 된 이유가 한쪽은 '아이'라는 관점으로 다른 한쪽은 '성인'이라는 관점에서 교육의 스텝이 나뉘어 있다고 볼 수 있겠지요. 그건 지성 능력의 차등화를 인정하는 교육철학적 관점을 보여주는 건데요, 아이들이 혁신적 디자인 사고를 한다는 관점으로 이동하고, 초·중등학교가 디자인 랩 구실을 한다고 사고 전환을 하면, 이 관계도 충분히 변할 수 있다고 봅니다. 물론 이런 변화가 수반되기 위해서는 교육철학적 관점 외에 많은 정치사회적인 제도 문제가 있겠지만, 어떤 새로운 학교의 실험은 충분히 가능하지 않을까요.

폴 김 이미 남미에는 고등학교와 대학이 합쳐져 있는 경우가 무척 많아요.

함돈균 합쳐져 있다는 것은 어떤 의미인가요?

폴 김 고등학교가 대학에 있어요. 고등학교를 졸업하고 그 대학을 가는 학생들도 꽤 많고, 고등학교 학생들이 그 대학 수업을 듣는 것도 그리

어렵지 않아요. 왜냐하면 같이 공존해 있거든요. 남미에는 그런 모델이
상당히 많아요.

함돈균   그런데 같은 공간에 있는 것만으로 통합성을 얘기할 수는 없지
않나요.

폴 김   물론이죠. 그런데 남미의 모델에서는 선생님들 간 교류라든지
고등학생들이 대학생들과 프로젝트를 한다든지 접근성이 훨씬 많다는
거예요. 앞으로 세대가 좀 지나면 중·고등학생들이 만든 3D 프린터 솔
루션이 대학에서 하는 프로젝트와 별로 달라질 게 없을 수도 있어요. 그
렇다면 아까 말씀드렸듯이 티칭teaching 중심 대학, 가르침만 전문으로 하
는 대학은 경쟁력에 상당한 위협을 받을 거예요. 대신에 살아남는 건 연
구 중심 대학이에요. 특히 고가의 장비를 필요로 하는 실험실이 있는 대
학들, 예를 들어 스탠퍼드에 입자가속기가 있는데 수억 달러 수준이라
웬만한 대학에서는 갖추기 힘들어요. 한국의 포항공대에도 4세대 방사
광 가속기가 있는 것으로 알고 있는데, 그런 기기는 정부 도움 없이는 아
무나 구축할 수 없잖아요. 이처럼 연구 중심의 대학들은 별로 변화를 느
끼지 못할 거예요. 그런 고가 장비를 아무나 가질 수 있는 게 아니기 때
문이죠. 하지만 강의 중심 대학은 학제 간 경계가 전혀 중요하지 않은 사
회가 되어버렸단 말이에요. 여기에서 나이를 기준으로 한 학교 등급 서열
은 의미가 점점 없어질 겁니다.

함돈균   질문 하나만 더 드리면, 대학을 운영하는 관점에서는 재정이 중

요하고 미국도 재정 문제에 의해 학교교육의 질이 엄청난 차이를 보인다고 이 대담에서 말씀도 하셨는데요. 대학의 미래, 미래의 대학이 재정을 운영하는 방식은 어떠해야 한다고 생각하십니까? 물론 학문 연구자의 입장에서 연구 기금의 문제를 포함해서요. 한국 대학의 경우 특히 사립대는 사립임에도 불구하고 학교 재정의 정부 의존도가 높다 보니 국가는 교육부를 통해 사실상 대학을 좌지우지 장악하는 상황이 이미 상당히 심화되어 있고, 교수들, 학문 연구자들은 국가의 연구비 수주나 지원에 의존도가 커서 독립적인 연구에 제약을 느끼는 상황이거든요. 자기 연구뿐만 아니라, 사회를 위한 기여나 관심에도 역할을 할 여유가 별로 없죠. 학문은 국가로부터, 돈으로부터 독립해야 한다고 외치지만, 이 말이 학교나 연구 현실과 분리되어 있는 게 구조적 상황이 되고 있습니다.

폴 김   펀딩 소스도 다양해져야 한다고 생각해요. 국가 차원의 프로그램이 있어서 대학이 지원해서 받는 부분도 있고 기업에서 도움을 받는 케이스도 있을 것이고, 사회 혁신과 관련이 있다면 패밀리 펀드 등도 받을 수 있고요. 스탠퍼드에서는 패밀리 펀드를 받아서 사회 혁신에 관련된 프로젝트를 한 것들도 있거든요. 이처럼 펀딩이 다양해지려면 대학이 원한다고 되는 게 아니라 문화와 사회가 형성되어야 하는 거잖아요. 기부 문화라든지 사회적 혁신에 대한 관심이라든지, 총체적인 사회적 변화가 있지 않으면 펀딩 소스의 다양화는 이루어지지 않을 겁니다. 닭이 먼저냐 달걀이 먼저냐의 문제라고 생각해요. 대학이 원한다고 이루어지는 것도 아니고 국가가 원한다고 마음대로 조종되는 것도 아니고요. 사회적인 의식 변화도 많이 필요하다고 봅니다.

한국의 교육 혁명

무엇을 할 수 있고 무엇을 해야 하며
무엇을 해서는 안 되는가

두려움에 근거한 한국의 교육

함돈균　이제는 한국의 교육과 관련된 얘기를 나눠보고자 합니다. 주제는 크게 보면 한국의 교육 조건, 현재 상황에 대한 점검, 무엇이 필요한지 전망해보는 차원에서 한국의 교육에서 우리가 지금 무엇을 할 수 있고, 무엇을 해야 하며, 무엇을 해서는 안 되는가, 세 가지 카테고리로 나눠서 얘기해보려고 하거든요. 교육자로서 연구자로서 또 대학에 계시지만 바깥과 소통하면서 어린 학생들과 만나시기도 하고 대학 디자인 일까지 하고 계시니 이 세 가지 내용에 대해 말씀해주실 수 있을 것 같습니다. 추상적인 얘기보다도 경험에 비추어서 얘기를 해주시면 좋을 듯합니다.

폴 김　제가 일단 한국에서 초·중·고를 나왔기 때문에 경험상으론 당시의 교육 환경이 참 힘든 상황이었어요. 공부에 흥미를 느끼기 힘든 환

256

경이었던 것 같고요. 물론 지금은 상당히 많이 달라졌다고 생각해요. 옛날에 비하면, 학급 규모도 작아졌다고 생각하고요. 옛날에는 60명 이상이 한 반이었잖아요? 오전반, 오후반도 있었고, 한 교실에 60명 이상이었고. 도시락을 두 개 싸 가지고 갔어요. 점심 도시락도 있고 저녁 도시락도 있고, 이렇게 도시락을 싸 가서 공부를 했는데 사실 강압적인 공부였잖아요. 일정이 이미 다 정해져 있고, 좋아하든 말든 해야만 하는 교육 방식이었고, 물론 암기식 주입식에다 학생 개개인의 흥미와는 전혀 관련이 없는 커리큘럼을 시험 보기 위해 따라야 하는 강압적 교육제도였고요. 뭐든지 공장에서 과자를 찍어내는 것과 같은 획일적인 방식이었단 말이에요. 그리고 똑같은 과자로 나오지 않으면 아이들에게 부담을 주고, 아이들은 그다음에 어디 갈 데가 없는 거죠. 똑같은 과자, 스펙에 맞는 제품만 찍어내는. 한국의 교육은 과자 공장에서 찍어 나온 단 하나의 과자만 만들 뿐이라는 생각이 들어요.

함돈균   훌륭한 사람을 키우려는 목적으로 진짜 교육을 하는 것이 아니라, 시험을 보게 하려고 입시 경쟁력을 위한 주입을 하다 보니, 사회는 변했지만 선생님의 그때나 지금이나 한국 상황의 본질이 바뀌었다고는 생각지 않습니다. 아마 한국 중·고등학교에서 전인교육을 하겠다고 선언을 하고 나서면 학부모부터 반대할 거예요. 무슨 전인교육이냐, 그런 건 대학 가서 해도 된다, 뭐 이런 식일 겁니다. 그런 교육은 대부분의 학교에서 교장, 교감 이런 자리에 있는 교사들도 또 반대할 거고요. 저는 그런 자리에 있는 분들을 교육자들이라기보다는 현실적으로 '학교 관리자'라고 이해하는 편입니다. 교육 현장에 정작 교육이 없는 나라가 한국이죠.

폴 김　　공감합니다. 제가 교육 연구나 여러 가지 경험을 통해 전 세계를 돌아다니면서 많은 교육 현장을 보고 느끼고 또 스탠퍼드에서 15년간 일하면서 한국의 교육 상황과 비교할 수 있는 객관적 시야와 위치를 어느 정도 갖고 있다고 생각해요. 그래서 이런 경험들을 고려해서 보면 한국의 교육은 공포·두려움을 기반으로 한 교육제도인 것 같아요. 항상 부모들의 두려움, 학생들의 두려움이 바탕에 깔린 교육 체험을 강요하고 강요당하죠. 부모들의 입장에서는 우리 아이가 다른 아이들처럼 하지 않았을 때, 그러니까 똑같이 살지 않을 때의 실패라든지 낙오되는 상황 등을 상당히 두려워하는 마음에서, 남들이 가는 대로 가야 안전하고 많은 사람이 하는 것을 따라 해야 좋은 결정이라고 여기고 군중심리에 근거한 똑같은 교육 지침을 세우고 살지요. 아이들도 또한 어느 집단에 속해야 하고 그 집단이 하는 대로 따라가는 것이 올바르고, 집단에서 결정한 것이 내 결정이 되어버리는 경향이 상당히 강하고요.

그런데 제가 더 나은 다른 교육 환경이나 모델을 봤을 때는 교육이 두려움에 근거할 이유가 없다는 거예요. 컨베이어 벨트에서 과자를 찍어내는 과정이 아니라, 이 모든 공장이나 환경이 과자를 위해 존재한다고 거꾸로 봐야 하거든요. 과자가 최상의 것이 될 수 있도록, 스스로 원하는 것이 될 수 있도록, 또 그 학생이 원하는 것, 흥미로워하는 것, 잘하고 부족한 점, 이런 것들을 모두 고려해서 최대의 역량을 발휘할 수 있게 도와주는 곳이 학교라는 거죠. 그러다 보면 컨베이어 벨트 시스템이 아니라 학생이 자율적으로 선택하고 자기 주도적인 교육 목표나 교육 관심을 제시하고 지원해줄 수 있는 환경이 필요한 거고요. 그래서 부모님들도 두려움에 따른 교육 지침이나 남들처럼 해야 한다는 두려움에서 벗어나서,

세상에 오직 하나뿐인 이 아이가 어디에 관심이 있는지, 정말 잘하는 게 무언지, 이런 것들을 잘 고려하고 관찰하고, 그래서 또 아이에게 많은 것을 보여주면 보여줄수록 좋다는 거예요. 어렸을 때부터 항상 그런 자극을 많이 주어야 좋아요. 그래서 저는 부모님이 시간이 되고 여건이 허락된다면, 동네 어디든 박물관도 갈 수 있는 거고 미술관, 행사, 연극, 공연, 음악 모든 면에 360도로 노출시키고 많이 보여주는 것이 좋다고 봐요. 많이 보여주고 스스로 생각하게 하는 것, 그리고 스스로 질문하게 하는 것, 학생이 질문을 많이 하도록 유도하는 것, 질문을 던져서 학생이 또 질문을 하고 학생의 질문에 대해 다시 질문을 던지는 상호작용이 부모와 학생 간에 이루어진다면 아이들의 학습 내용이나 경험이 상당히 풍부해지지 않을까요. 또 아이들이 오감을 총동원해서 모든 사회생활이나 환경을 더 잘 이해하고, 원리나 현상에 대해서 더 생각해볼 수 있는 기회가 충분히 주어질 수도 있을 테고요.

그런데 현재는 새장이나 우리에 가둬놓고 이 방식대로 해야 되고, 여기를 벗어나면 안 되고, 저기를 가면 안 되고, 남들이 다 이렇게 하니까 이런 식으로 해야 된다는 강압적인 교육 모델이기 때문에, 아이가 잠재력을 찾을 수도 없고, 자기 자신을 특별한 존재로 보는 게 아니라, 똑같은 존재, 비교하는 존재, 큰 공장의 부속품으로 취급받고 있는 거죠.

함돈균 한국의 부모들에게 그런 말은 참 이상적으로 들리고 현실을 모르는 한가한 얘기라고 생각될 거예요. 아무도 게임의 룰을 바꿀 생각은 안 하고 잘못된 게임의 말놀이에만 목을 매지요. 이게 폴 선생님이나 저때에도 그랬는데, 아직도 꼼짝을 안 해요. 혹시 한국의 학부모들과 근래 대화를 나눠보신 적 있는지요?

폴 김   있습니다. 한국에서 아이들 부모님들하고 대화할 기회가 있었어요. 그때 부모님들이 그래요. '애가 하고 싶은 대로 놔두는 게 좋은 거면 애가 마음대로 사고 치고 돌아다녀도 놔두어야 합니까?' 당장 아이가 게임만 하고 있을 텐데, 가만히 놔두면 어떻게 되겠느냐고 걱정을 많이 하시더라고요. 그러니까 그럼 아이들이 왜 게임만 하고, 사고뭉치가 되었을까 생각을 해봐야 해요. 왜 그렇게 행동하는지, 왜 그런 데에만 흥미를 갖게 되었는지, 어쩌면 두려움을 회피하기 위해 게임만 하고 있는 것은 아닌지, 그래서 더 게임에 중독되어 있는 것은 아닌지, 한번 생각해볼 필요가 있거든요. 아이가 더 나은, 더 가치 있는 것을 경험한 적이 있다면 어땠을까요. 부모님들한테 그렇게 묻고 싶어요. 아이가 게임에 중독되어 밤낮 게임만 한다면, 그동안 그 아이에게 얼마나 많은 걸 보여주고 가치 있는 걸 경험하게 했느냐, 묻고 싶어요. 주말이 되면 어디 미술관, 무슨 공연, 행사 이런 데 아이를 데리고 가서 뭘 보여주셨는지, 다른 것에 흥미를 느낄 수 있도록, 취미를 살릴 수 있도록, 취미를 찾아볼 수 있도록 얼마나 많은 노력을 하셨는지, 묻고 싶어요. 그러지 않았다면, 그런 기회가 없었기 때문에 어떤 돌파구를 찾고, 또 학업에 전혀 흥미를 느끼지 못하고, 그래서 게임 중독에 빠져 있지 않은가 의심해볼 만도 한 것 같고요.

  가장 중요한 것은 어릴 때부터 아이들을 자연스럽게 다양한 경험에 노출시키는 겁니다. 사람을 키우려면 여러 시도를 해봐야 해요. 한국은 보니까 아이들이 태권도, 미술, 음악 학원을 많이 왔다 갔다 하더라고요. 그런데 이게 다 별로 좋아하지도 않는데 그냥 관성적으로 하는 코스인 거예요. 피아노 치러 갔다가 끝나면 태권도 하러 가고, 태권도 끝나면 또 미술 갔다가 또 이 학원 갔다가 저 학원 갔다가 학원이 부모 대신 애들 봐주는 그런 시스템이에요. 아이들이 정말로 원하고 있는지 한번 의문을 가져봐야 하는데 그런 생각 없이 남들이 다 하니까 그렇게 따라가는 상황이었던 것 같고요.

아이들이 자신감 있게 할 수 있고 그런 기회를 찾을 수 있도록 많이 도와주시라는 거예요. 가장 좋은 것은 뭔가를 같이하는 게 제일 좋아요. 취미도 부모와 같이 할 수 있으면 좋고, 또 부모가 하는 일에 대해서 알고, 그것이 무엇인지 한번 느껴보고 체험해보게 하는 것도 좋습니다. 그건 새로운 환경에서 아이를 질문에 노출시키는 과정이기도 하죠. 아이가 자꾸 질문을 던지게 하고, 아이의 질문에 답변을 한정하기보다는 다시 질문으로 되돌려주는 과정을 자꾸 겪게 하면, 아이들 스스로 판단하고 결정하는 환경이 될 것 같아요. 저는 딸이 둘인데 어쩌다 딸이 공부하기 싫다거나 숙제하기 싫다고 말할 때가 있어요. 그럼 저는 '굿 아이디어야, 학교 안 가도 돼. 너 숙제 안 한다 해서 뭐라 안 해. 숙제하지 마. 내가 다 치워줄게. 책도 다 없애줄게. 학교 가기 싫으니까 그럼 딴것 뭐할지 생각해보자' 이렇게 말하거든요. 저는 좀 과격한 성향의 부모였다고 생각해요. '네가 원하는 걸 하자. 네가 이런 학교를 원하지 않으면 다른 걸 한번 해보자. 이런 식으로 공부하는 게 싫으면 다른 거 해보자.' 항상 이렇게 다른 선택지는 뭘까, 다른 걸 한번 해보자는 식이었던 것 같아요. 그럼 아이들이 결정을 하는 거죠. 공부의 필요성도 주도적으로 스스로 느껴야 가장 강력하거든요.

함돈균 　어떤 의미에서는 모두가 굳이 공부해야 하거나 상급 학교로 진학하는 게 필요 없을 수도 있잖아요.

폴 김 　그렇죠. 예를 들어서 아이에게 특별한 재능이 있는데, 그런 재능을 눈여겨보지 않고 일반적으로 다른 많은 사람이 가는 길을 가게 하는 것은 나쁜 교육이라고 생각해요. 21세기에 들어오면서 이제 전문 분야가 점점 더 생겨나는데, 많은 것을 할 줄 아는 것보다 한 가지를 정말로 잘해서 그 분야에서 최고가 될 수 있어야, 더 역량 있는 사람으로서 인정받지 않을까 생각합니다.

군중이 아니라 '더 원the one'으로 – 처방적 교육

함돈균 　아이의 입장에서 주로 말씀해주셨는데, 이제 제도적인 차원에서, 더 공식적인 방식으로 얘기해주실 수도 있을까요? 개인의 성향이나 규칙성을 벗어나서 제도적인 차원에서 우리가 무엇을 더 해야 한다든가, 해서는 안 된다든가 하는 것을 말씀해주시면 좋을 것 같아요.

폴 김 　일단 해서는 안 될 것은 아이들의 개별적인 성향이나 특성을 무시하는 것. 절대 해서는 안 되는 일이에요. 아이들이 가지고 있는 성향과 특징, 특기를 아이 스스로도 잘 파악할 수 있게 많은 경험을 시켜주고 많은 것, 많은 사회를 보여주어야 해요. 그래서 저는 아이들과 함께 최대한 여행을 많이 가는 게 좋다고 생각해요. 또 만약 봉사활동을 간다면 어린아이들도 참여시켜서, '아 이런 소외 계층이 있었구나. 소외 계층에 봉사하는 기회가 있구나' 느끼게 해주는 거예요. 아직 어려서 잘 모를 수도 있지만 자꾸 해보면, 점점 크면서 더 알게 되죠. 또 그런 데 참여하다 보니까 사회 구조나 제도, 문제점을 인식하게 되고, 관심이 더 깊어지면 그쪽으로 전공을 한다든지, 직업을 찾는다든지 할 수도 있겠죠. 부모가 최대한 같이 뭔가를 보여줄 수 있게 도와주는 것이 중요해요. 그다음에 하지 말아야 될 것은 두려움에 의존하는 교육은 절대 없어야 한다는 거예요. 단지 두려움 때문에, 뒤처질까 봐 두려워서, 다른 아이와 다를까 봐 결정해서는 안 된다는 거죠. 항상 남들처럼만 하라고 하면 늘 군중이 되는 거잖아요. 원 플러스 원one plus one이 되는 거죠. 그게 아니라 단 하나가 되어야 해요. 딱 하나, 오직 '더 원the one', 사실 우리는 모두 하나밖에 존재하지 않잖아요. 그런데 자꾸 원 플러스 원을 만들려고 하죠. 한국은 학교뿐만 아니라 부모도 자식이 남들과 똑같은 존재, 비슷한 삶을 살기 원하죠. 그건 한국교육이 두려움에 근거한 '군중교육'이라는 뜻일수도 있습니다.

함돈균   제가 아까 훌륭한 인간을 키우는 게 본래 교육이라고 했는데, 선생님은 '더 원'을 키우는 게 좋은 교육이라고 하시네요. 선생님 말씀에 당연히 동의하는데요, 폴 선생님과 대화를 하고 있으면, 이게 또 동양과 서양의 교육관 차이가 나타난다는 생각도 들어요. 이상적 차원의 교육을 얘기하지만, 저는 상대적으로 교육에 이념적 측면이나 정신적 가치 지향을 강조한다면, 폴 선생님은 보다 개인의 퍼스낼리티 확장이나 다양성 측면에 초점을 맞추시는 것 같아요. 그러나 한국의 교육이 두려움에 기초해있고 주체들의 두려움을 부추기는 교육이라는 점에 전적으로 동의합니다. 특히 한국 부모들은 자식이 다른 생각, 다른 인생을 사는 걸 몹시 두려워합니다. 심지어는 다른 인생을 '패배한 인생'이라고 생각하기까지 하지요. 그런 교육이 결국 군중을 만드는 교육이라는 지적은 새삼스러우면서도 서늘한 지적이세요. 그런점에서 '더 원'으로 키우는 교육은 유일하면서도 다양성에 기초한 '시민'을 키우는 일이기도 하군요. 그런데 그냥 그렇게 더 원을 하겠다고 다짐한다고 해서 되는 건 아니잖아요. 학교가 그런 역할을 해줄 수가 있을까요?

폴 김   당연히 학교가 도울 수 있어요. 학교의 제도를 그에 맞추어 바꾼다 치면, 처방적 교육 계획을 세울 수 있는 제도로 바뀌어야 한다고 봅니다. '처방적'이라는 것은 한 아이의 여러 가지 성향을 파악하는 거예요. 의사가 환자를 볼 때, 콜레스테롤이 높으니까 고기를 피하고 운동을 하고 스트레스 받는 일을 많이 하지 말고 술을 줄이고 담배를 끊으면 좋겠고 등등 여러 가지 진단을 하잖아요. 그처럼 '아이의 특성은 이렇습니다. 이런 쪽을 잘하는 것 같으니까 이런 식으로 프로젝트를 만들어서 참여하게 하면 재미있게 잘할 것 같아요'라고 진단과 처방을 해주는 거죠. 저도 전에 초등학교 학생들에게 영어를 가르칠 기회가 있었는데, 영어를 보면 기초 영어부터 이런 식으로 시작하잖아요. 무엇에 대해 얘기하고, 이제 이걸 읽어보고, 지문을 읽고 해석해보고 단어 찾고 등등 대부분 이렇게 영어 공부를 하죠. 저는 그렇게 하지 않고, 일단 앉아서 얘기를 해봐요. 뭐가 재미있는지, 인생에서 주로 어떤 것에 관심이 있는지, 편하게 얘기해요. 그럼 대답이 다양하게 나와요. '저는 자동차가 좋아요.' '어떤 자동차가 좋은데?' '스포츠카를 너무 좋아해요.' '스포츠카? 뭐 아는 거 있어? 얘기해봐.' '아 저는 페라리, 람보르기니 이런 차들 사진 보는 게 좋아요.' '그래? 그럼 이런 잡지는 어때? 스포츠카가 주로 나오는 영문 잡지야. 한번 봐봐.' 그러면 아이가 잡지를 보면서 영문을 해독하고 싶어 하는 거예요. 시키지 않아도 뭐라고 쓰여 있는지, 잡지 내용이 무언지 자꾸 해석하고 싶어 하죠. 스스로 영어 공부가 하고 싶어지는 거예요. 그러면서 '이런 잡지 또 없어요?' 하면 '또 갖다 줄게' 하면 되고요. 아이가 원하는 관심사를 통해서 영어 공부를 하게 하니깐 너무 쉬운 거죠. 읽기 싫은 지문이 아니라, 읽고 싶은 지문을 통해서 영어가 습득이 되고, 어휘력이 점점 늘어나는 식이에요. 결론적으로 처방적인 교육 계획을 세워야지, 군중적 차원의 생각을 따라서 다들 이렇게만 해야 된다고 생각하면 안 된다는 거죠. 특히 어렸을 때 교육이 더 중요한 것 같아요. 어릴수록 '처방'이 잘 먹힙니다.

함돈균 　'처방적 교육'이라는 건 말씀을 듣고 보니 선생님이 강조하시는 코칭coaching, 코치로서의 교사 역할과도 같은 것이군요. 좋은 교육을 하려면, 가르치려 하지 말고 아이의 증상과 체질에 따라 스스로 할 수 있도록 처방하라, 정도라고 할까요.

폴 김　　그렇습니다. 같은 얘기예요. 실제 예를 들어볼게요. 이런 부모님이 있었어요. 아이가 눈이 나쁜지를 잘 몰랐어요. 사물이 겹쳐서 보인다든지 하는 걸 잘 모르고 그냥 학교를 보냈는데, 아이가 공부를 되게 못하고 잘 읽지도 못하고, 질문도 안 하는 거죠. 그러다 어느 날 아이가 엄마가 쓰던 안경을 써본 거예요. 그랬더니 잘 보이는 거죠. '엄마 저 잘 보여요. 저 글씨 다 보여요' 이러는 거예요. 아이가 초등학교 5학년이 될 때까지 부모가 그걸 몰랐던 거예요. 아이가 안경을 쓰니까 학교 공부를 재미있어하고 책 읽는 걸 좋아해요. 그런 식으로 아이에 대해서 뭘 너무 모르는 거죠. 남들 하는 거 시키기만 하는 거예요. 아이를 더 관찰하고 이 아이에게 정말 필요한 게 무엇인지 관심을 쏟아야 해요. 물론 많은 부모님이 관심 있게 지켜보고 있겠지만, 현재까지는 두려움에 의한 결정, 남들이 하니까 따라가는 결정이 상당히 많다는 거죠.

그리고 제일 문제는 자기 아이를 부모가 잘 믿지 못한다는 거예요. 자꾸 아이가 스스로 결정할 수 없다고 생각하잖아요. 제가 돌아다니면서 전 세계 아이들을 보면 학교가 없는 지역의 아이들이 오히려 더 똑똑하고 더 자유로운 아이디어를 많이 갖고 있다고 느꼈거든요. 무슨 말이냐 하면, 그 아이들에게 어떤 것을 주고서 이게 뭔지 연구해서 알려주겠느냐고 물으면 완전히 과학자예요. 엄청난 과학자인데, 그 잠재력의 열쇠를 우리가 잠가버리는 경우가 바로 기존의 교육이라는 거예요. 아이를 못 믿는 문명의 교육제도가 오히려 아이의 잠재력을 죽이고 있어요. 멋진 과학자가 될 수 있었던 아이를 두려움에 기초한 교육이 남들과 똑같은 인간으로 만든 거죠. 아이들을 멋진 과학자, 멋진 예술가, 멋진 엔지니어로 크게 하려면, 어떤 성향이 있는지, 또 그런 문제를 주었을 때 어떻게 대응하고 어떻게 스스로 생각해서 판단하는지 잘 봐야 하고 그런 기회를 최대한 많이 주어야 합니다. 그래서 스스로 '아, 나도 이런 쪽을 좋아하는구나, 나도 이런 걸 잘하는구나'라는 자신감을 줄 때 아이가 더더욱 자신감을 갖고 좀 더 도전할 수 있는 문제를 푼다든지, 좀 더 도전적인 과제를 해나갈 수 있는 거예요.

함돈균 　말씀하신 부분들에 수긍이 많이 됩니다. 굉장히 열악한 조건이나 환경에서 스스로 동기를 유발하고 공부도 열심히 해서 잘 성장하는 사람도 있으니까요. 셀프 컨피던스 self-confidence 가 많이 작용했겠죠. 그런데 지금 한국 사회의 여러 가지 혼란을 보면서 느끼는 것은 좋은 교육 환경 속에서 부모의 전적인 지원을 받으며 엘리트로 성장한 사람들이, 막상 중요한 사회적 위치에서 공공을 위해 어떤 기여를 하는가, 어떻게 공동체에 헌신하고 봉사하는가, 'greater good' 같은 마인드를 과연 가지고 있는가, 왜 이런 현상이 생기나 이런 의구심이 너무 많이 들거든요. 관료들이, 정치가들이, 기업의 리더들이 왜 품격이 부족한가. 그리고 세계 어느 나라보다도 문맹률이 낮고, 대학 교육을 받은 사람이 많은 나라임에도 불구하고, 사회 전반적으로 시민적 성숙함이 그에 버금가는 수준에 도달하지 못하는 것은 왜인가 하는 의문도 들고요.

한국에서 절대 가르치지 않는 두 가지 – 공부 방법 그리고 시민의 책임감

폴 김 　역시 교육 문제지요. 그런 교육을 하지 않으니까 너무 당연한 거 아닌가요. 지금 한국의 학교에서는 절대 하지 않는 교육들이 여러 가지가 있어요. 그중에 시민의 책임감 civil responsibility 에 대한 교육이 전혀 없고요. 또 하나는 공부를 어떻게 잘할 수 있는지 스킬을 전혀 가르치지 않아요.

공부 스킬에 대해 일단 생각해볼까요. 저도 한국에서 학교를 다녔지만 어떻게 공부하는지를 알려주지 않으니까 들입다 외우고 연습 문제 풀고 시험 보고, 이런 것만 생각했습니다. 그런데 그렇기 때문에 공부의 하위 기술만 습득하는 거예요. 고급 기술이라고 하면 메타 인지metacognitive 수준에서, 내가 지금 시간을 잘 활용하고 있는지, 어떤 과제가 있을 때 스스로 잘 이해하고 계획을 잘 세우고 있는지 자기 점검 능력이 생겨야 하는데 잘 못 해내는 것 같아요. 학교에서 방법을 가르쳐주지 않았으니까요. 그러니까 아이들이 주말까지 이거 끝내야지 해놓고도 막상 주말이 되니까 생각보다 버거운 일이고 시간이 모자란 거죠. 그래서 결국 실패하고, 못 하고, 성적도 안 나오고, 또 비관하게 되고, 다음번에 같은 일이 있으면 두려움부터 앞서고 이런 식으로 된단 말이에요. 그래서 상황을 판단하는 것, 측량을 한다든지, 평가를 잘해서 어떤 플랜으로, 어떤 일련의 과정으로 해나가야겠다, 이렇게 나아갈 수 있도록 학교에서 가르쳐줘야 하는데, 가르쳐주지 않아요. 그냥 책 읽고, 받아 적고, 외우고, 시험 보고 이런 방식밖에 없단 말이에요.

함돈균 '공부 방법론'은 저도 그러고 보니 배워본 적이 없네요. 공부에 무슨 방법이 있어, 이렇게 생각하고 있었던 것도 같고요. 그런데 말씀을 듣고 보니, 그 방법론은 시간을 관리하는 방법이기도 하고, 과업을 수행하는 절차에 대한 설계법이기도 하고, 객관적 상황 판단에 관한 인지능력을 키우는 진짜 '고급 기술'이기도 하네요. 자기 삶을 설계하고 이끌고 제어하고 인지하는 능력을 키우는 방법론이 될 수 있는 거군요. 게다가 그건 주입식으로 사고하지 않고 수준 높은 생각과 해답을 찾아가는 문제 해결 과정을 설계하는 일이기도 하네요. 요즘 혁신 기업이나 스탠퍼드 디스쿨에서 하는 '디자인 싱킹design thinking'이라는 것도 그러고 보니, 이런 '공부하는 방법'을 프로세스화한 것이군요. 우리가 사회에 나와서도 결국 문제 해결을 못 하는 것 또한 각자 이런 문제 해결 과정을 설계하는 훈련을 못 받아본 까닭도 있는 것 같습니다. 그러니 쪼개서 사고하거나 분석적으로 문제를 보지 못하고, 뭉텅이로 거칠게 넘겨짚고 간단히 판단해버리고 하는 식인 거죠. 한국 교육에 대해 많이 고민하는 저도 이건 진지하게 생각해보지 못한 문제입니다.

폴 김　제 말씀을 정확히 이해해주시니 감사하군요. 그래서 제가 그런 부분을 상당히 아쉬워하고 있어요. 그런 훈련이 되어 있고 하면 '디자인적 사고'라는 게 무슨 특별한 특허품 같은 게 아니고 자연스러운 학교 과정에서 습득되는 거거든요. 그리고 또 하나 얘기하고 싶은 게 '시민의 책임감'이에요. '나'라는 주체와 사회와 국가와 세계, 지구에 대한 생각이나 관점을 정립시켜주는 교육이 부재하다고 생각해요. 그래서 예를 들어 CNN 뉴스에 아프리카에서 아이들이 납치를 당해서 죽임을 당했다는 보도가 나와도 사건에 대해 전혀 감정이 없는 아이들이 있어요. '그래서 뭐? 그게 나하고 무슨 상관이야?' 그러는 아이들도 있고요. 또 한국에 와 있는 외국인이 불이익을 당해도 '그게 뭐? 그런가 보지, 우리나라 사람이 아닌데' 이런 식으로 사회적 관념이라든지 사회적 책임감이 전혀 형성되어 있지 않은 거죠. 그런 것을 학교에서 가르치지도 않고요. 그런 차원에서 제가 하는 '천일 스토리' 프로젝트도 같은 맥락으로 시작된 일이에요. 지금의 교육에서는 많은 아이가 다른 나라의 아이들이 어떻게 자라고 어떤 환경에서 어떤 어려움이 있고 어떻게 극복하고 또 문제에 어떻게 대처하고 해결하고 평화적인 방법으로 결론을 내릴 수 있도록, 내 역할은 무엇인가, 나의 기여를 통해서 어떤 평화롭고 좋은 긍정적인 결과가 나올 수 있는가에 대한 교육이 전혀 없잖아요. 그래서 '천일 스토리' 프로젝트를 통해서, 르완다에 학살이 있었고 그곳에 HIV-에이즈에 걸린 학생들이 상당히 많은데 그 아이들을 어떻게 도울 것인가, 그 아이들의 이야기도 한번 들어보고, 인도의 계급 사회에서 불가촉천민 커뮤니티에서 상당히 힘들어하는 아이들이 지금 어떻게 살아가는가, 어떤 어려움이 있는가에 대해 조금이나마 이해를 하면 공감이 생길 거 아닙니까. 그런 기회를 자꾸 많이 주려고 이 프로젝트를 시작한 이유도 있단 말이에요. 그게 결국 세계시민 의식 global citizenship이잖아요.

한국에서 왜 그런 교육을 안 하느냐 하면 시험에 안 나오고 또 대학 입시에 반영이 안 되기 때문이에요. 대학 입시에 반영이 안 되니까 부모님들이 지금 가뜩이나 공부도 별로 못 하고 시간도 없는데 무슨 그런 걸 하느냐, 수능 시험에 안 나오니 알 필요 없다고 가르치는 거예요. 수능 시험에 안 나오면 안 해도 되는 것, 그런 인간을 자꾸 키우는 거예요. 저는 이런 세계시민 의식, 시민적 책임감을 대학 입학에서 리더십 평가로 왜 안 하는지 모르겠어요. 스탠퍼드의 경우는 성적보다 '리더십 잠재력'이 더 중요하거든요. 리더십 잠재력이 있는지 없는지에 따라 입학을 할 수 있느냐 없느냐 결정되는 경우가 아주 많아요. 한국에 있는 대학들은 그런 리더십 잠재력에 대해 전혀 관심이 없는 것 같아요. 이른바 스펙 쌓기 때문에 아이들이 괜히 연수를 갔다 온다든지 억지로 봉사활동을 한다든지 하죠. 그것도 고등학교 과정 거의 마지막에 스펙이 필요해지니까 갑자기 형식적으로 하는 거예요. 그런 모습을 보면서 참 아니다 싶을 때가 많아요. 저런 식으로 해서는 아이들이 마음에서 열정이 우러나오지도 않고, 열정이 없는 상태에서 하라고 하니까 귀찮은데도 시켜서 하는 거잖아요. 그런 식으로라도 억지로 스펙을 쌓아서 대학을 가려는 거 보면 참 한국의 교육은 뭔가 틀려져도 한참 틀어졌다고 느껴요.

함돈균   폴 선생님의 말씀에서 제가 인상적인 것은 리더십의 문제를 한국에서는 어떤 '지도력', '경영 수완' 같은 것으로 인식하는 경향이 있는데, 그걸 '시민적 책임감'이라는 차원에서 얘기하신다는 거죠. 이건 차원이 다른 얘기인 것 같아요. 무엇이, 누가 리더인가, 리더는 어떻게 만들어지는가, 하는 질문도 전혀 차원이 달라지는 거잖아요. 아마 선생님 관점대로라면 한국에 리더가 없기는 없는 게 맞겠네요. 한국에 소위 메인 스트림에서 '리더' 자리에 있는 사람들 중에 '시민적 책임감'이라는 기준을 핵심으로 하자면, 이런 덕목을 지니고 있는 사람들이 좀처럼 바로 잘 떠오르지 않아요. 작년에 교육부의 관료가 '민중(국민)은 개돼지'라고 했다가 큰 파문이 생겼는데, 이건 뭐냐 하면 본인은 '시민'이 아니라는 뜻이잖아요. 세금으로 월급 받아 가는 공무원이 자기 정체성을 시민이 아니라고 부인하는데 그에게 시민적 책임감이 있을 턱이 없고요. 이에 반해서 미국에는 기업가조차도 시민적 책임감을 갖고 있는 분이 많은 것 같아요. 지난번 실리콘밸리 방문 때 갔던 구글이나 페이스북이나 이런 곳은 마치 사회적 기업 같은 느낌이 들 정도였어요. 사내에 사회 캠페인 같은 구호나 심지어는 낙서도 있고요. 최근에 트럼프 체제의 미국 정책에 대한 우려와 반론을 실리콘밸리 기업들이 공식적으로 발표하고 있기도 하잖아요. 이 요소들을 보면 모두 시민적 권리나 책임감에 관한 것들이거든요. 저는 리더의 핵심 요소로 시민적 책임감, 지구적 시민 의식이라고 강조하시는 것이 참 중요한 지점이라는 생각이 자꾸 드네요.

하여튼 이런 게 한국에서 안 되는 것이 모두 대학 입시가 블랙홀인 탓인데요. 이걸 부분적으로라도, 아니 이 제도를 궁색하게나마 좋게 활용이라도 해보려고 한다면 대학 입시 항목에 리더십 항목을 실질적으로 평가할 수 있는 장치를 마련하는 것도 아쉬우나마 방편이 될 수 있겠군요. 얘기를 하다가 보니 선생님께서 대학의 교육 프로그램 디자인뿐만 아니라, 대학을 평가하고 대학의 인수·운영의 경험도 있으신 걸로 아는데요, 재미로 한번 여쭤보고 싶어요. 한국에서 만약 선생님께 총장으로 모실 테니 대학을 한번 디자인해달라고 제안한다면, 그 대학에서 절대 하지 않을 몇 가지와 꼭 해야 하는 필수적인 몇 가지 같은 것이 있을까요?

폴 김 꼭 있어야 할 것들 중 하나가 입학 과정에서 '리더십 잠재력 leadership potential'을 강조할 것 같아요. 입학 사정할 때, 성적만 좋은 아이, 봉사활동 몇 시간 했다고 뽑는 게 아니라, 포트폴리오를 봤을 때 제대로 준비를 하고 리더십 잠재력을 증명할 근거가 충분하고 그런 역량을 보인 아이들을 중점적으로 일단 뽑겠습니다. 그리고 지원한 아이들에게 많은 것을 주문할 것 같아요. 직접 어떤 과목을 디자인해보라고 주문하든지, 대학에서 공부하고 싶은 것은 무엇인지 그래서 무엇을 얻을 수 있다고 생각하는지, 그것이 사회에 어떻게 좋은 영향을 미칠 것 같은지, 귀찮게 자꾸 물어보고 시킬 것 같아요. 수동적인 아이들한테 그런 과제를 주거나 질문을 하면 아마 망할 테니까요. 아무것도 안 되겠죠. 그런데 리더십 잠재력이 있는 아이들에게 시키면 다 해내요. 스탠퍼드에는 그런 프로그램이 있어요. 아이들에게 스스로 개설 과목의 과정을 디자인하라고 시키는 거죠.

또 독립적인 연구 프로그램을 많이 늘릴 것 같아요. 예를 들어서 경영이면 경영, 과학이면 과학, 한 과목에서 스스로 프로젝트를 구성해서 필요한 것들을 공부할 수 있는 기회를 주는 거예요. 최소한 한 학기라도 가서 하고 싶은 것을 디자인해 오고 어떤 프로젝트로 어떤 결과를 얻을 것인지 프레젠테이션을 할 수 있게 플랜을 짜고, 프레젠테이션을 한 다음 그게 인정이 되고, 한 학기 동안 열심히 해서 결과물을 가져오면 성적 A를 줄 수 있다는 식의 과정을 많이 만들 것 같아요. 그런 수업 디자인을 모든 과목에 적용하는 거죠.

함돈균   그런 것은 꼭 강의실에서 수업할 필요가 없겠네요.

폴 김   당연하죠. 이런 것은 대부분 서비스 러닝service learning과 관련되어 있어요. 서비스 러닝이라는 것은 사회적인 기여를 할 수 있는 수업이에요. 팀으로 해도 좋아요. 마음이 잘 맞는 학생 다섯 명을 모아서 어디 가서 무슨 봉사활동을 하면서 어떤 기여를 하는데, 그 과정에서 이와 같은 비즈니스 플랜을 짜서 해보겠다고 하면 좋죠. 학생들이 직접 모금 활동도 하고, 마케팅도 하고, 모금 활동 마케팅으로 프로젝트를 착수하고 기업을 세운다든지, NGO를 세운다든지, 사회적 도움이 되는 활동을 한다든지 하면 좋잖아요. 그러면 저는 그 플랜을 어떻게 평가할 건지, 평가 방식은 어떤 건지, 전체적으로 디자인해서 가지고 오라고 많이 시킬 것 같아요. 학생 중심의 대학으로 변화를 꾀하는 거죠.

함돈균　　한국에서 제일 안 되는 것 중 하나가 학생 중심의 교육, 학생 중심의 대학인 것 같습니다.

폴 김　　수동적인 교육을 받고 자란 아이들을 데려다 놓고 하라 그러면 잘될 수가 없죠. 사실 학생들 보면 팔짱 끼고서 한번 재미있게 해보라는 식으로 수업을 듣는 학생들이 꽤 많아요. 질문하라니깐 질문도 안 하고, 왜 질문을 해야 하는지도 모르고, 수업 좀 재미있게 해보려고 듣는 아이들이 정말 많아 보였어요. 저도 한국에 와서 강의를 해봐서 알거든요. 상대적으로 스탠퍼드는 다들 상당히 능동적이죠. 리더십 잠재력이 있는 아이들을 뽑아 왔기 때문에, 프로젝트를 팀 과제로 해보라고 하면 진행도 상당히 빠르고 무척 잘해요. 아이들이 이미 그런 것에 익숙하거든요. 그래서 한국 대학을 디자인한다면 그런 식으로 우선 리더십 잠재력이 있는 아이를 뽑는 것 그리고 학생 중심의 교과과정 즉 학생들이 서비스 러닝을 통해 사회에 기여하는 경험과 기회를 많이 누릴 수 있는 교과과정을 만들게 할 거예요.

또한 교수진이나 학교의 구조라고 할까요, 한국 대학에서 제일 안 좋은 모델은 자기 학교 출신으로 대다수 교수를 뽑고 운영진도 다 그런 식이라는 거예요. 그러니 물갈이가 안 돼요. 지적인 다양성을 죽이는 거죠. 그래서 자기 학교 출신의 교수를 뽑는다든지, 리더십 역할을 하는 사람들을 자기 패거리로 뽑는다든지 하는 것은 지양하고, 학연 지연과 상관없이 분야에서 최고인 사람들을 뽑는 정책을 만들 것 같아요. 그래야 새로운 아이디어들이 자꾸 나오고, 지적인 다양성을 불러일으킬 수 있지 않을까요. 연구에 있어서도 같은 생각만 하는 사람들끼리 모여서는 절대로 융합 연구 센터 같은 실험이 성공할 수가 없어요. 융합 연구 센터의 취지가 좋고, 해야 된다는 당위 때문에 많은 대학이 그쪽으로 나아가고 있지만, 한국에서는 이게 어려운 게 애초에 같은 생각만 하는 사람들이 많이 모이게 구성되어 있으니 어떻게 융합적인 연구를 할 수 있겠어요. 절대로 안 되거든요. 그렇기 때문에 다양한 경험이 있는 사람들을 더 뽑을 것 같아요. 연구 어젠다를 많이 프로모션할 수 있는 팀이나 교수진에게 학교에서 인센티브를 제공하는 거죠. 그리고 평가 등도 스스로 디자인해서, 교수 협회에서 인정할 수 있는, 많은 부분에서 자율성이 보장되고 교수진의 지적인 다양성을 더욱더 도모하는 정책을 펼 것 같아요.

대학의 경쟁력을 끌어올리는 몇 가지 조건

함돈균　하나 여쭤보고 싶은 게, 프로모션에 대한 얘기를 하셨는데 한국에서는 교사나 교수의 활동 프로모션을 어떻게 해야 적절하냐를 둘러싸고 이견과 갈등이 있습니다. 예를 들면 연구나 활동 프로모션에 있어서 교수들에게 연봉을 차등 지급한다든가 교사에게 인센티브를 준다든가 하는 것 자체가 지금 상당한 반발을 불러일으키고 있거든요.

폴 김　그런 상황에서 보이는 나쁜 부분들이 뭐냐면, 튀는 사람을 따

돌리고 좋은 시선으로 봐주지 않는 거예요. 표면적 이유는 어떤지 모르지만, 실은 어떤 사람이 탁월하게 잘해서 성과가 많으면 그 사람이 더 많이 가져가는 상황에 대한 시기와 질투가 분명히 있다는 거죠. 튀는 사람을 좋게 못 보는. 그런데 예를 들어서 스탠퍼드 같은 곳에서 어떤 사람이 연구를 잘하면 많은 사람이 응원을 하지, 시기하고 질투해서 소외시킨다든가 하는 것은 상상할 수가 없는 일이에요. 많은 사람이 존경하고 당연하게 생각하거든요. 튀는 사람을 안 좋게 보는 이런 안 좋은 문화는 대체 어디에서 나온 건지 모르겠어요. 그런 문화가 한국의 전통 문화라고 생각하지도 않습니다.

함돈균　　스탠퍼드에도 그렇게 활약하시는 분들에게 제도적으로 인센티브를 보장하는 형태가 있습니까?

폴 김　　당연히 있죠. 그런데 그 이전에 일단은 교수 채용할 때, 이미 연봉 책정이 다 다르고요. 레벨이 똑같다 해서 다 똑같은 연봉을 받지는 않아요. 그렇게 하면 정말 유명한 교수를 모셔 올 수가 없어요. 다른 대학에 빼앗기게 되죠. 이미 인센티브가 제도적으로 연봉에 반영이 되어 있는 거예요. 유능하고 정말 원하는 교수라면 인센티브 패키지를 적절하게 맞춰줘야 데리고 올 수 있지, 그렇지 않으면 못 데리고 오지 않습니까. 그렇기 때문에 그런 일에 반대한다든지 하는 기선 제압을 보지 못했어요.

함돈균　　어떻게 보면 인센티브 제도는 미국 같은 경우 애초에 개인마다 개별 연봉 계약을 하는 문화 속에서 자연스럽기도 하군요. 한국에는 그런 제도나 인센티브와 관련해서는 오히려 진보적인 진영에서 인센티브제를 굉장히 반대하는 경향이 있다는 게 주목됩니다. 예를 들면 초·중·고등학교에서 전교조 같은 교원 단체가 인센티브제에 대해 반대하는 목소리를 분명히 내고 있습니다. 그런데 이게 선생님 말씀대로 문화적 차이도 있다는 생각이 드는 것은, 이익이나 돈을 매개로 해서 교육 활동을 수량적으로 환산하고 계산하는 것이 올바르냐, 이런 인식이 기본적으로 있는 것 같아요. 이런 관점은 제가 보기에는 진보적 관점이라기보다는 동양에서 교육을 이해하는, 그러니까 교사는 '스승'이다, 교육은 정신적 가치에 종사하는 일이라는 전통적 무의식의 영향이 분명히 있어 보인다는 거죠. 그런 부분은 어떻게 생각하시는지요?

폴 김　인센티브라는 건 여러 가지 방식이 있을 수 있습니다. 만약 교수를 초빙하면서 인센티브 패키지를 줄 때, 꼭 연봉뿐만 아니라, 필요로 하는 랩이 있을 거고 그 랩에서 필요한 기자재들도 있을 테니까 그런 것을 제대로 갖춰주려고 노력하는 대학이 있을 거고 그렇게 못 하는 대학도 있을 것 아닙니까. 그럼 연구자로서 실험실과 기자재가 꼭 필요한데, 그런 것을 제대로 갖추어주지 못한다고 한다면 연구도 제대로 할 수 없거니와 그런 학교에 가고 싶겠습니까? 교수로서 정말 하고 싶은 연구들이 있고 필요한 기자재가 있다면 그러한 것들을 다 제공해주는 학교로 가지 않겠어요? 그렇기 때문에 나쁘게 볼 필요가 없다고 생각해요. 그리고 평등이라는 부분도 이해는 하지만 그렇다고 해서 유능하고 더 노력하는 사람에게 부합하는 대우를 하지 못한다고 할 때 그러면 정말 유능한 연구가 나오겠습니까? 그러니까 학교에서는 교수가 최대한 역량을 발휘할 수 있는 환경을 마련해주는 패키지를 제공하고, 교수가 정말 편안하게 하고 싶은 연구를 마음껏 할 수 있는 환경을 조성해주어야 한다는 거죠.

한편 저는 조직에 있어서 수평적 구조를 상당히 지향합니다. 총장, 부총장, 학장, 부학장, 과장, 이런 식으로 구조가 너무 수직적이면 역동적으로 운영되는 대학이 될 수 없을 것 같아요. 특히 요즘은 기업도 상당히 수평적인 기업을 지향하거든요. 말단 사원이 당당하게 CEO에게 질문할 수 있고, 경영자가 그에 대한 대답을 충분히 해주는 형태로 가는 기업들이 더욱더 경쟁력이 있는 것으로 보입니다. 그렇듯이 대학도 모든 교직원이 자유롭게 대학의 발전을 위해서 좀 더 나은 방향을 제시할 수 있고, 구조적으로 그런 아이디어들을 충분히 수렴할 수 있는 환경이 갖추어져야 한다고 생각해요. 아까 말씀드린, 학생들에게 스스로 교과과정을 디자인할 수 있는 기회를 주는 것처럼, 대학도 아무리 말단 교직원이라도 의견이 충분히 수렴되는 구조여야 한다는 거죠. 수직적이면 안 되고 수평적이어야 합니다. 그래서 대학에서 수직적 관계를 최대한 없애려고 노력할 것 같습니다. 한국 대학에서 그런 게 잘되고 있는 것 같지는 않아요.

함돈균 이런 진단을 듣고 있노라면, 교육 문제도 결국 권위주의, 특권의식, 시민적 책임감, 다양성 이런 부분과도 관련이 되다 보니까 삶에 스민 실질적 민주적 요소들과도 분리가 안 되는 것 같고, 뒤집어 보면 결국 표면적으로 한국 사회는 제도적 민주주의를 영위하고 있지만, 아직 보이지 않는 분위기나 정신의 구조, 관행과 관성 등에서 삶의 실질적 민주성을 구현하고 있지는 못한 사회라는 생각이 더욱 분명해지는 것 같아요. 그건 교육 혁신, 사회 진화의 문제를 해결하려고 할 때 민주주의적 가치와 문화를 실제로 보장하고 구현하는 일이 동시에 이루어져야 한다는 뜻이기도 하겠죠.

그렇다면 한국 대학의 글로벌화는 어떻다고 보십니까? 너도나도 글로벌화를 외치는 게 한국 대학의 상황인데요.

폴 김　한국 대학에서 상위 랭크된 서울대, 포항공대, 카이스트 같은 대학들도 글로벌 랭킹을 따져보면 사실 상당히 밑에 있지 않습니까? 50위쯤에서 왔다 갔다 하는 것 같은데, 그 이외에는 아예 지표에 없는 대학들도 상당히 많죠? 그래도 글로벌 대학이라고 얘기를 많이 하잖아요. 일단 글로벌이라면 커뮤니케이션이 되어야 하지 않을까요? 근데 영어가 안 돼요. 학생도 영어가 안되고, 교수도 영어가 잘 안되고, 국제 학술 대회에 가서 자신 있게 발표할 수가 없고 또 국제 학술지에 나온 논문을 잘 활용할 수가 없고 읽을 수 없고 이해할 수 없는데 글로벌 학교라고 할 수늘 없잖아요. 그런 경우는 글로벌 역량이 전혀 없는 거죠. 그래서 닭이냐 달걀이냐의 문제가 될 수 있는데, 커뮤니케이션이 잘되려면 일단 국제 공용 언어들을 잘 활용할 수 있어야 하고, 특히 영어를 잘해야 할 것 같은데, 한국에는 또 한국만의 한글을 사랑하는 문화라고 할까요. 물론 당연한 거고 필요한 거죠. 한글이 대한민국 국민의 정체성 중 하나니까요. 하지만 글로벌 시대라면 글로벌 언어를 잘 활용할 수 있어야 한다고 생각해요. 그래서 초·중·고 때부터 잘 가르쳐야 하고 그래야 글로벌 시장에 나가서 당당하게 설 수 있을 것 같거든요. 정치적으로나 문화적으로 민감한 부분이 없지 않아 있지만, 잘 소화시켜서 글로벌 공용 언어를 잘하는 역량 있는 학생 일꾼들이 일단 모여야 할 것 같고요. 교수진들도 역량을 잘 갖추어야 해요. 싫든 좋든 창피하든, 어쨌든 간에 국제 학술 포럼에서 당당히 얘기할 수 있으려면 어느 정도 자신감이 있어야 한다고 생각하거든요. 그러려면 커뮤니케이션이 잘되어야 하고요.

그리고 글로벌 리더십을 발휘하려면 글로벌 사회가 무엇을 필요로 하는지를 알아야 하지 않습니까. 글로벌 사회가 정말로 원하는 게 뭔지, 필요한 게 뭔지를 전혀 이해하지 못하면서, 어떻게 글로벌 학교라고 할 수 있겠어요. 글로벌한 요구needs를 이해하지 못하면 글로벌한 영향력에 대해 생각해볼 수가 없다는 거죠. 글로벌한 영향력을 생각하려면, 글로벌한 요구가 무언지, 규모 있는 큰 도전이 뭔지 학생들에게 고민할 기회를 주어야 하는데 안 되고 있다는 거예요. 그래도 지금은 예전보다 많이 나아져서 학생들이 동남아시아의 개발도상국가에 가서 우물을 지어주고 정수기를 설치하고, 정수기를 디자인해보는 프로젝트들도 있고, 좋아요. 아주 좋은 계기인 것 같고 그런 프로젝트들이 많아져야 할 것 같아요. 아프리카에 가서 좀 더 수확량이 높은 작물을 어떻게 심을까, 어떻게 잘 자라게 할까, 이런 고민도 한번 해볼 수 있고, 교통이면 교통, 금융이면 금융, 많은 분야에서 글로벌한 요구가 무언지, 글로벌한 도전이 뭔지, 그런 거대한 문제들이 무언지를 이해하고 해결 방안을 생각해볼 수 있는 기회가 많이 제공되어야 합니다. 그럴 때 글로벌 역량을 키울 수 있고 글로벌 커뮤니케이션이 잘되는 대학, 학생, 교수진이 생겨나지 않겠느냐는 거죠.

그다음에 또 하나는 협업collaboration이 잘 안되는 것 같아요. 한국 대학들 보면 해외 대학과의 연계라든지 협력 분야가 소극적인 것 같아요. 그래서 왜 그럴까 생각해보면, 일단 커뮤니케이션이 안되고, 그러다 보니 우물 안에서 자기들끼리만 대화해서 무엇을 하려고 하니까 협력이 안 이루어지고, 국제 학술 대회에서 발표할 역량이 안되고, 사람들이 다 이해를 못 하고, 악순환이 계속되는 거죠. 소통이 안되고 글로벌한 요구나 필요에 대한 이해가 부족하니까 협업에 대한 의지가 부족하고, 그러니 더더욱 다른 대학 사람은 잘 안 뽑고, 계속 악순환일 수밖에 없는 거예요. 창의적인 아이디어를 가져오려면, 타 대학의 유능한 사람을 데려와야 하는데, 현실은 어때요? 외국 대학의 교수가 왔을 때 문제가 상당히 많다고 들었어요. 왕따가 된다고 그러더라고요.

함돈균　우리 학교가 아닌 다른 학교 출신 교수가 와도 소외되곤 하는 게 솔직한 한국 대학 현실이죠. 한국에서 이름 있는 몇 개 학교만 봐도 교수들이 거의 70~80퍼센트 이상 자기 학교 출신인 학교도 있어요. 게다가 학과 교수 중에 여자가 거의 없는 학교, 학과도 아직 적지 않습니다. 다양성을 강조하는 미국 같으면 거의 범죄로 취급받을 거라고 봐요.

폴 김　그러니까 지적인 다양성을 획득한다는 게 정말로 쉬운 일이 아니에요. 외국인 교수를 대하는 것도 그렇고, 성별에 대한 차별을 없애는 것도 그렇고, 지체부자유자라거나 장애가 있는 교수를 뽑지 않는다든지 하는 행태는 정말로 범죄예요. 외국에서 휠체어 타고 온 유능한 여자 교수, 이런 사람들을 일부러라도 뽑아야 합니다.

함돈균　신체장애가 있는 교수를 본 적은 아예 없습니다. 외국인 전임 교수도 거의 못 봤고요. 새삼스러운 일을 다시 생각해보니 '글로벌 대학'이라는 말이 부끄러워서 입에서 나올 수 있는 얘기인지 모르겠네요. 글로벌 운운 이전에 자기 사회 내부에서조차 코스모폴리탄적인 사회를 못 만들고 있는데 말이죠. 이렇게 획일적이고 차별적인 사회가 다른 곳도 아닌 학문과 가치를 얘기하는 대학이라는 점에서 엄청난 위선이지요. 전 그래서 한국의 거의 모든 분야 가운데 매우 안타깝게도 학교 현장, 그중에서도 특히 대학이 가장 후진적인 구조이고, 사회 변화에 무디며 경쟁력도 사회적 책임감도 별로 없는 조직이라는 생각을 자주 합니다.

폴 김　지금 다양성diversity이라는 가치는 그 하나만으로도 세상의 핵심 가치가 되고 있어요. 그런데 모든 부분에서 다양성이 상당히 부족한 게 한국 대학의 현실인 거죠. 다양성이 실은 존재하지 않는 것과 다름없는 상황인 거예요. 저는 한국에서 자라면서도 그렇고, 외국을 돌아다니면서 일을 할 때도 그렇고, 이런 한국 상황이 참 의아해요. 왜 그럴까, 왜 개선되지 않을까, 왜 그런 사람들이 지성의 전당이라는 대학이라는 곳에 유독 많이 모여 있는지 정말 이해가 잘되지 않고 의아해요. 모든 한국 사람이 그렇지는 않을 거라고 생각하기 때문이죠. 저도 대학 운영도 하고 구조도 새롭게 디자인하고, 대학의 가치를 분석하고 랭킹을 매기는 작업 등을 하는 사람으로서 한국 대학을 보면 여러 요인들로 인해 경쟁력이 떨어지는 게 당연해 보여요. 그런 점에서 대학을 무조건 지원하는 것이 아니라, 자립적인 역량을 키울 수 있는 계기를 만들어주고 그런 역량을 갖추고 노력하는 대학을 지원하고, 그렇지 못한 대학이 퇴출되는 건 필요하다고 봐요. 한국에는 대학이 너무 많다는 말도 들었어요.

함돈균　　제가 볼 때도 너무 많아요. 우리나라 대학은 과거 군부독재 시절에 대중 영합 정책인 정원 자유화에 의해 규모가 갑자기 커지고, 대학 숫자도 많아진 거라서 사실 지금 이렇게 대학이 난립하게 된 것도 부자연스러운 일인 거죠. 한국 사회에서 소위 진보 진영의 주장을 보면 구조 조정에 대해 무차별적으로 반대하는 관성적 경향이 있는데, 어떤 가치에 대한 진보적 입장을 개진하는 것과 비합리적 측면을 옹호하는 문제는 다르다고 생각해요. 비합리와 나태를 옹호할 수는 없고요. 더욱이 교육이잖아요. 너무 엉망인 교육의 가면을 쓴 학원-기업들이 적지 않습니다. 또 대학과 학문 연구자들이 지금처럼 국가 의존도가 크고 그 재정이 아니면 버틸 수 없는 상황, 이런 종속 상태는 학문의 독립성과 건강성, 사회 기여의 차원에서 보면 비정상적이고 병리적인 측면까지 없지 않다고 생각해요. 연구 용역 따려고 프로젝트하고, 정부 기금을 받기 위해 학문적 목적과는 상관없는 희한한 단과대학을 만들고, 그 용역과 기금으로 지탱하는 학문적, 교육적 상황이라는 건 기이하고 비참한 일이잖아요. 저희 대화로 보면 교육과 학문과 학교의 지속 가능성에 대해 심각한 회의가 드는 것이 한국 교육, 특히 대학의 현장이라고 저는 보고 있어요. 저는 그런 대학을 억지로 유지시킬 것이 아니라, 다른 형태의 사회 혁신 비용에 그런 기금을 사용하고, 중·장기적으로는 학문적 목적이 특별히 없다면 굳이 대학을 가지 않아도 되고 자기 일과 직업을 구할 수 있는 사회를 만드는 게 근본적이고 건강하다고 보거든요. 그런 교육 재정을 줄이고 다른 곳에 써야 한다는 거예요.

그래서 사회적 책임감이나 학문적 충실성도 별로 갖추지 않은 대학이나 학문 연구자들에 대한 무조건적인 지원이나 생계유지 차원의 지원에 반대하고, 대학 구조조정에 대한 소위 진보 진영의 관성적 반대 목소리를 지지하지 않습니다. 사회적 책임감과 충실성과 성의를 훨씬 더 엄격히 요하는 영역이 학문과 교육 영역이기 때문에 그것을 위한 노력이 되지 않는다면, 굳이 왜 이 영역이 다른 사회 영역과는 다른 존중과 정책적 특혜를 받아야 하는지 저는 동의할 수가 없어요.

폴김 그런 국가 지원은 사실 통제와 다를 게 없는 겁니다. 채찍을 들지 않았을 뿐이죠. 저는 그런 식으로 대학을 조정하는 게 아니라 자립하지 못하면 스스로 무너지게 하는 게 낫다고 봅니다. 지원을 해주지 않는 거예요. 그러면 대학이 생존을 위해서라도 더욱더 혁신을 이루려고 하지 않겠어요? 그렇게 살아남고 자생하고 역량 있는 대학으로 나아가는 대학들만 운영이 되어야 하는 것 같아요.

교육자는
깨진 거울이다

NGO와 교사의 정체성

고통의 교육 현장은 교사가 배우러 가는 곳이다

함돈균　　이제 저희 얘기를 마무리하는 장을 마련하고자 합니다. 선생님의 경험과 생각에 관해 다양한 얘기를 나누다 보니, 이런 말씀을 들어보는 것도 좋을 것 같다는 생각을 했어요. 대학의 교육자로서뿐만 아니라 사회 캠페인의 성격을 띠는 교육 운동을 진행하시고 직접 비영리단체를 만들기도 하면서 보통 하지 않는 형태의 종합적인 경험을 하시지 않았습니까. 한국에도 뜻은 있는데 이런 일들을 어떻게 실천해야 하는지 잘 모르는 사람들 혹은 그런 일을 하고 있다 하더라도 시야가 좁아서 더 잘할 수 있는 방법을 찾는 선의지를 지닌 사람들이 있을 거라고 생각해요. 그런 사람들이 시행착오를 줄이는 데 도움이 되는 말씀을 해주시면 좋을 듯합니다. 거시적 차원에서 미시적 차원에서, 이론적 차원에서 실천적 차원에서, 제도적 차원에서 비제도적 차원에서, 조직의 스타트업과 지속 가능성의 차원에서 자유롭게 조언을 좀 해주시죠.

폴 김　일단은 제가 학교에서 연구하고 논문 발표하고 프로젝트를 진행하다 보니 대학의 한계가 있었어요. 대학이라는 조직의 한계는 어떻게 보면 해결 방안을 찾아내고 실험하고 발표하는 것은 뛰어나다고 할 수 있지만 그런 해결 방안들을 시행했을 때 그것의 지속 가능성과 관련해서는 어려움을 많이 느꼈어요. 여러 곳에서 모바일 러닝 프로젝트를 하면서 보니 제가 있을 때는 진행이 되지만, 그렇지 않고 다른 사람에게 맡긴다든지 하면 진행이 잘 안되더라고요. 그래서 어떻게 하면 지속 가능한 프로젝트로 되게 할 수 있을까 생각하다가 '시즈 오브 임파워먼트Seeds of Empowerment'라는 단체를 만들게 되었습니다.

함돈균　일종의 NGO죠?

폴 김　네, 비영리단체죠. 그 단체를 만든 가장 큰 이유가 교육에 관심이 있고 교육을 연구한다고 하면 교육 실천을 다 했다고 할 수 있을까, 교육의 목적을 달성했다고 할 수가 있을까 하는 생각 때문이었어요. 그래서 그런 것을 정말로 지속 가능하게 하려면 무엇이 필요한가를 고민하다가, NGO를 만들어서 자원봉사자들을 모집하고 정기적으로 방문하고 모니터링할 수 있고 또 계속 협조적인 역할을 하고, 이 모든 것을 원활하게 하기 위한 조직으로 만들게 된 거죠.

함돈균　대체로 교육자들, 특히 대학의 교육 연구자들을 보면 연구 활동이나 교실의 활동으로도 충분하다고 생각을 하는데 선생님의 실천력은 참 놀랍습니다. 그런 조직에는 주로 누가 함께 참여하나요. 학생들입니까?

폴 김　물론 처음에는 스탠퍼드 대학의 학생들을 중심으로 해서 많이 데려갔지만, 나중에는 다 오픈해서 다른 대학 학생들도 비슷한 마음만 있으면, 연령이나 지역에 상관없이 모두가 참여할 수 있는 플랫폼이 필요하다는 생각에 더더욱 이 단체를 개방형 플랫폼으로 키워나갔습니다. 지금은 중학생부터 일반인까지 여러 나라에서 상당히 많은 도움을 주고 있어요. 그 사람들이 100퍼센트 자원봉사자로서 참여하고 있고, 그들의 생각이 제 생각과 일치하기 때문에 아무 문제가 없습니다. 이들은 교육의 필요성을 절실히 느끼는 사람들이고 교육에 관심이 많고 무엇이 최선의 실천인지 알고 싶고 공부하고 싶어 하거든요. 물론 대학에 가서 직접 공부하는 방법도 있겠지만, 실질적으로 교육 실천에 참여하는 일 자체가 공부할 수 있는 기회가 된다고 생각하기 때문에 자원봉사자로서 모이게 된 거고요. 그래서 스탠퍼드 학생들, 대학원생들, 다른 대학 학생들, 다양한 분야의 직장인들이 자원봉사를 하고 싶어 했고 많은 여정을 함께했습니다.

또 그 단계에서 지역에 협력할 수 있는 사람들이 있을까 고민하다가 지역에 이미 존재하는 NGO나 기관, 대학 같은 조직들에 문의를 해서 이런 관심이 있는데 어떻게 생각하는지 또 그쪽에서 배워왔던 것, 알고 있는 것을 서로 교환하면서 시너지를 낼 수 있는 모델을 만들자고 해서, 지역에 있는 구성원들과 협력을 하게 된 거고요. 지역의 NGO, 기업들, 기관들과 같이하면서 좋은 점은 그쪽에서 많은 숙제를 도와줍니다. 거기서 오랫동안 살았고 지역 주민들이 구성원이 되는 단체들이기 때문에 지역에 대해 잘 알죠. 그래서 저희들이 의견을 타진할 때 상당히 빠른 학습을 할 수 있었고, 또 지속 가능한지 아닌지를 질문할 때 많은 조언을 들을 수 있었습니다. 또 저희가 그 지역에 없을 때도 대신 프로젝트를 모니터링하고 데이터를 모으고 운영하면서 저희에게 정보를 계속 넘기면 다시 저희가 필요한 자료나 자원들을 제공하는 모델로 가다 보니 더 지속 가능한 운영을 할 수 있었던 것 같아요.

함돈균   그런 운동을 하고 싶어 하는 사람들이 국내에도 있고 다른 데에도 많이 있을 텐데 조직의 운영에 있어서 조심해야 할 점이라든가 노하우라고나 할까, 경험으로부터 비롯된 몇 가지 원칙이 있으면 말씀해주시면 좋겠습니다.

폴 김   제가 볼 때 제일 중요한 원칙은 궁극적인 목적을 모두가 어떻게 인지하고 있는지, 궁극적인 목적에 대한 가치를 어떻게 생각하고 있는지, 그 공유의 지점을 우선 확실히 확인해야 할 것 같습니다. 우리가 외진 곳에 가서 그쪽 지역의 아이들을 만나 도움을 주는 것이 과연 아이들에게 도움이 되는지, 우리가 하려는 것과 그쪽에서 원하는 것이 잘 맞아떨어지는지에 대한 고려가 충분히 필요하다고 생각하고요. 또한 우리가 맞는다고 여기거나 혁신적이라고 생각하는 것도 그 지역에 가면 파괴적인 시도가 될 수 있거든요. 그런 것에 아주 많이 주의해야 하고 또 어떤 해결 방안을 가져간다 할 때 그게 과연 제대로 이해되고 사용될 수 있고 지속 가능하게 운영될 수 있는지 충분히 준비해갈수록 좋습니다. 그래서 모두가 가치에 대한 자각이 같은지 항상 체크해보는 게 필요해요. 이 프로젝트는 이것이 궁극적인 목적이고 이런 가치가 있고 이 방향으로 가는 것이 맞는다는 것을 항상 체크하면서 나아가야 합니다.

그래서 학생들이 현장에 가고 싶다고 해서 무조건 데려가지 않아요. 그 학생들의 인센티브는 어떻게 보면 자기의 경험을 넓히는 것에 국한될 수 있거든요. 막상 같이 가보면 힘들어하고 불평하고 못 견디겠다 집에 가겠다 아프니까 오늘은 호텔에서 쉬겠다. 그런 경우도 있고, 또 내가 이러려고 여기 왔나 후회하는 사람들도 있기 때문에 가치에 대한 자각과 공유를 정확히 이해했는지 그리고 그 결과에 정확한 동의를 받고 참여해야 한다고 생각해요. 또 그보다 더 중요한 것은 가기 전에 이미 여러 가지 테스트를 통해서 검증을 받아야 한다고 봅니다. 저는 일단 작은 프로젝트를 거의 1년간 하면서 어떤 태도로 참여하는지, 힘들거나 귀찮거나 하찮다고 여기지는 않는지 여러 면에서 그들이 어떻게 생각하고 참여하는지 1년쯤 관찰을 하거든요. 그때 그 친구들이 잘 호응하고 잘한다면 직접 현지에 동참해서 일을 잘 할 수 있는 가능성을 볼 수 있습니다. 그런데 귀찮은 일은 안 하겠다, 하찮은 일은 내가 너무 똑똑해서 못 하겠다, 힘든 일도 싫다 하는 태도를 보인다면 아마 현지 팀에는 참여시키지 않고 국내에 있는 프로젝트로 제한할 것 같아요. 그런 경우들도 좀 있었죠. 그렇지 않으면 팀의 전체적인 동기 유발에 나쁜 영향을 줄 수 있고 현지인들에게 피해를 끼칠 수도 있어요. 예를 들어 외지에 갔는데 배고프다고 음식을 함부로 꺼내서 먹는다든지, 그것도 현지 아이들 앞에서 먹는다든지 하면 상당히 안 좋은 결과를 낳을 수 있습니다. 또 수업 시간에 뒤에서 뭐를 먹는다든지 현지 사람들이 준 음식을 비위 상해서 못 먹겠다든지 하면 상처가 되거든요. 그래서 그런 실수를 하지 않도록 교육이 필요합니다. 또 길거리에서 아이가 1달러만 달라고 하니 불쌍하다고 바로 줘버리면 그 아이가 그 돈을 빼앗으려는 다른 현지인들에 의해 맞아 죽을 수도 있어요.

함돈균   여러 상황에 대해 충분히 인지하고 있어야겠네요. 맥락화죠.

폴 김   그렇죠. 그런 케이스를 많이 설명해서 일탈 행동을 하지 않도록, 또 현지에 살고 있는 사람들을 항상 배려할 수 있도록 해야 합니다. 실수하는 건 아닌가, 저들에게 피해를 주는 건 아닌가, 상처가 되는 건 아닌가, 항상 이런 생각을 해야 한다는 거죠. 현지인들은 정말 먹을 게 없는데 이쪽에서 라면 끓여 먹고 냄새 풍기면 안 좋을 수밖에요. 되도록 이면 현지 음식을 먹는 게 좋습니다. 같이 현지 음식을 먹고 지내야 더 피부로 느끼는 계기가 됩니다. 음식을 싸 와서 따로 먹는다가, 보는 앞에서 먹는 건 더더욱 안 되는 일이고요. 그들이 주는 음식을 비위 상한다고 안 먹는 것도 상당히 예의에 어긋나기 때문에 꼭 주의해야 될 부분이고, 이런 게 아주 많습니다. 수백 가지가 되는데 다 나열할 수는 없고, 일단은 현지인들과 현지 사정과 관습을 존중하고 최대한 피해를 주지 않도록 항상 배려하는 마음을 품고 있어야 한다는 거죠.

함돈균   그 말씀을 들으니 갑자기 생각이 났습니다만, 지금 한국의 대통령이 다른 나라의 초청을 받아 외국에 갔는데 묵게 된 현지 호텔룸의 내부 설비를 자기가 원하는 것으로 바꾸라고 요청했다는 보도를 들은 적이 있어요. 그런 상황은 참 생각할 수도 없는 일이겠지요.

폴 킴　　　그런 경우라면 그 나라 사람들이 상처를 받진 않을 테고 오히려 그냥 '희한한 사람'이라고 생각하는 정도로 끝나겠죠. 좋은 여건이 있는 곳에서 자기 취향에 맞게 더 좋게 만들어달라는 에티켓 없는 투정 같은 거니까요. 물론 품격 없이 우스워지는 일이죠. 그런데 만약 정말 힘든 곳에 가서 여기서 당신들과 함께 잘 수 없다는 말을 한다면 엄청난 상처가 될 수 있죠. 저희는 가끔 학교에서 잘 때도 있어요. 그런데 거기에는 교실에서 평생 사는 아이들도 있다는 거지요. 학교가 집이자 공부방이고 먹는 곳이고 자는 데고, 그냥 한곳에서 다 해결되는, 지붕만 있는 데서 같이 지내야 합니다. 그들이 하는 대로 똑같이 먹고 덮고 춥고 덥고 느끼고 공감할 때 그들이 우리를 더 신뢰할 수 있다는 거예요. 그렇지 않고 두꺼운 슬리핑백을 꺼내 잔다든지 핫팩을 꺼낸다든지 따로 뜨거운 물을 만들어 샤워를 한다든지 하는 모습을 보이면 안 됩니다. 그러면 공감대가 깨지죠. 같이 피부로 겪어야만 그들의 고충을 더더욱 이해할 수 있고 그들의 신뢰를 얻을 수 있습니다.

함돈균　　　같이 겪으면서, 결국 몸으로 직접 부딪치며 고통을 배우겠네요.

폴 킴　　　중요한 것은 사실 그곳이 우리를 가르치는 곳이고, 우리가 배우러 간다는 사실을 깨닫는 것입니다. 저희들도 마찬가지고요. 어떻게 보면 서로 교환하는 거죠. 그들은 우리에게서 배우고 우리는 그들로부터 배우고. 그렇게 서로 감사하는 모델이 적절한 모델이 아닌가 생각합니다. 그래서 자기 것을 고집하거나 하면 절대 안 되고, 그쪽에서 제의를 할 때도 잘 생각해보고 수용해야 하는 부분도 있어요. 예를 들어 멀리서 온 손님이니 이만한 컵에다가 물을 주고서 손을 씻으라고 하거든요. 근데 사실 그 물이 혼자 쓰는 물이 아니에요. 그걸 모르고 자기 손 씻고 버리면 안 된다는 거죠. 그러면 다른 사람들은 손을 못 씻어요. 자기 손 씻고 다음 사람 주고 또 손 씻고 이런 식으로 나눠 써야 해요. 물이 상당히 귀한 지역이니까 버리거나 하면 절대로 안 될뿐더러 더러우니까 나는 손 안 대겠다 하는 모습을 보여서도 안 됩니다.

또 이런 일도 있어요. '콜라 줄까요?' 하고 물어올 때가 있어요. '여기 어디에 콜라가 있지?' 하고 물었는데 콜라가 있다고 하니까 달라고 할 수 있잖아요. 그럼 그 아이가 그 뜨거운 땡볕에 콜라를 사러 20분을 뛰어가는 거예요. 손님이 왔으니까 귀한 걸 대접하려는 거죠. 괜히 콜라 달라고 했다가 아이가 힘들게 20분을 뛰어가 콜라를 사서 다시 뛰어오고. 사실 그렇게 뛰어간 가게에 냉장고도 없어요. 뜨거운 콜라예요. 뜨거운 콜라를 열심히 뛰어가서 가져오는 거예요. 그때 참 마음이 아팠어요. 콜라 먹겠느냐는 말에 아무 생각 없이 '응'이라고 했는데 사실은 그 아이가 그렇게 뛰어가서 고생하고 땀을 뻘뻘 흘리며 가져온 콜라였던 거죠. 그런 상황도 잘 인지해서 요청할 것은 요청하고 말아야 할 것은 조심하고 주의해야 해요.

NGO: 서비스 러닝 – 봉사하면서 배우고 가르친다

황돈균   NGO에 대해서도 여쭤보고 싶습니다. 한국에도 이미 NGO 활동이 있지만, 전에는 명망가들이 조직한다든가 재정적인 역량이 큰 곳에서 만들었는데 요즘은 작은 생활 단위에서 신청하는 사람들이 있습니다. 지금 선생님이 활동하시는 '시즈 오브 임파워먼트' 같은 단체가 재정적인 부분에서 부담이 되거나 그런 구조 없이도 잘 운영되는 노하우가 있을까요?

폴 김   제가 볼 때 모든 교육의 현장에는 그런 봉사 단체가 함께 있어야 한다고 생각해요. 초등학교 때부터 아이들이 참여할 기회를 주고 때로는 참여하게 하고 직접 자기들이 NGO에 대해서 생각하고 만들고 운영할 수 있어야 해요. 어린아이들도 성취감을 느끼고 스스로 뭔가 이 사회에 기여한다고 생각할 수 있게 하는 프로젝트가 사실 학습의 궁극적인 목표 가운데 하나이기도 하고요. 그런 기회가 초·중·고뿐만 아니라 대학에서도 있어야 한다고 생각합니다. 그래서 초등학생들이 운영하는 NGO도 있을 거고, 중학생들이 NGO를 운영할 수도 있고, 또 NGO를 운영하면서 특별활동 시간이 모두 다 NGO 형태가 될 수도 있을 겁니다. 사실 그게 서비스 러닝 service learning 이거든요. 서비스를 하면서 배우는 아주 이상적인 교육 형태죠. 현재는 대학 농활이 그런 교육 형태이긴 하지만 초등학교 때부터 만들 수 있다고 생각합니다.

인도에 갔을 때 초등학생들이 아트클래스를 통해 만든 작품들을 판매해서 모금 활동하는 것을 봤거든요. 초등학생들도 참여할 수 있고 중학생, 고등학생 누구나 다 동참할 수 있는 서비스 러닝 체계가 아주 좋은 교육 환경이 될 수 있다는 것을 말씀드리고 싶어요. 또 제가 이 NGO를 만든 가장 중요한 목적은 대학에서 연구를 하고 프로젝트를 하고 평가하는 것만으로는 궁극적인 변화를 가져오기가 힘들어서였어요. 대학의 연구와 강의실에서의 노력만으로는 그 연구의 실천이 지속 가능하지 않고 사회에 책임을 지지 않기 때문이죠. 어떤 사람들은 대학은 그런 문제와는 상관없고 연구가 중요하다고 주장할 수 있는데, 과연 우리가 왜 연구를 하는지 질문이 필요할 것 같습니다. 연구를 왜 하는지 알게 된다면 결국 그와 같은 서비스에 대한 역할도 할 수 있고 영향을 줄 수 있을 것이고, 대학의 평가에 그 부분이 반영되어야 올바른 모델이라고 생각해요. 글로벌 대학이라고 주장할 수 있으려면 세계적 영향력을 보여주어야 맞지 않을까요? 교육의 세계적 영향력이라는 것은 어떤 사회 서비스를 제공하고, 사회를 변화시키도록 역할을 하고, 또 그런 역할을 하는 데 도구가 되는 어떤 제도나 디바이스나 사람을 만들기도 하고 보급하기도 하고, 그것이 평가되기도 하는 선순환의 체제와 관련이 있죠. 그래야 참다운 교육 현장이 되지 않을까 생각합니다.

함돈균   앞서 대화에서 대학 평가 지표에 세계적 영향력이 아주 중요하게 반영되어야 한다고 얘기를 하셨는데, 이런 형태의 서비스 러닝이라든가 사회의 봉사적인 역할도 지표가 되어야 한다는 말씀이시죠?

폴 김   당연합니다. 그런 역할은 대학뿐만 아니라 초등학교까지 내려갈 수 있고요, 초등학생도 분명히 할 수 있다는 겁니다. 어른들 생각에 아이들이 어려서 뭘 하겠느냐 하는데 아주 잘못된 생각입니다. 아이들이 할 수 있는 것은 너무나도 많고 아이들에게 권한을 주고서 결정하게 하고 협력해서 일을 하게 하는 것이야말로 정말로 진실한 교육의 한 부분입니다. 또 NGO의 운영에 대해서 한 말씀 드리면, '시즈 오브 임파워먼트'는 100퍼센트 자원봉사자만이 모여 있는 집단이기 때문에 운영비가 전혀 없다는 거예요. 스태프에 대한 고정 임금이 없기 때문에 부담이 없어요. 보통 NGO를 한다고 하면 운영 비용이 상당히 많이 들어서 오히려 진짜 하려는 프로그램 비용이 줄어들거나 하는 경우가 꽤 많아요. 그래서 이상적인 NGO는 프로그램 비용이 많고 운영비가 적어야 한다는 사실을 기억할 필요가 있어요. 이런 방식으로 운영하려면 결국 자원봉사자의 참여를 늘릴 수밖에 없는데, 자원봉사라는 게 사회적 책임감을 요구하는 일이니 이런 조직은 그 참여 자체가 배움의 장이 되는 겁니다. 이때 조심할 것은 아무래도 자원봉사자들이다 보니까 할애할 수 있는 시간이 한정되어 있고, 그 할애할 수 있는 시간도 딱 언제로 제한되어 있다는 거죠. 그래서 시간을 관리하는 것이 아주 중요한데 가장 중요한 것은 자원봉사자를 받아들일 때 그 사람의 능력, 할 수 있는 재량이라든지 스킬, 잘하는 점, 부족한 점 등을 잘 파악해서 적재적소에 활용해야 한다는 거예요.

그래서 이런 경우 NGO는 수평적 관계일 때 더더욱 이상적으로 운영된다고 생각하면 될 것 같아요. 수직적인 체계가 생기면 리더십과 참여하고 있는 멤버들 간의 거리가 더 멀어지고 또 거리가 멀어지면 아이디어 교환 등이 더 어려워지겠죠. 그래서 저는 NGO의 리더는 항상 모든 멤버와 가깝고 긴밀한 관계에 있어야 성공적인 운영이 될 수 있다고 봅니다. NGO의 운영은 결국에는 학교 운영과 그렇게 다르지 않다고 생각해요. 학교 운영에 있어서 선생님은 코치가 되어야 한다고 말씀드리지 않았습니까. 그래서 학생들 각각의 개별적인 약점과 강점을 잘 파악하고 있어야 하고, 그래야 학생들 각각의 최고의 잠재력을 꺼낼 수 있다고 말씀드렸죠. NGO도 똑같습니다. NGO도 각 멤버들의 강점과 약점을 잘 파악하고 있어서 멤버들 각자의 잠재력을 최대한 끌어낼 수 있는 리더십이 아주 중요한 역할을 한다고 생각해요. 또 가치에 대한 자각, 우리가 과연 같은 이상과 가치 및 비전을 똑같이 한 페이지에 담고 있는지 확인하는 게 상당히 중요하거든요. 자각이 다르면 아주 다른 결과가 나타날 수 있으니까요.

함돈균 NGO들의 운영비가 실제 프로그램 비용보다 많다는 말씀은 정말 새겨들을 얘기네요. 처음 조직을 만든 목표를 생각해보면 거꾸로 되는 상황이니까요. 지역과의 연계도 중요하지 않은가요? 줄곧 지속 가능성이나 현지 맥락화를 강조해오셨는데요.

폴 김 중요하지요. 우리가 봉사하러 가는 지역의 자원과도 연계를 위한 준비와 정리가 잘되는 것이 아주 중요합니다. 예를 들어 교육 관련 프로젝트라면 그 지역에 있는 선생님, 교장 선생님, 교육부 산하 관련 기관이라든지 도서관이라든지 행정적인 지원을 할 수 있는 부분이나 아니면 대학이라든지 관련된 여러 사람들이 우리가 하려고 하는 프로그램이나 솔루션에 대해 가치를 자각하고 있는지 또 프로젝트에 대한 이해가 잘 정리되어 있는지에 따라서 프로젝트의 성공과 실패가 나뉘지요. 그런 것이 NGO의 입장에서는 모두 다 미리 준비해야 하는 과제인 거예요. 그래서 무작정 혁신적인 해결 방안이기 때문에 가면 당연히 좋을 것이라는 무모한 생각으로 가면, 상당히 많은 마찰을 일으킬 수도 있고 오히려 해가 될 수도 있고 또 지속 가능성도 없을뿐더러, 게다가 실패로 끝났을 때 매우 좋지 않은 영향을 미칠 수가 있습니다. 왜냐하면 다음에 그와 비슷한 프로젝트를 실천하려고 할 때 이미 경험한 일 때문에 현지에서 반감을 얻기도 하거든요. 예컨대 물 정수 프로젝트를 하려고 왔다면서 사실상 정수도 안 되고 그 물을 먹고 병이 났다든지, 돈만 들이고 사기당한 느낌이 들게 한다든지, 설치해놓고 그냥 가버려서 미관상 상당히 안 좋은 환경이 되었다든지, 지하수를 망쳐놓았다든지 해서, 다음에 더 획기적이고 좋은 솔루션을 갖고 오는 다른 사람들조차 실천할 수 없게 하는 나쁜 결과를 초래할 수가 있거든요. 그래서 어떤 선례를 남기느냐가 상당히 중요합니다. 그래서 유종의 미를 분명히 잘 거두고 와야 해요. 물론 계속해서 지속 가능한 헌신을 할 수 있으면 좋겠지만 어떤 부득이한 사정에 의해 계획대로 안 될 경우에는 끝맺음을 더 잘할 수 있도록 각별히 주의해야 합니다.

NGO도 학교다, 그곳에도 코칭이 필요하다

함돈균   지금 운영하시는 비영리 교육 단체가 전부 다 100퍼센트 자원봉사자들이라고 말씀하셨는데, 그와 관련해서 조금 세부적으로 여쭤보고 싶은 게 있습니다. NGO이긴 하지만 전적인 헌신이나 열정을 모든 이에게 기대한다는 건 어렵잖습니까. 능력에도 차이가 있고 참여하는 동기 유발에 있어서도 차이가 있고요.

폴 김　　학교와 NGO가 비슷하다고 생각하면 된다고 말씀드렸죠? 그래서 저는 NGO를 '경영'의 관점에서 보기보다는, 제가 생각하는 학교-교사의 '코칭 coaching'으로 이해합니다. 저는 코칭 스타일로 지금까지 많은 조직을 운영했던 것 같아요. 예를 들어 공부하는 학생의 입장에서 정말 공부를 너무 못하고 글을 읽을 수도 없는 상황이라고 칩시다. 그래서 그 학생에게 정말 글을 읽게 하고 싶은데 너무 동기 유발도 안 되어 있고 관심도 없고 기초 지식도 모자란 거예요. 그럴 때는 그 사람이 정말로 하고 싶은 게 뭔지, 정말로 잘하는 게 뭔지, 관심 있는 게 뭔지 파악하는 것이 중요해요. 그래서 인센티브는 모두에게 필요한 것이라고 생각하고요. 어떤 위치에 있든 간에 어떤 기관이든 어떤 조직이든 어떤 사람이든 모두 인센티브 없이는 참여하지 않는다고 생각하면 될 것 같습니다. 열정만으로는 절대 불가능하고요.

　그렇다면 모두가 인센티브를 주고받는 모델이 이런 프로젝트를 지속 가능하게 한다고 하면, 어떤 이득 때문에 하느냐고 반문할 수도 있을 겁니다. 제 대답은 어떤 가치의 인센티브인지는 모두가 다 다르리라는 겁니다. 금전적인 인센티브인지, 정서적인 인센티브인지, 어떤 성격의 인센티브를 바라는지는 사람마다 다 다르기 때문에 봉사하는 사람들을 만나서 각자가 어떤 부분에 주목하는지를 잘 파악하는 게 중요해요. 학교에서 교사가 코칭할 때 쓰는 테크닉과 같아요. 예를 들어 읽기를 싫어하는 아이에게 스포츠카 잡지를 주면 자기의 관심사이다보니 영어에 대한 관심도 커지는 것을 볼 수 있습니다. 영어 교육에서 이런 방법을 쓸 수 있다면 NGO의 영역에서도 마찬가지입니다. 관심 있는 게 무엇인지, 어떤 스킬을 갖고 있는지, 어떤 것을 던져줬을 때 그 사람이 생각하는 가치와 우리가 필요로 하는 가치가 잘 맞아떨어지는지를 알아낼 수가 있거든요. 그런데 그렇게 하려면 그만큼 리더와 멤버 간에 아주 긴밀한 대화도 해야 하고 무엇을 필요로 하는지, 어떤 것이 인센티브가 될 수 있는지를 잘 파악해서 적절히 잘 활용해야 합니다. 그래서 교육과 아주 흡사한 모델이라고 말씀드릴 수 있죠.

함돈균   교육-학교와 흡사한 모델이라는 말씀이 상당히 재미있으면서도 효율적인 비유가 되기도 하네요. 그렇게 보면 제 경우는 일종의 NGO를 조직하고 활동해오면서도 이 점을 잘 이해하지 못한 거 같아요. 폴 선생님 표현대로라면 '커밋먼트commitment'에 과도하게 의존하고 기대를 하다 보니 참여하려는 의지를 지닌 개인들의 동기 유발이나 동기의 지속성을 계속 유지시키거나 확장시키지 못했다는 생각이 드는군요. 그런데 이런 활동이라는 게 혼자서 할 수 있는 일이 아니기 때문에 결국 사람과 사람이 만나는 일이잖아요. 단체와 단체가 만나기도 하고요. 어떻게 보면 네트워킹과 관련된 건데, 이 네트워킹 활동도 그런 교육-학교 형태의 비유로 이해할 수 있는 부분이 있을까요?

폴 김   물론입니다. 교육도 학교에서 팀 프로젝트를 많이 하지 않습니까? 물론 기존의 학교들에서도 그런 것이 잘 이루어지는 모르겠지만, 일단 저는 스탠퍼드에서 강의를 한다든지 어딘가에서 교육 프로젝트를 할 때 항상 팀워크를 중요하게 생각하고 팀을 이루어서 하는 걸 좋아해요. 온라인상에서 무크MOOC 수업을 했을 때도 강조했던 부분이기도 하고요. 네트워크를 구성해서 자기에게 없는 스킬을 다른 사람이 채워주는 적절한 이상적인 팀을 만들 수 있는 능력도 학습에 필요한 능력이라는 거죠. NGO도 마찬가지예요. 모든 능력을 다 갖춘 사람이 있으면 좋겠지만 그럴 수는 없기 때문에 항상 필요로 하는 것이 무엇인지 살펴야 한다는 거예요. 예를 들어 웹사이트를 디자인해야 하는데 웹디자이너가 없다면 기존의 네트워크를 통해서 그런 일을 할 수 있는 사람이 있는가를 먼저 파악하고 또 그런 사람이 우리 조직의 일에 관심을 갖게 하려면 무엇을 인센티브로 줘야 하는가, 그 사람이 필요로 하는 것은 무엇인가, 그 사람이 가치 있다고 생각하는 것은 무엇인가를 알아내서 우리에게 필요한 것, 우리에게 가치 있는 것과 정렬시키는 작업이 필요하겠죠. 그렇게 되면 정말 무궁무진하게 많은 사람을 참여시킬 수 있고 그들의 스킬을 이용해서 우리가 필요로 하는 일들을 해결해나갈 수 있는 모델이 되는 겁니다.

마일스톤, 조직의 궤적을 기억하게 하라

함돈균　아까 궁극적인 목표에 대한 말씀도 하셨는데 우리가 최종적이고 궁극적인 목표를 확인하는 것도 중요하지만, 그 목표는 어떻게 보면 계속 진행형인 과정으로서 존재할 수도 있기 때문에 부분의 과정을 어떻게 의미화하고 단계를 설정하고 성취해왔는가를 확인하는 일도 상당히 중요할 것 같거든요. '과정', '프로세스' 자체를 의미화하는 일이죠.

폴 김　네, 그래서 '마일스톤milestone'을 항상 잘 정리해서 공유하는 게 참 중요하다고 생각해요. 마일스톤이라는 게 일정한 시간 속에서 조직이 걸어온 의미의 표지석 같은 거죠. 지금까지 우리가 이룬 일들, 획기적인 일들이 멤버들에게 상당한 자긍심을 갖게 하거든요. 지속 가능한 동기를 갖게 하는 데 아주 지대한 역할을 하죠. 그래서 그와 같은 마일스톤을 항상 커뮤니케이션을 통해서 잘 알려주고 멤버들에게 그때그때 새로운 소식을 알려주는 부분이 중요해요. 수치화할 수 있는 부분은 수치화해서 크든 작든 간에 우리가 지금 긍정적인 프로젝트를 해나가고 있고, 절대 부정적이거나 후퇴하고 있지 않다는 모습을 보여주는 것도 리더로서 해야 될 일이고요. 그랬을 때 사람들이 '아 점진적인 발전을 하고 있구나, 속도가 조금 느릴지는 몰라도 그래도 계속 발전적인 방향으로 나아가고 있구나' 하고 인식하게 되죠.

제가 항상 멤버들에게 하는 말이 있어요. '우리는 더딜지는 몰라도 절대 멈추지 않는다We may be slow but we never quit.' 그래서 사람들이 느린 부분을 걱정할 수는 있어도 빠른 토끼보다는 멈추지 않는 거북이가 결국 결승에서 이긴다는 생각을 갖게 하는 거죠. 자원봉사자들이다 보니까 언제는 시간이 되었다가 언제는 그렇지가 않고 왔다 갔다 하지 않습니까? 그래서 계속 마일스톤을 그때그때 알려주면서 본인이 참여하지 않을 때에도 계속 일이 진행되고 있었고 또 다른 멤버가 어떤 기여를 해서 더욱더 긍정적인 궤적이 생겨나고 확장되고 있다는 인식을 자꾸 주면 참여했다가 못 하게 된 사람들도 다시 돌아오고, 항상 그런 관계로 계속 나아갈 수 있는 계기가 되는 거죠.

함돈균   사석에서 하신 말씀 중에 인상 깊었던 게 '참여'의 문제와 관련해서 한 번 맺게 된 관계는 가능한 한 어떤 이유든 간에 '다리를 불태우지 않는다'는 말씀을 하셨는데요, 이 얘기도 이런 활동과 관련해서 참조 사항이라는 생각이 듭니다.

폴 김   인간이 받은 축복 가운데 하나가 망각의 축복이에요. 우리는 항상 부정적인 것들을 시간이 지나면 잊어버리고 그런 기억의 영향력에서 벗어나는 축복을 받았거든요. 그래서 좋지 않은 사건을 겪은 적이 있어도 시간을 두고 다시 관련된 일과 맞닥뜨릴 수 있다든지, 아니면 어떤 나쁜 기억이 있는 사람과도 관계 회복을 위해서 노력하면 충분히 좋아질 수 있는 성향을 가지고 있어요. 예를 들어볼게요. 어떤 사람이 프로그래머여서 프로그래밍이나 디자인에 도움을 주고 있었는데 알고 봤더니 사실 실력이 별로 안 좋아요. 본인은 자기 실력이 상당히 좋다고 생각해서 시켰더니 결과가 너무 안 좋아지고 오히려 프로젝트에 더 해가 되는 상황이 벌어졌어요. 그렇다고 그 사람한테 그만두라고 할 수는 없거든요. 그러면 그 사람의 고마운 부분은 인지하고 그가 갖고 있는 능력에 맞는 업무를 지정해주거나 다른 업무 쪽으로 유도를 해야지, 그만두게 하거나 더 이상 관계를 안 맺겠다고 결정하는 것은 적절하지 못하다는 거죠. 분명히 잘할 수 있는 다른 재능talent이 있을 거라고 생각해요. 모든 사람은 각자 재능이 있기 때문에 그 재능을 찾아나가는 과정이 상당히 중요하다고 생각하고 그래서 더더욱 항상 많은 대화를 해야 한다는 거예요. 관계가 소원해졌다든지 할 때 절대로 그대로 끝내지 말고 항상 마일스톤에 대해 업데이트를 해주면서 지속적으로 관계를 유지하고 언젠가는 모든 관계를 회복할 수 있는 계기를 찾아야 한다는 거죠. 또 말씀드린 대로 인간은 망각의 축복을 받았기 때문에 그런 생각이 강했더라도 시간이 지나면서 다시 약해질 수 있고 부정적인 생각만 가득 차 있던 것이 좀 희미해지면서 긍정적인 생각이 들 때도 있으니까, 그런 추진력momentum을 잃지 않고 잘 활용하면 어떤 자원봉사자든지 항상 지속적으로 참여할 수 있는 계기를 만들어줄 수 있고 그 사람의 재능을 잘 활용할 수 있다고 믿고 있어요.

함돈균   마지막 질문을 드리겠습니다. 지금 재능 말씀을 많이 하셔서 드리는 말씀인데요. 우리가 NGO 활동, 비영리적인 활동, 공공적인 봉사 활동을 하는 사람들에게 갖는 하나의 인식이 재능의 관점에서 보기보다는 영혼의 관점으로 대하거든요. 순수한 헌신, 영혼이 순수한 사람들의 봉사라든가 정서적이고 마음이 열정적인 차원으로 이해하는 경우가 많습니다. 한국에서는 아직도 대통령을 뽑을 때 상당히 도덕적이고 윤리적인 사람을 뽑지 기능적인 관점에서 보지 않는 것처럼, 문화적인 차이도 있는 것 같아요. 선생님께서는 궁극적인 목적을 위해 실용적인 관점에서 협업하시고, 재능의 관점에서 접근하시는 입장으로 보이는데 그 말씀을 해주셔도 좋을 것 같습니다. 또 사석에서 말씀하신 깨진 거울, 순수한 교육자라고 할지라도 스스로를 온전한 거울로 생각하면 안 된다는 말씀이 굉장히 인상 깊었거든요. 그 얘기를 종합하면서 마무리해주시면 좋을 것 같습니다.

폴 김   저는 항상 NGO나 조직을 학습의 장으로 생각하고 또 교사와 학생의 관계, 그러니까 코치와 학생의 관계와 비슷하다고 생각하고 적용하기 때문에 일단 모두에게 재능이 있다는 생각으로 접근합니다. 재능 없는 사람은 존재하지 않아요. 말을 못하는 사람이라도 무언가 재능이 있고, 손가락 하나 까딱할 수 없고 누워만 있는 사람도 재능이 있기 때문에 그 사람들을 활용할 수 있는 방법이 분명히 있다고 믿어 의심치 않습니다. 또 NGO 역할을 할 때 저는 열정만으로는 절대 안 된다고 생각해요. 물론 열정이 있으면 너무나도 좋지만 절대로 모두에게 그런 열정을 강요할 수는 없다는 거죠. 열정이 10퍼센트인 사람도 있을 거고 70퍼센트인 사람도 있을 거고 90퍼센트라면 더더욱 당연히 아주 이상적인 역할을 하게 되겠지만, 열정이 5퍼센트인 사람도 그 5퍼센트를 쓸 수 있다면 100명을 쓰면 되는 거잖아요. 그래서 리더가 가장 중요하게 생각해야 할 것은 어느 정도로 도전적인 과업을 맡길 것인지를 심사숙고해야 해요. 맡은 일이 너무 쉬우면 안 하거나 무시하게 되고 또 너무 어려우면 어려워서 지레 포기하기 때문에 적절한 참여도를 항상 마음에 두고 결정해야 해요. 난이도가 적절할 때 가장 참여도가 높거든요. 너무 쉽거나 하찮은 일을 시키지 말고 너무 어렵거나 힘든 일을 시키지 않아야 하는 거죠. 그래서 그 참여할 몫을 잘 생각해서 사람마다 적절한 참여도가 무언지를 항상 생각하는 게 중요해요. 열정이 5퍼센트인 사람이라고 해서 내쳐서는 안 돼요. 그를 통해 또 새로운 네트워크가 형성될 수도 있기 때문에 항상 대화를 나누며 그 사람에게 맞는 인센티브가 무엇일지를 생각하고 또 그 사람을 활용해서 이룰 수 있는 것, 그 사람과 함께해서 이룰 수 있는 마일스톤이 분명히 있을 것이기 때문에 잘 찾아내서 상기하고 정리해 두어야 해요.

어떻게 보면 은행이라고 할 수 있어요. 5달러를 입금한 사람들이 많으면, 가령 천 명이면 5천 달러를 갖고 있는 것과 똑같잖아요. 물론 10달러보다는 적지만 그래도 숫자가 많으면 더욱더 효율성이 있거든요. 예를 들어 마케팅을 한다고 할 때, 5달러인 사람한테 '트윗 하나만 해줘, 좋아요 딱 다섯 개만 해줘' 한다고 해도 일주일에 한 번씩 다섯 개만 눌러도 상당하거든요. 이처럼 작은 일이라도 할 수 있고 분명히 활용할 수가 있기 때문에 마케팅이든 홍보든 모금 활동이든 필요한 사람은 꼭 있기 마련이에요. 그러니까 모든 사람은 재능이 있고 기여할 준비가 되어 있다고 믿는 게 중요하다고 생각해요. 그런 마음가짐과 참여도를 생각하고, 코칭의 입장에서 필요한 것, 어떤 강점이 있는지, 우리가 필요한 것과 그 사람의 강점을 잘 맞출 수 있는 모델로 나아가면 더 지속 가능한 모델이 되지 않을까 싶습니다.

함돈균　학교-교육-NGO, 나아가 기업의 운영에까지 선생님의 관점이 일관되게 '코칭'의 차원으로 관통되고 있는데요, 앞서 교육의 장에서 코칭을 이야기하실 때보다 지금 이 얘기가 여기에서 다시 더 잘 이해가 되네요. 인간과 인간이 모여 이루는 커뮤니티를 이해하는 관점에서도 제게 많은 가르침이 되고 있습니다.

깨진 거울의 귀한 능력

폴 김　그런 차원에서 한 말씀 더 강조하고 싶은 얘기가 있습니다. 사실 이런 얘기들을 우리는 조직의 운영이라는 차원에서, 말하자면 '용병술' 비슷한 관점으로 볼 수도 있는데요, 이 얘기를 그렇게 오해하면 안 된다는 말씀을 노파심으로 드리고 싶어요. 우리가 열정이 5퍼센트인 사람을 어떻게 '쓸 수 있을까' 고민했는데, 사실 제 얘기는 우리도 5퍼센트일지 모른다는 관점을 깔고 있는 겁니다. 우리는 절대 완벽한 사람이 아니고 준비된 사람이 아니라는 거예요. 그래서 제가 생각하기에 항상 우리는 '길거리에 떨어져 있는 깨진 거울'이라고 생각하는 마음을 갖는 게 중요하다고 봅니다. 특히 교육자, 코치의 역할을 하고 있다면 스스로 완전한 원형의 예쁜 거울이 아니라, 불완전하고 남에게 상처가 될 수 있고 남을 베이게 할 수 있는 깨진 거울일 뿐이지만, 이런 거울도 빛을 반사시키는 귀한 능력이 있다고 믿어야 해요.

우리는 빛을 생성하는 태양은 될 수 없지만, 빛을 조금이라도 반사시켜서 어두운 곳을 조금 더 밝게 하고 빛이 필요한 이들에게 빛을 나눠줄 수 있는 역할을 할 수 있다고 생각해야 해요. 우리가 아무리 작고 못생기고 깨지고 상처를 주는 존재일지라도 그것마저도 잘 활용하면 필요한 곳에 빛을 전하는 훌륭한 역할을 할 수 있다는 마음가짐이 있을 때 참교육자가 되지 않을까 싶습니다. 스스로 완벽한 거울이라고 생각하면 그 지점부터 일단 시작부터 문제가 있는 거예요. 빛을 반사하는 사람이 아니라 빛을 생성하는 사람이라는 착각이 들고, 그런 자만과 교만 때문에 학생들이나 NGO에 참여하고 싶어 하는 사람들에게 거부감을 줄 수도 있고 참여하지 않는 계기가 될 수도 있거든요.

함돈균　　참 그 말씀이 제 뒤통수를 칩니다. 그렇죠. 저 자신을 포함해서 어떤 '사명감' 비슷한 것이 있는 사람들, 지식 계층, 교육계 종사자들은 대체로 자기도 모르게 그런 선지자 의식을 가지고 있죠. 그게 타인에게 과잉되게 엄격한 잣대를 들이대기도 하고요. 참 경청할 말씀이네요. 나는 해가 아니라 빛을 반사하는 거울이다, 깊이 새겨들을 말씀입니다. 교육 운동을 하는 사람들은 더욱더 말이죠. 리더십 교육에서도 강조해야 하는 말씀이네요.

폴 김 그렇죠. 그래서 항상 '나는 깨진 거울이다'라고 되새기고 있으면 멋진 빛을 반사해서 필요한 곳에 쓰임 받을 수 있다고 생각합니다.

함돈균 네. 고맙습니다. 그럼 이제 이 캘리포니아 사막에 와서 저희가 나눈 긴 얘기를 정말 정리할 시간이네요. 선생님의 앞으로의 계획을 듣는 걸로 마무리를 했으면 합니다. 특히 궁금한 점이기도 하고 제 개인적 바람이기도 한데, 그동안 한국에서는 상대적으로 적극적인 어떤 활동을 하시진 않았는데 이런 부분도 궁금하고요.

폴 김 일단은 제가 아무래도 교육공학을 전공한 사람이기 때문에, 15년 동안 스탠퍼드에 있었던 만큼, 앞으로 15년은 새로운 교육 환경을 디자인하고 시도해보는 계기를 갖고자 합니다. 그래서 새로운 시스템의 대학을 디자인하는 일, 그런 대학을 운영해보는 일과 관련한 기회를 만들고 싶어요. 학습하는 환경, 학습하는 미디어 부분에서 지금까지 시도되지 않은 환경, 미디어, 전공을 실험해보고 싶고요. 그래서 디자인적 사고를 대학에 적용하는 거죠. 고등교육에 디자인적 사고를 적용하고 시도

해보면서 또 배우고, 공유하고, 디자인을 더 향상시킬 수 있는 계기를 많이 만들고자 합니다. 스탠퍼드 안에서든, 외부에서든, 다른 대학에서든 모든 가능성을 열어두고 있습니다.

함돈균 구체적인 계획을 말씀하실 필요성을 느끼진 않으시나요? 아직 공개하기에는 이를까요?

폴 김 그런 부분이 없지 않아 있는데, 일단은 지금까지 제가 전 세계를 돌아다니면서 해왔던 일들의 융합체적인 것을 생각하고 있어요. 170여 개 국가에서 2만 명의 학생들이 등록한 무크 수업 때의 환경 같은 것을 좀 더 탐구해보고 싶어요. 그게 어떻게 보면 새로운 대학의 모델이 될 수 있거든요. 그래서 누구나 자유롭게 참여할 수 있는 대학, 누구나 역량을 최대한 발휘하고 평가받을 수 있는 대학을 한번 탐구해보고 싶어요.

함돈균 누구나 참여할 수 있는 대학이라면, 학력 같은 것은 상관없습니까?

폴 김 학력, 연령 다 상관없는 완전 개방형 대학이 되겠지요. 누구든지 자기의 역량을 잘 발휘하면 자신감을 발전시킬 수 있을 뿐만 아니라 역량을 평가받을 수 있고, 또 크라우드 소싱을 통해서도 평가받을 수 있고, 그런 평가를 받아서 인정에 상당하는 포상이나 보상을 받는 그런 시스템을 한번 갖춰보고 실험해보고 싶어요. 대학을 실험하는 거예요. 대학 자체가 랩인 거죠.

함돈균   연구자로서도 말씀해주시지요.

폴 김   연구자로서는 계속해서 세계시민global citizen이라는 명찰을 달고, 도움을 필요로 하는 전 세계의 많은 지역, 커뮤니티와 연계해서 필요한 해결 방안이 무엇인지 계속 생각하고, 또 그런 커뮤니티에서 필요로 하는 교육 환경이라든가 책의 모델을 계속해서 찾을 생각입니다. 또 함께 공감할 수 있는 기관, 리더들과 해결 방안을 같이 디자인하고 실험해보는 계기를 많이 만들 거예요. 많은 기관 그리고 같이 공감할 수 있는 많은 사람과 공유를 하고, 실질적으로 경험도 해보면서 해결 방안들을 개발하고 이행하고 평가하는 계기를 가질 것 같습니다.

함돈균   교육자로서의 역할을 조금 다른 위치에서 말씀해주실 수 있나요?

폴 김   교육자로서는, 사실 저는 나이 상관하지 않고, 어린아이든 어른이든 교육이 필요한 상황이나 환경에서는 항상 먼저 듣는 것을 좋아하거든요. 교육을 받으려고 하는 사람이 무엇을 필요로 하는지 잘 이해하려면 이야기를 많이 들어야 하기 때문이에요. 그렇게 했을 때 처방적인 교육 계획을 제공할 수 있거든요. 또 많은 부분에서 시너지가 생겨요. 초등학교를 위한 해결책이 기업체에서 사용될 수 있고, 의대를 위한 해결책이 커뮤니티 러닝 센터에서 사용될 수 있는 시너지를 잠재하고 있어요. 그래서 저는 다른 사람들과는 다르게 교육을 바라보는 넓은 시야뿐만 아니라 스펙트럼도 경험상 상당히 넓다고 생각해요. 초등학교에서 성인 교육까지, 비영리부터 영리까지, 사립학교에서 공립학교까지 모든 부분을 볼 수 있는 정말 큰 광각 렌즈wide lens를 지금까지 경험을 통해 보유하고 있고 활용해왔다고 생각하거든요. 이것들이 앞으로 시너지를 낼 수 있는 일들을 많이 할 것 같습니다.

함돈균　국경 없는 학교와 관련해서 국제적으로 더 얘기해주실 수 있는 부분이 있을까요? 어떻게 보면 NGO와 같은 일들을 많이 하셨잖아요.

폴 김　현재까지 제가 포켓 스쿨이라는 프로젝트를 시작으로 스마일, 로즈, 기업가 정신 등 이런 교육들을 실행해보고 연구해왔지 않습니까? 큰 맥락은 많이 변하지 않을지라도 새로운 해결 방안들을 개발할 것 같아요. 그래서 지금까지는 어떻게 보면 기초 교육이라든지 읽고 쓰기, 계산 능력, 창업가 정신, 비판적 사고 같은 것이 주된 주제였는데, 이제 앞으로는 직업 교육에 더더욱 관심을 쏟을 것 같습니다. 왜냐하면 교육을 활용할 수 있는 출구가 없는 곳이 상당히 많아요. 아무리 공부를 했어도 그다음에 어떻게 할 수 있는 다음 단계가 없는 지역이 상당히 많거든요. 그런 지역에다가 직업적 기회를 더 제공할 수 있는 교육은 어떤 것일까, 모델은 어떤 것일까에 대한 고민들을 상당히 많이 하고, 그런 쪽으로 혁신을 불러올 수 있는 해결책들을 많이 탐구할 것 같습니다.

함돈균　상대적으로 여러 나라를 다니면서 일들을 하셨는데 말씀을 들어보니까 이미 세계시민 의식을 가지고 계셔서 한국이라는 나라를 조국이라고 특별히 염두에 두거나 하는 부분은 초월하신 것 같아요. 그래도

한국에서 앞으로 어떤 역할을 해보고 싶다든가 계획한 일이 있으시면
얘기 좀 해주세요.

폴 김　물론 저는 한국을 정말 사랑합니다. 세계시민이라 하더라도 나
라 사랑하는 마음은 똑같죠. 그런데 한국에서 원하지 않으면 굳이 혼자
짝사랑하는 것도 아니고 해서 어려워요. 지금까지는 많은 부분에서 요청
이 오면 참여를 했거든요. 일단 한국에서는 특별하거나 체계적인 요청을
해온 적이 없어요. 그렇지만 언제라도 발 벗고 나서서 무언가 하고 싶은
마음은 충분히 있습니다. 프로젝트를 하면서도 많은 나라에 한국을 소
개하고 있고요.

함돈균　이번 이 대화집의 출간이 한국에도 공공적이고 창의적인 아이
디어와 사회 혁신을 위한 중요한 가교 역할을 했으면 하는 바람입니다.
그런데 방금 많은 나라에 한국을 소개하는 일을 하고 있다고 하셨는데,
문득 교육적 차원에서는 우리도 문제가 많은데 어떤 내용으로 소개를
하시는지 궁금해졌어요.

폴 김　제가 자라온 환경, 일제강점기, 한국전쟁, 전후의 아주 힘들고
어려웠던 상황들, 그렇지만 교육에 가치를 두고 고난을 극복해나가며 열
심히 발전시키려던 노력들 그리고 IMF 때 금반지, 돌 반지를 팔아서라
도 나라에 도움이 되고 싶다고 나섰던 국민들의 마음도 얘기하고, 또 현
재 글로벌 기업이 된 기업들을 소개하기도 합니다. '한국인'은 제 명찰이
잖아요. 생긴 것도 한국인이고, 말도 한국말을 하기 때문에 항상 전 세

계를 돌아다니면서 그런 이야기들을 자주 하면 많은 사람이 감동을 받고 도움을 받고 위안을 받기도 해요. 그래서 제가 에티오피아가 한국전쟁에 참전했다고 얘기하면서 당시 한국이 힘이 없어서 그들 나라의 도움을 받았다고 하면 아프리카 사람들이 상당히 놀라워하고 공감대를 형성하거든요. 한국이 어떻게 보면 롤모델이 될 수 있는 부분이 상당히 많고, 그래서 한국에 대한 얘기를 많이 하고 있어요. 제가 공유하는 것들 중에 꽤 많은 부분을 차지합니다.

함돈균　　그렇군요. 그런 경험들이라면 동기 유발의 차원에서도 큰 격려와 영감이 되겠는데요. '국경 없는 학교'라는 개념으로 교육과 사회 캠페인을 결합한 일들을 해오셨는데, 대부분 굉장히 극빈 지역이나 분쟁 지역 같은 극단적인 상황에 있는 지역이었고 그에 비하면 한국은 상황이 많이 다르잖아요. 한국에서 혹시 선생님의 교육 프로그램이나 아이디어, 경험을 적용해볼 수 있다면 추상적인 차원이라도 어떤 형태가 있을 수 있을까요?

폴 김　　어떻게 보면 한국의 문화는 쉽지 않은 환경이에요. 지적인 다양성이 상당히 결여되어 있거든요. 그리고 바깥 것에 대한 두려움이나 배타적인 이해도 많아요. 저도 깜짝깜짝 놀랄 때가 있어요. 동네에서 전철 타고 버스 타고 가는데 정류장에 서 있는 피부색이 조금 검은 아이들을 보고 중·고등학생들이 '야 저기 흑형이 타려고 한다' 뭐 이런 말을 하는 거예요. 왜 저렇게 얘기하는지 의아하지만 그런 말들이 심지어는 버젓이 텔레비전에 나와요. '어떻게 그런 말이 그냥 방송에 나오고 용납하는 사회가 됐지? 원래 이런 사회였나?' 그런 생각을 하게 돼요. 또 소수민족이나 다문화 가정 등에 상당히 배타적이고, 폭넓은 커뮤니티를 형성하도록 도움을 주는 게 아니라, '그들'을 도와줄 바에야 배고픈 한국 사람들을 일단 도와주라고 이런 말들을 너무 쉽게 아무 생각 없이 하는 거죠.

저는 정말 이런 거 보면서 제 조국에조차 거부감이 들 때가 있고, 이렇게 젊은 사람들이 왜 저런 생각을 하고 저런 말을 공개적으로 할 수 있는지 가슴이 아파요. 그래서 깜짝 놀랄 때가 많아요. 한국을 방문할 때마다 이런 의식과 행동을 어떻게 고쳐야 하나 안타까운 마음이 많이 들었습니다.

그렇기 때문에 저는 제가 새로운 뭔가를 교육을 위해 가져간다고 해도 쉽지는 않을 것 같다는 생각을 오히려 한국을 보면서 많이 합니다. 배타적인 생각 때문에 가로막힐 것 같아요. 우리 고유의 방식이 있는데 왜 외국 것이나 다른 이상한 새로운 접근 방식을 들여온다는 건지, 새로움에 대한 두려움, 다른 것에 대한 두려움, 동질성에 대한 극단적인 추구 등이 상당히 만연해 있기 때문에 새로운 시도를 할 때 쉽지만은 않을 것이라고 예측하고 있습니다.

함돈균　폴 선생님 말씀을 들으니 제가 다 가슴이 아프네요. 역으로 보면, 지금 말씀하신 지점들을 우리가 하나의 특수성으로 각성하고 이 특수성을 긍정적으로 변화시킬 수 있는 조건은 무엇인지, 방법은 무엇인지, 누구와 함께 어떤 방식으로 실천해나갈지를 생각하는 일 자체가 바로 교육과 사회 혁신의 내용이 될 것이라고 봅니다. 한국 사회의 미래도 여기에 달려 있다고 저는 확신하고요.

폴 김　　　운동movement이 필요하죠. 아주 절실히 필요한 때라고 생각합니다. 배타적인 것을 두려워하지 말아야 해요. 어떻게 보면 근대화가 늦어진 것도 수구적인 정책들 때문에 배타적으로 필요한 혁신을 받아들이지 않고 거부하다 보니까 생긴 문제들이잖아요. 그래서 아주 어릴 때부터 글로벌 시민 의식에 대한 것, 학습이 무엇이고 어떻게 해야 하는지 공부하는 법을 가르쳐주는 부모들에 대한 계몽도 필요하고, 아이들도 세계 시민으로 자라날 수 있도록 역량을 키워주는 교육 체제가 필요한 것 같아요. 그렇게 해야만 한국에서 지적인 다양성, 그리고 모든 면에 대한 다양성, 소외 계층을 이해하고 안아주고 품어줄 수 있는 인성들도 생겨나지 않을까 생각합니다.

함돈균　　　말씀을 듣고 보니 한국 사회의 이중성에 대해 또다시 생각하게 돼요. 앞서 대학의 껍데기 글로벌에 대해서도 이야기를 나누었지만요, 교수진조차도 자기 학교 출신을 절대로 우대하는 행태나, 여성과 남성 교수의 비율은 물론이고, 한국의 대기업들 보면 아직까지도 임원직 여성의 비율은 엄청나게 낮거든요. 외국인이 한국에서 지자체의 장이 된다거나 공공 기관의 기관장이 되는 경우는 전무하지요. 초·중·고등학교 교사들 가운데 외국인이 되는 예는 거의 없고요. 국회의원 중에 외국인이나, 특히 개발도상국에서 온 가난한 나라 외국인이 비례대표나 선출직 국회의원에 출마하거나 당선되는 일은 아직 상상도 잘 못 하지요. 트럼프 체제의 미국에서 이민법, 시민권 논란이 가열되고 있지만, 한국 사회가 그런 일들에 흥분할 수 있으려면 자격을 좀 더 갖추어야 한다고 봅니다.

폴 김　　그래서 더더욱 글로벌 경쟁 시대에 말로는 글로벌, 글로벌 외치지만 실천은커녕 의식 변화도 사실상 전혀 없다는 거예요. 변화를 이루려면 어릴 때부터 세계시민이 무엇인지 교육시키고 계몽운동이 필요한 거잖아요. 글로벌 시민이 무엇인지 모르고, 스스로 그렇게 될 의지도 없으면서 글로벌 경쟁력 운운하는 건 허깨비 같은 이야기인 거죠.

함돈균　　보편적인 가치로서 세계시민 의식 이전에 지금 한국 사회의 노동시장을 보면, 계층 간 서열이 사실상 있고, 여기에 하위 서열을 외국인 노동자가 채우고 있어요. 경제의 현실이죠. 또 농촌에서는 총각들이 결혼을 못 해 외국에서 여성들이 들어와 결혼하는 일들이 많아서 시골에 있는 학교들은 한 교실에 다문화 가정 아이들의 비율이 반 정도 이상 되는 곳도 있습니다. 사회적으로 문화적으로 현실적인 문제가 되었으나 우리 교육은 아직 이 현실을 인정하지 못하고 있고, 이런 현실 속에서 함께 살아야 할 공존의 지혜나 가치에 대해 가르치지 않고 있지요. 그러면서 아직도 '민족'을 절대적인 가치인 것처럼 얘기하고요, 저는 그 '한류(韓流)'라는 명칭의 콘텐츠나 '한국사'가 아닌 '국사(國史)'라는 교과목 명칭 자체에도 재고해볼 측면이 있다고 봐요. 문화 다양성, 보편적 가치를 추구하는 시대에 국수적인 가치를 은연중 담고서 그걸 국가가 상품화, 이데올로기화하는 면도 있기 때문이죠. 그런데 이 가치는 현실적이지도 않다는 점에서 리얼리티가 없다고 봐요. 미래 지향적 가치가 아니라는 점에서 시야가 좁고 배타적이지요. 다른 사회·나라·문화와 공존의 가치, 협력의 가치와도 결부가 잘 안 되고요. 이 모든 게 교육이라는 장에서 벌어지는 일이라는 게 안타깝습니다. 한국이 이제 대통령 탄핵이라는 초유의 국가적 혼란을 겪으면서 새로운 나라를 만들어야 한다는 특별한 자성이 일어나고 있는 시점인데, 교육의 힘으로 성장한 나라이니만큼 이런 지점들을 정치가를 비롯하여 관료들, 기업가, 교육자들, 무엇보다도 국민–시민 모두가 각성할 수 있으면 좋겠습니다. 그러나 한편 다시 생각해보면 교육은 당장은 안 되는 일, 당장은 안 보이는 미래를 위한 씨뿌리기라는 것을 염두에 두고서 장기적 전략과 비전을 가지고, 그러나 더 이상 멈추어서는 안 될 사회 혁신의 첫 번째 과제라는 걸 명심하고서 함께 담대하면서도 지속 가능한 모색을 해야 할 시점이겠습니다.

그런 점에서 이 중요한 시점, 전 세계적으로는 문명의 새로운 분기점이라고 불리는 이 시점에 저희가 캘리포니아에서 나눈 이 이야기들이, 한국 사회의 변화뿐만 아니라, 교육과 사회 혁신을 바라는 모든 삶의 현장에서 깊은 영감과 새로운 시야를 확보하는 데에 도움이 되기를 진심으로 바라마지 않습니다. 바쁜 스케줄에도 불구하고 일주일 이상 이 대화를 위해 귀한 시간을 내어주신 폴 김 선생님께 깊은 감사의 말씀을 드립니다.

1. 주머니 가득한 희망을 펼치며

부록1은 폴 김 교수가 세계 여러 곳의 현장을 돌아다니며 기록한 일기에서 일부를 발췌하여 실은 것으로, 제3세계를 다니기 시작하게 된 주요한 계기가 되었던 곳, 그리고 그 후의 여정에서 중요한 터닝포인트가 되었던 시점의 자성과 계획 등을 엿볼 수 있다.

순진한 바람

멕시코에서 가난한 이들과 함께 크리스마스를 맞이한다니, 얼마나 의미 있는 발상인가! 그곳으로 내려가서 집 없는 이들과 그 자녀들을 위해 집을 지어주면? 내가 다니는 지역 교회의 많은 교우는 정말 멋진 계획이라고 생각했다. 그 당시 이와 같은 생각을 나눈 친구들은 대개 스탠퍼드 대학 대학원생들이거나 그들의 배우자, 방문 교수들 그리고 그들의 자녀들이었다. 우리는 몇 가지 질문을 놓고 오래도록 토론을 거듭했다. 과연 건축 재료들을 미국에서 사는 게 나을까 아니면 멕시코에서 사는 게 더 나을까. 우리가 먹을 통조림 음식은 어떤 종류로 얼마나 사 가야 할까. 멕시코의 아이들에게 가져다줄 옷이나 장난감은 무엇으로 할까. 그러나 그 밖의 다른 것들에 대해선 일사천리로 진행되었다. 우선 승합차 두 대를 빌린 뒤 국제 자동차 보험도 들어야 했다. 그리고 엄청난 양의 통조림을 사러 갔다. 멕시코 빈민층 아이들에게 의류와 장난 감을 선물해줄 기금 마련 바자회도 친구들의 인맥을 통해 초특급으로 열었다. 그리고 개인 침낭이나 세면도구와 같은 개별 준비물들도 점검했 다. 멕시코 방문을 준비하는 동안, **내가 놀랐던 사실이 있다. '도움 모드 help mode' 스위치가 켜지는 순간 우리가 얼마나 자비로워지는지 모른다는 것 이었다. 심지어 돈에 대한 개념조차 무감각해진다!** 십중팔구 우리들 대다 수가 대부분의 시간 동안 꺼두고 있던 그 스위치는 뭔가 도화선이 될 만 한 일이 생겨서야 비로소 켜지는 듯하다. 멕시코의 집 없는 이들과 그 아 이들을 돕는 것에 대해 이야기를 나누면서 이런저런 이유로 분명 우리 안의 그 스위치가 켜졌다. 우선 기금을 모았다. 우리가 멕시코를 방문할 경비와 그곳에 사 가야 할 물건들을 구매하는 데 자금이 필요했기 때문 이다. 일단 우리 자신이 얼마씩 갹출을 했다. 그리고 주변의 기부를 받 았다.

우리가 출발한 때는 차가운 겨울날 이른 아침이었다. 멕시코에 있는 동안에는 더운 물 샤워라든가 한국 음식 혹은 전형적인 미국식 식사 같 은 것은 불가능하리라는 걸 다들 각오하고 있었다. 우리가 빌린 두 대의 승합차는 별 어려움 없이 이미 인터스테이트 5^{주와 주를 잇는 고속도로}를 달려 미국-멕시코 간 국경에 닿았다. 팔로알토^{Palo Alto}에서 국경까지 가는 데 는, 차로 고작 열 시간밖에 안 걸린다. LA의 교통 체증이 그리 심하지만 않으면 말이다. 사실 멕시코는 아주 가깝다. 게다가 우리가 가려고 하는 곳의 이름은 '바하 캘리포니아, 즉 아랫녘 캘리포니아'이다. 결국 우리는 캘리포니아에서 벗어나지 못한 셈이었다.

우리가 남캘리포니아에 도착했을 때는, 그곳에서 밤을 보낸 뒤 다음

날 아침 일찍 서둘러 다시 길을 떠나야 하는 상황이었다. 밤에 북멕시코를 운전한다는 건 그리 좋은 생각이 아님을 우리는 알고 있었다. 여전히 미국 쪽에 머물게 된 그날 밤. 우리는 아이들에게 줄 선물들을 분류하느라 바빴다. 색연필, 미술 공작 재료, 장난감들을 일일이 세어 선물 가방 하나하나에 한 세트씩 넣어두었다. 아무도 우리에게 한 팀이 되어 일하는 방법을 가르쳐준 적이 없는데도, 어떻게 해야 효율적으로 작업할 수 있는지 알려준 적이 없는데도, 우리는 마치 공장 컨베이어 벨트에서 작업하는 잘 훈련된 일꾼들 같았다. **모두가 하나의 비전과 목적을 공유할 때 사람들은 효율적이고 효과적으로 일하게 된다고 나는 믿는다. 특히 그 목적이 고귀한 것이라면 그 일이 힘들고 불편할지라도 사람들은 기쁜 마음으로 일하게 된다.**

다음 날 이른 아침. 우리는 다시 차를 몰고 멕시코로 향하기 시작했다. 국경에 가까워질수록 우리의 가슴은 설레고 이번 모험에 대한 기대가 높아갔다. 개인적으로는, 국경 저 너머에 무엇이 기다리고 있을지 그곳에서 내가 무엇을 보게 될지 알지 못했다. 무엇보다도 내가 당시 얼마나 중차대한 결정 혹은 인생을 바꿀 여정에 첫발을 내딛은 것인지 스스로 깨닫고 있지 못했다. 나는 정말 지나치게 순진했던 것이다. 내가 알고 있었던 건 그저 우리가 도움의 손길을 내밀기 위해 멕시코로 가고 있다는 것과 집 없는 이들을 위해 집을 지으면서 만만찮은 불편을 감수하게 되리라는 것뿐이었다. 타인을 돕고자 하는 욕구는 어느 정도 모든 이들 속에 감춰져 있고 잠자고 있는 선천적 기질이라고 나는 믿는다. 그동안 우리가 스스로 그런 욕구를 인지하지 못한 채 일깨우고 있지 못했다면 그것은 어쩌면 경쟁을 부추기고 물질적 성공을 인생 최대의 목표로 삼는 사회 속에서 지나치게 사회화되었기 때문일지도 모른다. 슬프게도 학교에서는 타인을 돕는다는 개념에 대해 가르치지도 시험을 보지도 않는 것 같다. 소위 '개발도상국'이라고 부르는 나라들에 대해 우리는 몇 개의 통계 숫자를 듣는 정도가 고작일 뿐. 그들 대다수가 어떤 삶을 살고 있는지 그들과 평화를 나누고 부유함을 나눈다는 게 진정 무엇을 의미하는지 우리는 제대로 이야기하지 않는다. 그러나 학생들이 수학과 과학 능력을 견주며 1등을 향해 달려야만 한다면 학교에서 그 밖의 다른 것을 다룰 시간은 아마도 없으리라. 학교에서 가르치는 것들을 보라. 대개는 나, 나의 것, 우리나라와 같은 개념이 우리, 우리 모두가 하나인 지구촌이라는 개념들에 우선할 가능성이 크다. 그런데 이번 멕시코 여행을 떠나기 전까지 하나의 지구촌이란 개념에 대해 그다지 생각해본 적 없기는 나도 마찬가지였다.

고통이라는 길동무

이번 여행길에서 우리가 겪게 될 불편함이라고 해봤자 그저 일시적인 것이려니 생각했다. 현실적으로 내가 직면해야 할 유일한 신체적 문제는 오랫동안 앉아 있는 바람에 생긴 엉덩이와 허벅지 쪽의 통증이었다. 그 통증은 1990년대 대학원 시절 이후 점점 더 심해지고 있었다. 시간이 흐르면서 이래저래 나는 통증 다루는 법을 배웠다. 비록 시간이 갈수록 그 통증이 악화되어갔음에도 불구하고 말이다. 수년간 각 분야의 많은 의사를 만나봤지만 이러한 통증에 대해 그들 중 어느 누구로부터도 특별히 어떤 의학적 처치를 해보라는 조언을 받은 바가 없었다. 나는 별 이상한 근거를 대며, 이 만성 통증 덕분에 나름 균형 잡힌 삶을 살아가고 있다고 느꼈다. 이 고통을 없앨 수만 있다면 단번에 그러고 싶다고 생각하면서도 말이다. 앉는다는 것은 10년이 넘도록 나와 함께한 너무나 고통스럽고 너무나 친숙한 길동무였다. 어떤 의사도 그 원인이 무엇인지 콕 집어내지 못했다. 내 가슴 저 깊은 곳에서는 스스로를 공부하기 위해 앉아 있다는 게 운명적으로 불가능한 존재라고 여기고 있었다. 계속 걸어 다니며 여기저기 옮겨 다니는 여행이나 가능할까, 오랜 시간 앉아 가는 여행 같은 것은 엄두도 못 낼 운명. 그런 내가 팀과 함께 승합차를 타고 멕시코로 향했다. 친구들이 떠들고 자고 떠들고 자기를 반복하는 동안 나는 말 그대로 그 대부분의 시간 동안 고통을 참아냈다. 일하는 동안, 나는 두세 시간 정도는 너끈히 견딜 수 있었다. 하지만 연속으로 여섯 시간, 여덟 시간, 혹은 열 시간을 견뎌야 한다는 것은 얘기가 달랐다. 그건 내게 중국의 명상 수련자들 수준에 비견될 만한 엄청난 수행을 요구했다.

몇 시간을 더 운전하고 나서야 우리는 멕시코 쪽 국경에 도착할 수 있었다. 이렇다 할 환영 행사 같은 것은 없었다. 까다로운 입국 서류 심사도 없었다. 하물며 여권에 붙은 사진과 실제 내 얼굴이 같은지 비교 확인하는 정도의 시늉조차 하지 않았다. 우리는 그렇게 미국과 멕시코 간 국경 출입구를 통과했다. 사실 우리는 한 번도 멈춘 적이 없었기 때문에 다른 나라로 들어가고 있다는 것조차 인식하지 못한 채 국경을 넘었다.

국경 마을인 티후아나엔 낯선 외국 같은 분위기가 감돌았다. 대기 오염의 냄새. 언덕 위 다닥다닥 붙어 있는 판자촌, 고속도로를 무단 횡단하는 아이들 등등. 물론 태평양 연안을 따라 펼쳐지는 아름다운 풍경들도 있었다. 하지만 그런 건 운전하며 내려오는 동안 미국에서도 볼 수 있었던 장면이다. 기업형 농장들 혹은 끝없이 이어지는 붉디붉은 메마른 대지……. 실제로 미국과 다르게 보였던 것이라고는 좁게 갈라진 2차선 도로뿐이었다. 게다가 충돌을 피할 갓길도 없다. 그 좁은 길 맞은편에서 트럭이나 자동차들이 다른 차를 추월하려고 우리 차 쪽으로 치고 들어올 때마다 얼마나 식은땀이 나던지! 나중에야 알게 되었다. 바하 캘리포니아의 그 길들이 다른 어느 곳의 길들보다 더 훌륭하고 축복받은 길이라는 것을.

첩첩 산길을 지나서 길가의 타코스 가게에서 만자나 리프트^{Manjana Lift, 코카콜라에서 만든 멕시코 사과 음료}와 함께 진짜배기 멕시코 타코스를 먹고, 완전무장한 군인들이 지키는 검문소에서 샅샅이 검문을 받고, 울퉁불퉁 흙먼지 날리는 비포장도로를 운전한 뒤에야 우리는 마침내 목적지에 도착했다! 말할 것도 없이, 내 엉덩이는 고문에 못 이겨 그야말로 초주검이 된 상태. 어쨌든 특히나 내게는 너무나 힘겨운 운전이었다.

낯선 곳

우리가 짐을 푼 곳은 현지의 비영리단체가 소유하고 있는 시설이었다. 그 지역에 살고 있는 극빈층 토착 이주 노동자들과 그 가족을 위해 운영되는 그곳엔 가내수공업 수준으로 만든 나무 벙커 침대 외에는 이렇다 할 살림살이랄 게 없었다. 우리는 그 벙커 침대 위에 침낭을 폈다. 그렇게 그곳에서의 임시 거주가 시작되었다. 물론 히터도 더운 물도 패스트푸드 식당 혹은 그 비슷한 것도 그곳엔 없었다.

우리의 일은 그다음 날 이른 아침부터 시작되었다. 해야 할 일은 아주 단순했다. 나무 판을 자르는 일, 시멘트를 섞어 땅바닥에 부어서 마루를 만드는 일, 나무 벽에 칠하는 일, 지붕을 이는 일 등등. 그때 기분은 왠지 아주 숙련된 일꾼이 된 듯했다. 나무 판을 붙이느라 사다리를 오르내리고 망치로 못을 박는데 마음이 그렇게 편할 수가 없었다. 운 좋게도, 함께하는 팀 가운데 전문가가 있었다. 그는 무엇이 필요한지 무슨 일을 해야 하는지 정확히 알고 있었다. 모두가 그의 지시에 따랐다. 그렇게 스탠퍼드 박사 과정의 기계공학도들과 객원 교수들은 너무나 행복한 마음으로 자신들의 비범한 마음을 바쳤다. 우리가 했던 대부분의 일은 단순 수작업이었지만, 그곳 사람들을 위해서라면 우리가 어디 출신인지 국경 저너머에서 무슨 일을 했던 사람들인지는 중요하지 않았다. **재능이나 혁신적 마인드라는 것도 현실에 적용할 수 없다면 혹은 현실적 맥락에 부응하여 그곳의 요구에 답할 수 없다면 무용지물이 되는 경우가 종종 있다.**

나의 1순위 호기심의 대상은 우리가 돕기로 한 사람들이었다. 초반에 내가 알고 있었던 거라고는 그들이 생계를 위해 먼 길을 돌아 이곳 바하 캘리포니아 지역으로 왔다는 것뿐이었다. 2주 후에도 여전히 스페인어를 모르는 어른들과 달리 그들의 아이들은 금세 스페인어를 익혔다. 먼저 온 이주 자녀들과 어울려 놀면서 배울 수 있었기 때문이다.

영어와 스페인어 그리고 영어와 그들이 쓰는 토착어 사이에서, 우리는 통역할 사람을 구해야 했다. 그 노동자들은 새벽 네 시면 일어나서 자신들을 태우러 온 노란 학교 버스에 오른다. 그리고 도착하는 곳은 학교가 아닌 농장. 그곳에서 그들은 토마토를 딴다. 실제로 멕시코엔 낡은 노란 학교 버스들이 꽤 많이 돌아다닌다. 용도는 시내버스 혹은 기업형 농장 버스. 미국에서 은퇴한 그 많은 버스 중 상당수가 멕시코로 보내지는 듯하다. 오후 네 시경이면 새벽에 타고 갔던 똑같은 노란 학교 버스를 타고 노동자들은 그들의 임시 거처로 돌아온다. 이 사람들은 누구인가? 그들은 본래 어디에서 왔는가? 그들은 무엇을 먹는가? 그들은 어디에서 먹을거리를 사나? 내 머릿속에 수백만 개의 질문들이 떠올랐다. 만나는 이들 누구에게나 아무에게나 그 답을 찾고 싶었다. 그것이 내가 이 세상을 이해하기 위해 떠난 대장정의 시작이었다.

아주 기초적인 수준의 스페인어를 익힌 뒤로 우리는 그곳의 아이들과 놀기 시작했다. 이제 겨우 걸음마를 뗀 어린아이들부터 애기를 안고 다니는 10대들에 이르기까지. 15세 정도의 그 소녀들 가운데 몇몇이 바로 아이들의 엄마라는 것을 나중에 알았다! 호기심이 일었다. 나는 그들에게 물었다. "몇 학년이니?" "몰라요." 그 아이들이 말했다. "학교는 어디에 있니?" "학교에 안 다녀요." 그 아이들이 말했다. "방학은 언제 시작되니? 개학은 언제 하는데?" "한 번도 학교를 다녀본 적이 없어요. 다닐 학교도 없고요." 그 아이들이 말했다. 실제로 그 마을 아이들 모두가 학교를 다니지 않는다! 나는 얼마나 순진 무식했던가!

나중에 나는 그 지역에서 환경이 비슷한 다른 마을들을 방문했다. 그 중 몇 곳에는 '이주 아동 학교'라는 이름이 붙은 구조물이 있었다. 하지만 그 학교라는 것이 비바람 정도 겨우 피할 수준으로 달랑 작은 빈 방 하나. 안에는 아무것도 없었다. 그렇게 작은 방에서 추운 겨울날 히터도 없이, 찌는 여름날 에어컨도 없이 마흔 명의 아이들이 공부를 한다니, 상상조차 할 수 없었다. 설사 그곳에 어떤 선생님이 계시든 어떤 교구가 구비되어 있든 나라면 그런 방에 들어가고 싶지 않다.

나중에는 전혀 놀랍지 않았지만 처음 그런 장면들을 맞닥뜨렸을 때, 그건 내가 경험했던 그 어떤 것보다 놀라운 발견이었다. 꽤 오랜 기간 학교에 다닌 사람으로서, 한 번도 학교에 가본 적이 없는 그리고 한 번도 한 권의 책조차 가져본 적이 없는 취학 연령의 아이들을 난 한 번도 만나본 적이 없었다. 게다가 어린 엄마들과 어린 노동자들이 그렇게나 많다는 걸 알게 되었을 때 내 머릿속엔 커다란 구멍이 생긴 듯했다. 뭔가 체기가 느껴졌다. 어떻게 그런 일이 있을 수 있는 거지? 상황이 그렇게 되도록 그 사회 혹은 그 나라는 어떻게 내버려둘 수가 있지? 확실한 것은 내가 이 현실 세계에 대해 무지할 정도로 지나치게 순진했다는 것이다. 시간이 지나면서 내가 알게 된 것이 있다. 교육을 받을 기회가 없다는 것이 혹은 극도로 열악한 상태의 교육을 받는다는 것이 그 자체로 한 사회가 지닌 가장 심각한 문제는 아니지만 그로 인해 수많은 심각한 문제가 발생하고 번식할 가능성이 있다는 사실이다.

현실 세계를 알려준 경종

그 마을에서, 그나마 학교 혹은 교실이라 불리는 곳은 내가 기대했던 학교 혹은 교실과 전혀 달랐다. 건물이 없는 학교, 책이 없는 학교, 학생들이 세 시간을 걸어가야 도착할 수 있는 학교 혹은 고장 난 기부 컴퓨터들로 가득한 학교……. 나중에는 이런 학교들의 모습이 낯익게 되었다. 전 세계 더 많은 개발도상국을 돌아다닌 덕분이다.

그해 겨울 멕시코에서 우리는 이주 토착 노동자들을 위한 집을 짓고 있었다. 그들 대부분은 멕시코의 남쪽 혹은 오아하카Oxaca 산악 지대 출신이다. 농사일이 가능한 곳을 찾아 그들은 이곳에서 저곳으로 옮겨 다닌다. 만일 한 농장에서 작물 수확이 다 끝나면 그곳의 일꾼들은 다른 농장을 알아봐야 한다. 이주 노동자의 삶이 그렇다 보니, 부모를 따라 옮겨 다니는 그들의 자녀들은 설사 그곳에 다닐 만한 학교가 있다고 해도 입학해 다닐 형편이 못 된다. 게다가 그들에겐 자신들의 존재를 법적으로 입증할 아무런 증명서도 없다. 멕시코에 불법으로 체류하는 다른 이주 남미 출신들과는 달리 그들은 멕시코 국민인데도 말이다.

미국 기준으로 보면 정말 너무나 적은 돈인데도 그들은 그저 그만큼이라도 벌 수 있다는 사실에 감사하는 듯 보인다. 그들의 하루 벌이는 고작 30페소^{약 1,700원}에서 많아야 80페소^{약 4,500원}. 그것도 더운 여름날 엄청 바쁘게 일해서 19리터 용량의 바구니 서른 개에 오이나 토마토를 가득 채워야 벌 수 있는 돈이다. 그것마저 그들 대다수에겐 축복 같은 일자리였다. 산악 지대 출신 토착민들 중 많은 이들의 삶은 결국 도심 빈민가로 귀결된다. 또 그들 중 많은 이들은 지방의 농장을 전전하게 된다. 극빈층 임금이라도 벌어 생계를 유지하기 위해 무진 애를 쓰는 삶. 그러다 보니 나이와 상관없이 누구라도 일할 수만 있다면 일자리만 있다면 그들에게 축복인 것이다. 만일 내가 그들처럼 배고픈 아이라면 어땠을까? 하루 치 먹을 것을 얻기 위해 들에 나가 돈을 버는 쪽을 선택했을까 아니면 아무것도 없는 학교에 다녔을까. 아마 나도 그들처럼 그날 밤 먹을 식량을 살 돈을 벌기 위해 일하러 갔을 것이다. 사실 많은 아이가 그들의 나이와 상관없이 농장에서 일한다. 누군가는 부모와 함께. 누군가는 저 혼자. **최저 생계비를 벌기 위해 일하는 것은 그 지역 가난한 이주 노동자들에겐 최우선이자 최후의 선택권이다. 그것만이 그들의 현실에선 가장 기본적인 인권이라도 행사할 유일한 기회였다. 그들을 책임져야 할 그 불행한 나라의 정부는 너무나 무력해 보였다.**

그곳 노동자들이 머무는 곳은 임시 거처이다. 그 안에서 장작을 때서 음식을 조리한다. 말 그대로, 0.14평밖에 안 되는 비좁은 공간 안에 그들은 모든 살림살이를 다 쟁여놓고 산다. 바닥에 깐 담요를 비롯해서 몇 개의 냄비, 조리용 화덕, 옷더미 등등. 그 많은 것 중에 내 호기심을 자극한 것은 한 소년이었다. 열세 살 정도 되었을까. 그 아이는 혼자 살고 있었다. 학교에 다녀본 적도 없고 필기도구니 공책이니 하는 것들도 가져본 적이 없었던 아이. 하긴 그 동네에서는 종이로 된 걸 보기가 힘들었다. 그 흔한 신문지나 광고 전단지도 그곳엔 없었다. 소년은 태울 수 있는 것은 모두 태워 토르티야를 구워 먹었다. 그나마 그날 하루 일당으로 읍내에 나가 밀가루를 사 올 수 있을 때 이야기이다. 소년은 부모에 대해선 말하고 싶어 하지 않았다. 어쩌면 어딘가 살아 있을 수도 있고 어쩌면 어떤 분들인지 알고 있었을지도 모른다. 소년에겐 추운 밤 몸을 따뜻하게 감싸줄 담요나 충분한 옷도 없었다. 몇 장의 토르티야 말고는 약간의 그나마도 썩어가는 채소가 소년이 끼니를 해결하기 위해 가진 전부였다. 소년은 일찍 잠자리에 들었다. 다음 날의 생계를 위해서 일찍 일하러 가야 하기 때문이다. 그 아이의 미래는 도대체 어떤 것일까? 상상조차 할 수 없었다. 그것이 현실 세계에 눈뜬 내가 처음으로 받은 인상이다. 내가 본 그 소년의 얼굴은 이렇게 말하는 듯했다. "어서 오세요, 아저씨! 여기가 진짜 현실 세계랍니다." 사실 그것은 계시의 순간과 같았다. 그때까지 나는 그런 현실 세계와는 동떨어진 삶을 살았던 사람 중의 하나였기 때문이다. 그 어린 이주 노동 소년에게는 현실인 그 삶이 너무나 낯선.

마음의 고통

훗날 나는 여행길에서 발을 심하게 다친 한 아이를 만났다. 많은 아이가 신발을 신지 않은 채 맨발로 걷거나 달린다. 자주 발을 다치는 이유이다. 그 여자아이는 작은 유리 조각이 발에 깊숙이 박히는 바람에 부상을 당했다. 설상가상 상처 부위가 아주 심하게 감염되어 발이 썩어가고 있었다. 당장 응급 처치를 하고 항생제 처방을 해야 할 듯 보였다. 그러나 너무나 절망스럽게도 인근에는 병원이 없었다. 아이는 고통에 겨워 울고 있었다. 나도 마음으로 함께 울었다. 아파하는 아이를 위해 내가 해줄 수 있는 게 아무것도 없다는 사실에 화가 났다. 추운 겨울날 찬물로 목욕을 할 때 혹은 푹푹 찌는 여름날 교실이라고 불리는 천막 안에서 아이들을 위한 이야기 워크숍을 할 때 참아야 했던 것과는 다른 고통이었다. 만일 그 추위와 더위 혹은 모기의 습격을 참아내서 아이의 발이 나을 수만 있다면, 나는 그렇게 했을 것이다. 하지만 그때 아이를 위해 내가 할 수 있는 것은 아무것도 없었다. 게다가 가장 힘들었던 것은 그런 아이를 두고 떠나와야 했다는 것이다. 이어지는 여행에서 그런 경우는 수없이 일어났다. 도움이 필요한 아이들을 위해 내가 할 수 있는 게 아무것도 없음을 깨달은 순간들……. 찾아간 빈곤층 아이들은 죽어가고 있고, 아프고, 굶주리고 배우지 못한 채 살아가고 있었다. 그런 그들을 두고 떠난다는 것은 많은 개발도상국을 방문하면서 내가 겪은 가장 고통스러운 경험이었다.

나중에야, 나는 빈곤의 악순환이 무엇인지 배웠다. 이 지구 상에 10억 인구에 가까운 사람들이 하루 1달러가 못 되는 돈으로 살아가고 있다는 사실도 알게 되었다. 하루 2달러가 안 되는 돈으로 살아가는 사람들은 27억 명에 달한단다. 멍해지는 느낌이었다. 심지어 그런 현실에 대해 아는 게 없었던 나 자신에게 화가 치밀었다. 어쩌면 그런 현실을 모르는 게 아니라 외면하고 살았던 건 아닐까? 텔레비전이나 신문에 등장하는 섬뜩한 장면들이 너무나 낯설어서 한 번도 나의 문제로 삼지 않았던 것이다. 굶는 아이들, 기아, 전쟁, 폭격, 말라리아로 죽어가는 환자들, 소년병, 학살의 희생자들 그리고 바다 건너 어딘가에서 벌어지는 정치적 분쟁들에 대한 동영상이 있지만 나의 의식 속에선 보이지 않았던 것이다.

지구촌 어떤 곳에서는 1달러로도 하루를 살아갈 먹을거리를 살 수 있을지도 모른다. 그러나 다른 어떤 곳에선 1달러로는 빵 한 조각조차 살 수 없다. 더 많은 곳을 여행하면서 내가 알게 된 것들이 있다. 인도에서 50루피로 살 수 있는 것들이 무엇인지, 르완다 오지 혹은 도시에서 500르완다 프랑으로 무엇을 살 수 있는지 이제는 안다. 현실 세계에 대해 더 많은 것을 알아가면서 나는 종종 숨이 막히는 기분이 든다. 때로는 우울해지기도 한다.

왜 학교에 다녀야 하지?

고통스러운 현실 세계를 살아가는 아이들에 대해 그리고 그 아이들의 교육 기회에 대해 이런저런 자료들을 구해 보면서 난 새롭게 알게 된 사실에 점점 더 경악하게 되었다. 그런 한편, 내 기억 저 깊은 곳에서 학창 시절에 대한 기억이 떠올랐다. 학창 시절 경험은 글자 그대로 그저 끔찍했을 뿐이었다. 일주일에 6일, 아침 여섯 시에 일어나 열차를 타고 역에서 내려 학교까지 걸어갔다. 그리고 밤 열 시까지 학교에 있다가 다시 열차를 타고 집으로 돌아와서 숙제가 없으면 자정 무렵 잠자리에 들었다. 꼼짝달싹할 수 없는 하루 일과였다. 12년간 공립학교에 다니는 내내 난 선생님들에게 혼나고 맞고 창피당할까 봐 매일매일 두려움에 떨며 지냈다. 과연 한 번이라도 학창 시절을 즐긴 적이 있었던가? 단 한 번도 없다! 손톱만큼도 없다. 난 지금도 꿈에서 학창 시절의 악몽에 시달리곤 한다. 내 고등학교 친구들은 그들의 학창 시절을 즐겼을까? 십중팔구 아닐 것이다. 교육 강국으로 세계 1, 2위를 다투는 한국이나 핀란드 고등학생들은 그들의 삶을 즐길까? 아니지 싶다. 그러나 미국의 일부 교육자들은 국제 시험에서 한국과 핀란드가 거둔 학문적 성과를 진심으로 숭배하고 있다.

역설적이었다. 공립학교 시절로부터 20여 년도 훨씬 지난 지금까지 내 기억 속에는 학교가 끔찍했던 모습으로 남아 있는데, 왜 학교가 아닌 곳에서 매일매일 자유롭게 놀고 있는 아이들을 보면 마음이 불편한 걸까? 집으로 돌아오는 길. 내가 만났던 아이들을 생각하니 머리가 지끈거렸다. 돌이켜보니, 개발도상국에서 뭔가 새로운 걸 보고 놀라서 돌아오는 길에는 항상 두통에 시달렸음을 깨달았다. 그것은 늘 양심상 도저히 꿀꺽 삼켜버리기가 어려웠다.

확신을 갖고 시작하다

다시 스탠퍼드 캠퍼스에 돌아오자마자 난 멕시코와 남미 전체의 토착민들에 대해 더 많은 관련 자료를 섭렵하기 시작했다. 아울러 개발도상국 아이들에게 교육 기회를 제공하는 데 관여하고 있는 단체들을 찾아보기 시작했다. 그러던 중 그 아이들이 글을 읽고 쓸 수 있도록 돕기 위해 무상으로 책을 제공하는 프로젝트들을 발견할 수 있었다. 대단한 행동파인 나는 바로 도서 바자회를 열어야겠다고 생각했다. 스페인어로 된 아이들 책을 수집하기 위해서였다. 가까운 베이 지구the bay area, 샌프란시스코 만에 인접한 지구의 도서관을 방문해서 중고 책을 기증받아 올까도 생각했다. 그리고 인터넷에 글을 올려서 대규모의 스페인어로 된 동화책 바자회를 제안하는 것도 생각해봤다. 그때 나로 하여금 가난한 아이들에게 뭔가 학용품을 마련해줄 계획을 세우게 만든 것은 설명할 수 없지만 어깨에 무겁게 느껴지는 책임감 혹은 순진한 마음이었다. 난 뭐라도 하고 싶었다. 아니 무엇을 해야만 했다. 처음엔 그저 책을 모아서 그것들을 끌고 그 마을로 내려갈까 생각도 했다. 바퀴 열여섯 개가 모는 대형 컨테이너 트럭에 학교에서 쓰는 전 과목 책과 다양한 장르의 동화책들을 가득 싣고 말이다. 그뿐이랴. 학교도 짓고 선생님도 뽑아 파견하기 위해 대대적인 기금 마련 캠페인을 벌일 생각도 했다. 몇 달 동안 그 가능성에 대해 숙고하고 연구해본 끝에 나는 다시 그 마을을 방문했다. 그리고 확신하게 되었다. 그들에게 책을 보내는 것만으로는 어떤 문제도 해결할 수 없다는 것을. 무엇보다도 그곳엔 가르칠 교사가 없다. 아이들의 부모는 글을 읽을 줄도 모르고 스페인 말을 할 줄도 모른다. 믹스테코Mixteco와 자파테코Zapateco라 불리는 그들의 토착어를 말할 뿐이다. 게다가 그들은 이곳에서 저곳으로 계속해서 떠돌아다니는 이주 노동자들이다.

흔히 그렇듯이, 내 인생에서도 항상 누군가가 나타난 덕분에 중요한 전환점이 만들어진다. 다시 그런 인물이 등장했다. 여전히 멕시코 친구들을 위한 해결책을 모색하느라 전전긍긍하던 차, 어느 날 한국인 친구 윤희에게 한 통의 이메일을 받았다. 그녀는 작은 전자 회사에서 인턴으로 근무하고 있었다. 윤희가 내게 알려주길, 미술관 관람객들용으로 휴대용 전자 기기를 만드는 회사가 있다는 것이다. 요컨대 미술관 작품에 붙어 있는 3D 바코드를 찍으면, 자동적으로 기기에서 그 작품에 대한 설명이 나온다는 것이다. 난 윤희에게 그 기기에 관심이 있다고 말했다. 한국의 이화여대에 재학 중인 학생으로서 당시 교육학 수업과 관련된 프로젝트로 바빴던 그녀는 나를 위해 그 기기에 대한 충분한 자료를 모아주었다. 우리는 전화로 그에 대해 많은 이야기를 나누었다.

아무리 생각해도 우연의 일치치고는 시기적으로 너무나 절묘했다. 그 즈음 나의 고민은 어찌어찌 수천 권의 책을 모아 보내준다고 해도 멕시코의 그 아이들에게 책을 읽어줄 사람이 없다는 것이었다. 윤희의 도움으로 그 전자 기기 회사와 연락이 닿았다. 내가 원하는 것이 무엇인지 설명했다. 그 회사는 흔쾌히 자신들이 만든 휴대용 기기를 큰 박스에 하나 가득 담아 내게 보내주었다. 기본적으로 그 기기는 자체적인 운영 방식으로 작동하였다. 하지만 일련의 멀티미디어 시연을 하려면 시각 이미지 파일과 그에 맞는 청각 파일을 입력해야 했다. 다행히도 나는 학사 과정에서 컴퓨터 사이언스를 전공한 덕분에 교육공학 코스에서 숱한 교육 자료를 다룬 경험이 있었다.

그건 그렇고, 난 동화책을 집어 들고 베이 지구에서 교사로 근무하던 한 친구에게 연락을 했다. 콜롬비아 출신으로 당시 5학년 아이들을 가르치는 내 친구 클라우디아였다. 그녀만큼 나를 도와줄 적임자를 찾기는 어려웠다. 스페인어가 모국어인 훌륭한 선생님이었기 때문이다. 엄청 들떠서 나는 그녀에게 내가 모은 동화책들을 스페인어로 번역하고 그 내용을 녹음해줄 수 있는지 물었다. 고맙게도 그녀는 번역은 물론 당장 녹음실을 알고 있는 친구에게 연락해서 몇 권의 동화책들을 녹음까지 해줬다. 내가 알고 있는 몇 가지 알량한 기술적 지식을 총동원해서 녹음된 이야기에 이미지를 맞춰 넣는 작업 끝에 완성된 파일을 한국에서 받은 기기에 담을 수 있었다. 심지어 멀티미디어형 사전도 만들었다. 이 파일을 기기에서 불러내면 스페인어 알파벳과 단어들이 나온다. 알파벳을 읽으면서 연상되는 단어들이다. 나는 그 이야기들에 바코드를 넣어서 컬러인쇄를 했다. 잘 작동하는지 시험 단계도 거쳤다. 3D 바코드 사진을 찍으면 기기가 스페인어로 이야기를 들려주는 것이다! 그 순간을 되돌려본다. 나 자신이 엄청 대견했다. 그리고 다시 아이들을 만나기 위해 당장 서둘러 멕시코로 향했다.

외계인 교수법

결국 난 몇 차례 더 그 기기를 들고 아이들을 방문했다. 처음엔 가지고 간 기기가 무엇에 쓰이는지 그 아이들이 스스로 알아낼 수 있을까 궁금했다. 아이들에게 기기를 주고 어떤 반응을 보이는지 그저 지켜보기만 했다. 한 번도 텔레비전을 본 적이 없는 아이들. 전자 기기라고는 한 번도 만져보지 못한 아이들. 단 한 권의 책조차 가져보지 못한 아이들. 난 일부러 기기를 켜주지도 않았고 그것이 무엇인지 설명하지도 않았다. 그저 그들 손에 쥐여주고는 그 기기가 무엇인지 알려달라고만 했을 뿐이다. 난 아이들 스스로 발견해내길 바랐다. 스스로 발견하는 놀라움을 통해 배우는 것이 누군가의 설명을 듣고 배우는 것보다 훨씬 강력하다고 믿기 때문이다. 듣는다는 것 또한 영감을 불러일으킨다. 하지만 자신의 의지로 발견하고 깨어나는 것이야말로 자기실현의 기초이고, 스스로의 힘을 키우는 방법이라고 나는 확신한다.

처음으로 기기를 보았을 때 아이들은 별 관심을 보이지 않았다. 그러다 몇몇 아이들이 땅바닥에 기기를 문지른다. 어떤 아이들은 기기를 바위에다 부딪쳐본다. 그러는 사이 땅바닥에 문지른 기기 표면엔 죽죽 긁힌 자국들이 생겼고 바위에 내리친 기기 케이스엔 갈라진 금들이 생겼다. 지켜보는 내 심장은 그야말로 쿵쿵 내려앉았다. 그래도 끼어들거나 뭐라 말하지 않았다. 그저 지켜보고 또 지켜보았다. 혹시나 다른 반응들을 보이지 않을까 기대하면서. 아이들의 손은 대부분 아주 지저분했다. 손을 씻는 경우가 드물었기 때문이다. 일반적으로 임시 거처에 머무는 그곳에선 40명이 하나뿐인 물탱크와 하나뿐인 수도꼭지를 같이 쓰고 있었다.

아이들이 기기를 갈고 문지르고 부딪치는 고통스럽고 가슴 찢어지는 시간이 25분 정도 지났을까. 한 아이가 우연히 기기의 전원을 켰다. 그건 정말 우연이라고밖엔 말할 수 없다. 그 아이는 기기를 켤 의도가 아니었기 때문이다. 켜진 기기에서 내장 스피커를 통해 소개하는 듯한 소리가 크게 흘러나왔다! 나와 아이들에게 그 사건은 중차대한 순간의 끝이요 시작이었다.

열두 명의 아이들이 기기에서 소리를 낸 아이 곁으로 바짝 모여들었다. 아이 손에 들린 기기에서는 이제 만화 같은 이미지들이 보이고 소리가 들리기 시작했다. 그들은 다 같이 그 기기를 들여다보았고 만져보고 싶어 했다. 동시에 그 아이에게 아이들의 질문 세례가 쏟아졌다. "도대체 어떻게 해서 그렇게 이상한 것들이 나오게 한 거니?" 그 아이는 '동료 과학자들'에게 설명했다. "뭔가를 하다가 옆에 있는 버튼을 눌렀더니……." 그 말을 들은 아이들 모두 바로 그 아이가 한 그대로 해보려고 이리저리 애쓴다. 곧이어 이쪽저쪽에서 연이은 함성이 들리기 시작한다. 기기를 어떻게 켜는지 뭘 할 수 있는지 알아가게 된 것이다.

한쪽에서 뭔가 새로운 걸 알아내면, 다른 아이들이 득달같이 달려와 그게 뭔지 어떻게 한 건지 묻는다. 그리고 이어지는 별난 외침과 웃음소리들. 이 그룹에서 저 그룹으로 이어지는 지식의 전파 속도는 놀라울 정도로 빨랐다. 가져간 기기의 숫자보다 아이들이 더 많았기 때문에 그들은 그룹으로 '작업'할 수밖에 없었다. 서너 명이 한 조가 되어 한 대의 기기를 같이 가지고 놀았다. 어떤 아이들은 다른 아이들보다 좀 더 지배적인 성향을 드러냈고 또 어떤 아이들은 소극적이었다. 그러나 그들 모두 그 기기를 갖고 노는 걸 즐기는 듯했다. 시간이 지남에 따라 아이들은 집중해서 흘러나오는 이야기에 귀를 기울였다. 많은 경우, 여자아이들은 조용히 듣는 편이고 남자아이들은 함께 듣는 내내 자주 그에 대한 코멘트를 하는 편이었다. 종종 아이들은 같은 이야기 하나를 반복해서 듣고 또 들었다. 내가 그 이유를 묻자 '그냥 너무 좋아서'라는 게 아이들의 대답이었다. 이제 그들은 한 이야기에서 다른 이야기를 찾아 넘어가는 방법을 알고 있다. 하지만 아이들은 한 이야기가 지루해질 때까지 그 꿀맛 같은 순간을 음미하고 싶어 하는 듯 보였다. 그들 모두 이제껏 살아오면서 한 번도 책을 가져본 적도 텔레비전을 본 적도 영화관에 가본 적도 없는 아이들이다. 그런 아이들에게 스페인어로 녹음된 이야기를 듣는 그 순간은 하늘만큼 땅만큼 즐겁기만 하다. 기기에서 새로운 것들을 발견해가는 동안 그때마다 아이들의 얼굴에 떠오르는 기쁨과 확신을 나는 볼 수 있었다. 문득 의문이 생겼다. 왜 학교는 이렇게 할 수 없는 거지?

몇 달 뒤. 내가 그 지역을 다시 방문했을 때였다. 함께 어울렸던 아이들이 안 보였다. 그들보다 먼저 마을로 이주해 왔던 몇 명의 아이들은 아직 그곳에 남아 있었건만. 그 기기를 알고 있던 아이들이 먼저 줄을 섰고 그 기기를 이리저리 다루었다. 그리고 친구들에게 그 기기를 어떻게 다루는지 알려주었다. 재차 삼차 그곳을 방문할 때마다 나는 더 많은 콘텐츠를 기기에 담아 갔다. 그 가운데는 스페인어로 노래 따라 부르기와 같은 것도 있었다. 현지의 비영리단체에게 그 기기를 관리해줄 수 있는지 물었다. 그렇게 되면 아이들이 좀 더 자주 그 기기를 갖고 놀 수 있기 때문이다. 동시에 스탠퍼드 기계공학과 학생들에게 그 기기를 좀 더 저렴하게 만들 수 있는 방법이 있는지 그리고 아이들이 쉽게 충전할 수 있는 방법을 모색해볼 수 있는지 물어보았다. 그러나 자격시험에 통과해야 할뿐더러 논문도 써내야 하는 등 코앞에 닥친 일들이 산적한 학생들에게 그런 문제에 시간을 할애하게 만든다는 건 쉽지 않은 일이었다. 나는 자주 전자 상가를 찾았다. 기기에 새로운 것들을 추가하는 데 필요한 부품이 있을까 싶어서였다. 그곳에서 손으로 돌려 전기를 만들어내는 소형 발전기를 발견했다. 그걸 기기에 부착해서 만든 시제품을 박사 과정의 학생들에게 보여주었다. '이 친구 미친 거 아냐' 하는 눈빛으로 그들은 나를 바라보았다. 발전용 손잡이가 달린 아이들 장난감은 누가 봐도 그들이 연구할 만한 주제는 아니었으니까. 인정. 그럼 어때? 모바일 기기에 손으로 돌려서 전기가 채워지는 충전기를 부착하면 아이들이 배울 콘텐츠를 볼 수 있는데! 거기에 무슨 심도 깊은 연구 주제 같은 것은 없다는 거 나도 안다. 충전의 효율성을 측정한다거나, 전지의 방전율 혹은 사용된 전지의 유형과 같은 것은 대학원생들이 다룰 만한 건 아니다. 필시, 나는 나만의 꿈나라에 살고 있었던 것 같다. 게다가 대학 연구소가 현장에서 프로젝트를 관리하고 지지하는 비영리단체도 아닌데……

점점 더 미쳐가다

그 후. 나는 학습 기기를 충전할 더 나은 방법을 찾아내려고 더 미친 짓들을 하고 있는 자신을 발견하게 된다. 매번 내가 새로운 고안을 선보일 때마다 나를 바라보는 스탠퍼드 대학원생들과 동료들의 눈빛은 '이런! 증상이 점점 심해지는군'이라고 말하는 듯했다. 그래도 나의 이런 열정을 지지해주는 고마운 응원군이 몇 명 있었다. 기계공학 박사 과정의 학생이었으며 당시 연구 박사였던 둘로 이루어진 부부. 그들 부부는 내가 하는 일을 믿어주었을 뿐만 아니라 나를 따라 인근 산에 올라가 같이 연을 날리기도 했다. 바람과 연을 이용한 충전 기제를 실험하던 중이었다. 전기가 안 들어가는 지역에서 휴대용 학습 기기를 충전하기 위한 방법을 모색하던 차, 아이들이 날리는 연이 눈에 들어왔는데 그것을 통해 바람이 일으키는 전기를 채취할 수 있을 것 같았기 때문이다. 기억하기론 하늘로 작은 발전기를 감아올리며 잃어버린 연만 해도 한두 개가 아니었고 고안해낸 연만 해도 한두 가지가 아니었다. 내가 베이 지구 근처의 언덕이나 산 위에서 이상하게 생긴 풍선을 날리려고 애쓰고 있을 때, 지나가던 이들마다 나를 쳐다보던 것도 기억난다. 내게 창피함은 잠시일 뿐, 영원한 것은 변화를 만들어내겠다는 열정이었다. 내 사무실을 방문하는 사람들은 종종 내게 그곳에 있는 어린이용 자전거에 대해 묻곤 했다. 선물 받은 거냐고 묻는 사람들도 있었다. 하지만 그 자전거는 휴대용 학습 기기를 충전했던 충전기를 장착한 실험용이었다. 그 시제품을 테스트하면서 사실 내가 계획했던 것은 휴대용 학습 기기가 장착된 100대의 자전거를 오지 시골 학교에 기증하는 것이었다. 하지만 실행에 옮기지는 못했다.

우리 집은 종종 실험용 연구소가 되었다. 여행에서 돌아오자마자, 난 요상한 것들을 만들기 시작했다. 전자 부품을 파는 상가들은 나의 참새 방앗간이 되었다. 더 나은 충전 기제를 고안해내기 위해 나는 많은 노력을 기울였다. 그리고 다양한 장난감들을 보며 그것들을 활용해 충전기나 학습 게임기로 만들 궁리를 하느라 바빴다. 실제로 자전거에서 스케이트보드에 이르기까지 그리고 회전목마에서 화학 반응기에 이르기까지 나는 강박적으로 전기에 매달렸다. 전기가 없는 곳의 아이들 때문이었다. 태양광 전지는 너무 비쌌을 뿐만 아니라 휴대할 수도 없었고 비용 대비 효율성도 떨어졌다. 무엇보다 빈민 지역에서 구하기도 힘들었다.

휴대용 학습 게임기

한창 두 가지 과제를 갖고 씨름하며 그 답을 모색하던 중이었다. 학습용 기기에 담을 쌍방향 교육 콘텐츠로 또 뭐가 없을까? 효율적으로 기기를 충전할 방법은 없을까? 그러던 차에 한 통의 이메일이 날아들었다. 비영리단체를 운영하는 누군가가 보낸 것이었다. 인터넷을 검색해서 내 연락처를 찾아냈단다. 요컨대 그는 내가 자신들이 고안한 소형 휴대용 기기를 평가해주었으면 했다. 아이들이 갖고 놀며 조기 문자 해독 능력을 키우고 수학 공부를 할 수 있는 쌍방향 학습기였다. 그 당시 내가 사용하고 있던 초기 기기는 자체 운영체제로 돌아가는 것으로 새로운 멀티미디어 콘텐츠를 짜 넣는 건 불가능했다. 하지만 그 비영리단체 대표의 설명에 따르면 그가 보내온 새로운 기기는 리눅스 체제를 쓰고 있었다. 콘텐츠들을 다양하게 펼칠 수 있다는 이야기이다. 그것이야말로 쌍방향 학습 콘텐츠를 개발하는 데 빠져 있었던 내겐 입에 딱 맞는 떡이었다. 그는 감사하게도 검토하기에 충분한 수의 기기를 보내주었다. 그 즉시 난 다양한 지역의 아이들과 새로운 학습 기기를 시험해보았다. 처음엔 일단 베이 지구의 학교에서 해보고 나서 멕시코 이주 노동 자녀들과 시험해볼 계획을 짰다. 베이 지구의 한 학교에서 새로운 기기를 수업에 도입할 세부적인 것들을 다 완성한 후, 네 명의 선생님들에게 시험해볼 의향이 있는지 물었다. 이제 막 교단에 선 젊은 두 선생님은 당연히 그렇다고 말했다. 하지만 다른 두 중견 선생님은 아니라고 답했다. 이유인즉슨, 이미 그들만의 교육법으로 잘 해나가고 있는데 검증되지 않은 기술로 수업을 방해하고 싶지 않다는 것이었다. 결국 젊은 두 선생님만 자신들의 수업에서 새로운 기기를 시험해보기 시작했다. 그런 결정 뒤에는, 이제껏 어떤 모바일 기술을 토대로 한 콘텐츠를 교육에 쓰는 걸 본적이 없으니 한번 시도해보는 게 좋겠다는 판단이 자리하고 있었다.

매일 아침 두 젊은 선생님은 아이들에게 그 기기를 나눠주고 새로운 학습기로 놀아보게 했다. 그 기기엔 문해 능력과 수학 능력을 키울 다양한 콘텐츠가 담겨 있었다. 그중 일부는 소리내기, 글자 인식, 단어 조합과 관련된 것이었다. 그 콘텐츠들의 가장 큰 장점은 모든 것이 게임 형식으로 되어 있다는 점이다. 어떤 콘텐츠도 지시하고 설명하지 않았다. 그저 콘텐츠와 쌍방향으로 교류하면서 학생들이 바로바로 알아서 선택하고 조합하거나 신속하게 대응하도록 만들어져 있었다. 단 하나 미리 경고해 둘 게 있다면, 프로세서가 느려서 진행 속도가 다소 느리다는 점이다. 하지만 참을 만한 정도였고 사용자 편의 면에서도 나름 장점일 수 있었다. 그 기기의 가격대는 대략 한 대당 50달러^{약 57,500원} 정도였다. 베이 지구의 학교에서, 우리는 한 학생들에게 한 대씩 제공했다. 그렇게 해야 문해 능력이나 수학 능력에 상관없이 각자 나름대로 수업에 동참할 수 있을 거라고 생각했기 때문이다.

그렇게 몇 주간 활용해본 뒤, 참여했던 선생님들에게 어땠는지 물어보았다. 그 선생님들 말씀에 따르면, 이틀에 한 번꼴로 아침에 휴대용 학습기를 사용하게 했다. 그날그날 활동하는 내용에 따라 20분에서 40분정도. 그런 아침이면 학생들은 아주 조용히 30분 정도의 활동에도 주의를 흩뜨리지 않고 집중했다고 한다! 겨우 초등 1학년인데 말이다. 학생들은 이 활동을 아주 좋아했으며 아침에 기기를 나눠줄 때마다 참여도가 상당히 높았다는 게 선생님들의 전언이다. 기기 수업이 훌륭한 점 가운데하나는 개인적으로 학생들의 수업 내역을 되짚어볼 수 있다는 것이다. 그렇게 되면 선생님들은 학생들이 어느 단계까지 진도가 나갔는지 알 수 있다. 요컨대 학생들의 학습 수준에 따라 그에 걸맞은 활동을 준비할 수 있다는 것이다. 수업을 하다 보면 잘 따라 하는 학생들이 있는가 하면 힘겨워하는 학생들도 있는 법. 이제 선생님들은 그런 아이들과도 효과적인 수업을 할 수 있게 된 것이다.

선생님 중 한 분이 재미있는 일화를 들려주었다. 어느 날 그 선생님이 아파서 대체 교사가 수업에 들어간 적이 있었단다. 당연히 대체 교사는 휴대용 학습 기기에 대해서 아는 바가 없었다. 아침 일찍 수업이 시작되자, 아이들이 먼저 대체 교사에게 그날은 휴대용 학습 기기로 수업하는 날이라고 말씀드렸다. 대체 교사는 그것에 대해 잘 모르니 그날은 그냥 넘어가자고 말했는데, 아이들이 자기들이 알아서 할 수 있다고 고집을 피우더라는 것. 결국 대체 교사가 어떻게 하는 것인지 묻자, 한 아이가 나와 교사 사물함에서 기기를 꺼내 반 아이들에게 나눠주었다. 그러고는 대체 교사에게 기기 켜는 법과 그것으로 어떻게 다양한 활동들을 찾아하는지 알려드리며 각각의 활동들이 어떤 내용인지 시연해 보이더라는 것이다.

그 과정을 거치며, 나는 더 큰 규모로 모바일 학습 기술을 시도해보고 일반 학교에서 그 잠재적 효과를 확인해보는 엄정한 평가를 해보는 게 좋겠다고 느꼈다. 미국에서 가장 큰 학군 중 하나인 곳에 연락해 모바일 학습 기술을 시연할 미팅을 잡았다. 그 자리에서 나는 그곳의 학군 임원들에게 모바일 학습 기기로 했던 경험들을 통해 내가 무엇을 깨달았는지 설명했다. 몇 달 뒤. 그들로부터 온 응답은 아주 간단했다. 주 정부의 표준 시험에 총력을 기울여야 하기 때문에 모바일 학습 기술을 시험해보거나 실행해볼 시간이나 자원이 없다는 것이었다.

학습 생태계 안에서 모바일 학습 기술을 실현하다

수능mass scale test, 미국 내 전국적 전역적 차원의 SAT과 같은 시험에 매달려 있는 대다수의 학교들을 설득하는 건 쉬운 일이 아니었다. 그 힘든 시간을 보내고 있는 내게 이번엔 멕시코의 한 대학 총장 사무실에서 이메일이 도착했다. 그들은, 한 정부 고등교육 인가 기관의 연례 회의에서 내가 했던 강연을 들었다고 밝혔다. 그리고 내게 그곳 대학에 와서 21세기 교육의 제도적 발전에 대해 강연해줄 수 있는지 물었다. 뭔가 좀 묘했다. 다른 이유가 아니라, 그 멕시코 대학이 바로 바하 캘리포니아의 주요 도시 중 하나에 위치하고 있었기 때문이다! 난 멕시코로 내려가서 그 대학의 이사진과 중진 교수들을 대상으로 강연을 했다. 그들에게 내가 전한 메시지는 아주 간단명료했다. 제도적인 차원에서 모두가 단합해 혁신하고

자 노력해야만 한다는 것이다. 그 자리에서 나는 '디지털 수업 포트폴리오'라는 개념을 소개했다. 그들이 향후 인가 감사에서 반드시 학생들의 디지털 학습 성과를 전거 항목으로 포함시키고 아울러 교수진의 디지털 문해 능력을 향상시킬 수 있는 촉매제로 제도적 전자 포트폴리오를 사용하는 계기를 만들고 싶었기 때문이다.

대학 내에서 몇몇 교수들과 함께 점심 식사를 하던 중, 나는 혹시나 바하 캘리포니아 지역의 이주 토착민 어린이들과 관련하여 어떤 조사 연구를 하는 분이 계신지 물어보았다. 그러자 바로 교수진 중 한 사람을 소개해주었다. 그가 이주 토착민 어린이들과 그들의 교육 문제에 대해 광범위한 조사 연구를 해오고 있다는 것이었다. 그 교수는 친절하게도 바하 캘리포니아의 토착민 자녀들에 대한 연구를 통해 얻게 된 자신의 생각을 나누어주었다. 심지어 그는 한 시골 마을과 전교생 중 거의 절반이 이주 토착민 자녀들인 도시 빈민가에 있는 학교에서 휴대용 학습 게임 기기를 시험해볼 연구 계획을 세우기까지 했다. 그 교수님과 함께 우리가 그 연구를 구체화시킬 때, 앞서 언급했던 비영리단체 대표는 너무나 고맙게도 휴대용 학습 기기에 담을 스페인어로 된 조기 문해 교육과 수학 교육 콘텐츠들을 준비해주었다. 늘 그렇듯이, 나는 60개의 휴대용 기기를 꾸려 여행용 가방에 넣고 그 학교들로 향했다. 모바일 기기와 관련된 프로젝트의 최대 장점은 아주 손쉽게 어디로든 가져가고 어디서든 곧바로 시작할 수 있다는 점이다.

6개월간 그 프로그램을 하고 나서, 멕시코 대학으로부터 학생들의 문해 성취 데이터를 받았다. 문해 능력을 향상시키는 데 있어서 휴대용 기기를 사용한 학생 집단이 이룬 성과를 보여주는 명백한 증거였다. 흥미로운 것은, 수업에 참여했던 시골 마을 학생들이 도시 빈민가 학교에서 참여했던 학생들보다 더 높은 성과를 보였다는 점이다. 그 이유는 추가 연구를 통해 밝혀졌다. 요컨대 도심의 빈민가 아이들은 그들 부모와 보내는 시간이 적었다. 부모 대부분이 몇 가지 일을 해야 하는 형편이거나 약물에 중독되어 있는 상황이었기 때문이다. 반면에 시골의 부모들은 더 많은 시간을 자녀들과 함께할 수 있다 보니 아이들 학교에서 무슨 일이 있었는지 알고 있었다. 이러한 사실을 알게 되자, 내겐 다음과 같은 생각이 떠올랐다. 누군가가 학교 환경에서 특정한 기술을 연구한다면, 그는 반드시 기술 자체를 넘어 그 이상의 것을 보아야만 한다는 생각. 즉 그 기술이 특정한 역할을 하는 전체 교육 생태계에 대해 연구해야 한다는 것이다.

아프리카

깊은 연민 : 르완다 여행에 동행할 기회가 생겼다. 그 여행에서 내 역할은 동료들을 도와 르완다의 한 대학에서 교수진 개발 워크숍을 진행하는 것이었다. 르완다에 가기 위해서 나는 일단 나이로비행 비행기를 탔다. 그곳에서 한국인 여성이 운영하는 한 시골 여관에 머물렀다. 처음엔 나이로비의 시골 여관을 운영하는 한국인 여성에게서 그렇게 많은 걸 알게 되리라고는 생각조차 못 했다. 내게 그곳은 그저 며칠간 머물 경유지였을 뿐이었다. 내가 그 시골집에서 알게 된 것은 또 다른 현실 세계였다. 주인장인 한국인 여성은 알고 보니 유전학자였다. 몇 년 전 한국의 한 대학에서 온 교수와 함께 케냐로 배치되었다고 한다. 그들의 임무는 극한의 조건에서도 높은 수확량이 가능하도록 유전자를 조작한 슈퍼 옥수수에 대

해 조사 연구를 하는 것이었다. 케냐에서 일하는 동안 그녀가 깨달은 바는 식량을 주는 것은 여러 가지 측면에서 너무나 제한적인 방식이라는 것이었다. 그렇게 해서는 빈곤 문제를 근본적으로 해결할 수 없다는 것이 그녀의 생각이었다. 많은 일과 경험을 통해 얻은 깨달음 끝에 그녀는 키베라라는 거대 빈민가 중 하나인 곳에 한국 식당을 열기로 마음먹는다. 그리고 가난한 슬럼가 출신 중에서도 가장 극빈한 이들과 장애를 가진 이들을 뽑았다. 그들에게 일자리를 주는 것이 음식을 주는 것보다 훨씬 나은 방식이라고 생각했기 때문이다. 그녀가 애석해하는 점은, 그 많은 자선단체가 슬럼가를 방문해 빵과 모기장을 나눠주는데 장기적으로 볼 때 그런 노력들은 어떠한 변화도 만들어내지 못한다는 사실이다. 누군가가 빈민가의 아이들에게 빵을 나눠주러 나타나면 수백 명의 아이들이 그 빵 한 조각을 얻기 위해 잽싸게 달려들겠지만, 빵이 동나면 더 많은 아이가 울게 될 것이다. 더 일찍 그곳에 도착하지 못한 자신들의 불운을 탓하며. 결국 그런 식의 일시적 행사는 굶주린 많은 아이에겐 그저 고문일 뿐이라고 그녀는 말한다. 사실, 빈민가 혹은 가난한 지역 한가운데서 식료품이나 맛난 것들을 나눠주는 행위는 아주 위험할 수도 있다. 순진한 방문객들이 종종 위험천만한 사고를 당하기도 하는데, 바로 그들이 과자나 사탕 봉지를 열었을 때 그런 일이 발생한다. 과자 한 조각, 사탕한 알에 구름 떼처럼 몰려든 그 많은 아이로 인해 때로는 나눠주던 당사자가 생명을 잃을 수도 있고 몰려들고 넘어서는 아이들에 치여 다른 아이가 압사당하는 경우도 있다. 앞서 말한 한국 숙녀분은 공짜로 나눠주는 선행이 결국 별 성과 없이 끝나거나 혹은 아주 위험하고 호된 경험으로 끝나버릴 수 있음을 너무나 잘 알고 있었다. 해결책을 모색하는 과정에서 그녀는 시골 지역들을 여행했다고 한다. 무엇이 현지 창업가들을 키워내는 데 가장 좋은 방법인지 이해하기 위해서였다. 그녀는 사람들에게 비교적 무른 돌을 깎아 색칠을 하는 법을 가르쳤다. 그렇게 만든 기념품을 자신의 시골집에서 여행객들에게 팔 수 있으리라 생각했기 때문이다. 내게는 그녀야말로 가난한 이들을 사랑하고 돕는 최고의 창업가였다. 고작 열두 개의 방뿐인 그녀의 시골집엔 사실 50명이나 되는 종업원이 필요 없었다. 그럼에도 불구하고 그녀는 여전히 키베라 빈민가 출신의 사람들을 고용하고 있다. 그들이 하는 일은 마당을 쓸고 여행객들의 옷을 빨고, 한국 음식을 만들고, 야경 근무를 서는 것이다. 그들에게 일자리를 주는 것이야말로 그녀가 가장 열정을 쏟아붓는 일이었다.

정신 번쩍 들게 하는 현실 : 르완다 여행을 준비하는 동안, 나는 1994년 그곳에서 일어났던 끔찍한 대학살을 묘사한 책과 영화들을 읽고 관람했다. 80만 명에 이르는 사람들 대부분이 사탕수수를 베던 칼로 난도질을 당하고 죽임을 당했다.

대학살 기념관을 방문해보니 그곳엔 희생된 사람들 특히 희생된 아이들의 뼈들이 전시되어 있었다. 보는 내내 울음을 멈출 수가 없었다. 첩첩이 쌓인 뼈 더미들 중에는 죽임을 당할 당시 입었던 옷들을 그대로 걸치고 있는 것들도 있었다. 이 세상은 어떻게 이토록 참혹한 일이 발생하도록 그대로 놔뒀던 걸까?

몇 군데 시골 마을에 머물면서 나는 그곳 아이들과 함께 소규모 워크숍을 진행했다. 학교니 교사니 책이랄 것도 없는 그곳은 전기도 들어오지 않는 시골 마을들이었다. 멕시코의 아이들이 그랬듯이 르완다의 아이들 역시 스스로 모바일 기기를 갖고 노는 법을 알아냈다. 작동이 아주 간단했기 때문에 아이들은 게임하는 법도 알아냈다. 르완다 시골 마을 아이들이 보여준 모든 반응은 바하 캘리포니아 아이들과 아주 유사했다. 누구도 가르쳐주지 않았고 전기도 없었지만 아무 문제가 없었다. 단순함이야말로 진정한 혁신이다. 혁신을 가능하게 하고 아울러 그것을 지속 가능하게 만드는 것은 바로 단순함이다.

상황이 더 열악했던 부룬디 : 미국인 목사님 한 분이 우리 여행 팀과 동행했었다. 그분은 부룬디에서 만난 엄청난 숫자의 배고픈 아이들 때문에 아주 힘들어했다. 한 아이가 그분에게 다가와 음식을 구걸하자, 뿌리치질 못해 뭔가를 주었고 어쩌다 보니 미국 돈 1달러까지 아이에게 주고 만 것이다. 그게 소년에게 어떤 결과를 가져올지 모른 채. 이 어린아이가 한 서양인에게 돈을 받자마자 10여 명의 아이들이 그에게 몰려들었다. 그들은 아이를 끌고 숲으로 데리고 들어가 훨씬 두들겨 팬 뒤 돈을 빼앗아 갔다. 이 상황을 지켜본 그 목사님은 몹시 충격을 받았고 슬픔을 느꼈다.

새로운 국면이 펼쳐진 나의 대장정

모바일 기술과 관련된 나의 경험들 중 일부를 신문이나 컨퍼런스 등을 통해 발표하기 시작했을 때, 스탠퍼드의 동료들이 나를 초대했다. 국립과학재단NSF이 기금을 대는 '포미POMI, Programmable Open Mobile Internet : 프로그래밍이 가능한 오픈 모바일 인터넷'라고 하는 연구 조사 프로젝트를 진행 중인데 같이 해보면 도움이 될 것 같다는 것이었다. 덕분에 대학원생들과 함께 나는 국립과학재단으로부터 기금을 받아 다양한 모바일 학습 모델과 응용 프로그램들을 고안하고 실험할 수 있었다. 초기 모바일 학습안들은 참여자들이 콘텐츠를 훑어본다거나 게임을 해보며 문해 능력과 계산 능력을 키우도록 하는 데 초점이 맞춰져 있었다. 그와 달리, 새롭게 실험한 다양한 모바일 학습안들은 참여자들이 함께 실험하고 함께 질문들을 만들어낸다는 것이 그 특징이다. 그러한 시도들이 훗날 '스마일 SMILE, Stanford Mobile Inquiry-based Learning Environment : 질문을 토대로 한 스탠퍼드 모바일 학습 환경'과 '로즈 ROSE, Remotely Operated Science Experiment : 원격조종 과학 실험'로 발전하게 된다.

'시즈 오브 임파워먼트'의 탄생 : 컨퍼런스에서 강연을 할 때마다, 내가 하고 있는 일들을 돕고자 하는 열정 넘치는 자원봉사자들을 만나게 된다. 곧 내 주위엔 가난한 아이들의 교육에 변화를 만드는 데 나와 같은 열정을 지닌 많은 자원봉사자가 몰려들었다. 그들 중에 네하 탈레자 Neha Taleja 와 발라비 파리크 Vallabhi Parikh 가 있었다. 나의 절친이 된 그들은 모바일 학습 프로젝트를 인도에서 추진하는 매니저가 되었다. 그들은 나에게 인도의 대학, 비영리단체, 정부 기관, 사기업 그리고 대표적인 사회 혁신 전문가들을 소개해주었다. 새로운 파트너가 된 그들 중 많은 이들이 내가 하는 작업에 실질적으로 상당한 기여를 했다. 자원봉사자들과 수많은 파트너들의 도움에 힘입어 우리는 마침내 뭄바이와 델리, 방갈로르의 빈민가 그리고 구자라트와 비하르의 시골 마을을 방문하게 되었다.

　라지코트 Rajkot 라고 불리는 시골 마을에서, 우리는 아이들과 함께 교실에서 지냈다. 그곳에서 우리는 같이 먹고 같이 자면서 모바일 학습 기기로 같이 공부했다. 이곳저곳을 옮겨 다니면서 우리는 카스트제도의 하층민 아이들에 대해 알게 되었다. 다양한 곳에서 '달리트Dalit'라 불리는 그들 불가촉천민 꼬마들은 아주 빠르게 우리들의 친구가 되었다. 그 꼬마들 중에는 거리에서 구걸을 하거나 서커스단에서 공연을 하는 아이들도 있고 그냥 공사장 옆에서 사는 아이들도 있다. 자기 나이가 몇 살인지, 어떻게 읽는지 모를 수도 있지만, 그 아이들은 모바일 기기에 탑재한 수학 게임 문제를 푸는 데는 아주 탁월했다. 사실상, 이 아이들은 지금까지의 어떤 참여자들보다 가장 우수한 학생들이었다. 그들은 특히 돈에 대한 감각이 남달랐다. 거리에서 구걸하던 경험 덕분이다. 그들에겐 다만 그들의 재능이나 지식을 입증할 기회가 없었을 뿐이다. 이 세상에서 우리가 얼마나 많은 재능을 낭비하고 있는지 깨달았다.

비하르에서, 오지 마을 사람들을 만났을 때 문제가 생겼다. 그 마을의 지도자가 우리에게 요청한 것은 자신들의 아이들에게 그저 농사짓는 법이나 가르쳐달라는 것이었다. 그들 가운데서도 비행기 조종사, 판사, 교수, 의사, 기술자를 키워낼 수도 있을 거라는 나의 말에 그들은 고개를 내저었다. 우리가 시골 마을 아이들과 함께 워크숍을 하고 있을 때 한 아이의 아버지는 우리에게 당장 마을을 떠나달라고 말했다. 그는 우리들이 아이들을 교육해서 건방지게 만들고 있다고 생각했다. 그들이 원하는 것은 자녀들이 농부가 되어 마을에 남는 것이었다. 그것은 도저히 이해할 수 없는 경험이었다.

나는 가르치는 데 있어서 팀 형성의 방식에 따른 차이가 무엇인지 다양하게 실험해보았다. 한 아이당 한 대의 기기 그룹. 세 아이당 한 대의 기기 그룹. 일곱 아이당 한 대의 기기 그룹. 결론적으로 말하자면, 그 가운데 세 아이당 한 대의 기기로 수업했을 때가 다른 두 방식보다 더 성과가 좋았다. 일곱 명당 한 대의 기기 수업은 좀 정신이 없었다. 하지만 한 명당 한 대 그룹보다는 나았다. 한 명당 한 대 그룹은 뭘 해야 할지 스스로 깨치는 데도 시간이 오래 걸렸고 문제를 푸는 데도 진도가 느렸다. 그 실험을 통해 알게 된 것은 팀의 구성 변수가 모바일 기술을 활용한 학습 성과에 중요한 영향을 미친다는 것이다. 우리가 반드시 개발해야 할 것은 학생들이 팀 속에서 탐구하고 게임 형식 속에서 배우도록 하는 학습안들이다. 그렇게 함으로써 학생들이 적극적으로 수업에 참여해 더 효과적으로 배우고 더 나은 성과를 거두게 할 수 있기 때문이다. 우리가 모바일 학습안에서 만들어내야 하는 것은 학생들이 좀 더 높은 수준으로 배울 수 있는 계기들이다. '배움'은 교사가 보여주고 전달해준다고 해서 이루어지는 것이 아니다.

코스타리카 : 크리스토 레이Cristo Rey 라고 하는 곳은 아주 위험한 지역이다. 마약 유통의 요지이기 때문이다. 내가 그곳에 도착하기 2주 전에는 마약 판매 조직과 관련된 사고로 인해 두 사람이 죽었다. 비영리단체가 운영하는 교육 센터로 아이들이 공부하기 위해 찾아왔다. 나는 두 학생에게 한 대의 모바일 기기를 주고 이를 이용해 이야기를 만들어보는 응용 프로그램을 실험해보았다. 아이들은 혼자보다 친구들과 함께 학습 기기를 쓸 때 훨씬 학습 효과가 좋다는 것을 다시 한 번 확인했다. 대부분의 협동 활동을 할 때는 한 학생당 한 기기 방침이 필요 없다. 사실 우리는 팀을 이뤄 협동하도록 이끄는 학습 활동을 좀 더 많이 개발해야 한다.

엘살바도르 : 선이 뽑힌 컴퓨터들. 디지털 학습 생태계를 위해서는 하드웨어

와 소프트웨어는 물론 교육학까지 하나의 응집된 완전체로 통합되어야만 한다. 협력 대학의 도움으로 그곳 시골 마을의 학교를 방문할 기회가 있었다. 각 교실에는 정부가 보내준 컴퓨터가 있었는데 하나같이 플러그가 뽑혀 있었다. 어쩌다 그리되었는지 교장 선생님과 선생님들께 물어보았다. 그들의 대답인즉, 그곳 마을에 컴퓨터를 고칠 줄 아는 사람도 없는데 혹시나 아이들이 쓰다가 고장이라도 낼까 봐 두려웠다는 것이다. 게다가 선생님들 가운데는 이메일 주소라는 걸 가져본 사람도, 인터넷 검색 엔진을 써본 사람도 없었다. 인터넷 카페는 있었다. 하지만 그들로서는 굳이 돈 들여 컴퓨터나 인터넷을 배워야 할 동기가 없었다. 상황이 그렇다 보니 컴퓨터는 선이 뽑혀져 있고 아이들도 만져볼 생각조차 안 한다는 게 그리 놀랄 일도 아니다.

팔레스타인 : 분쟁 지역 아이들의 실행 기능 executive function: 환경에 맞춰 사고와 행동을 적절하게 조절할 수 있는 상위 인지능력 역량과 분쟁 상황이 외상 후 스트레스 장애 PTSD 아동들에 미친 영향 측정하기. 스탠퍼드 박사 과정 학생들과 나는 이스라엘과 팔레스타인의 여러 공동체를 돌아다니며 모바일 학습 기기를 활용한 수업에 대해 조사 연구를 수행했다. 분쟁에 노출된 학생들이 얼마나 그들의 실행 기능 역량을 수행하는지 알고 싶었기 때문이다. 우리가 발견한 것은 폭력에 노출된 정도와 실행 기능 수준의 상관관계였다. 폭력적 상황에 심하게 노출된 학생들의 경우 실행 기능이 낮게 나타났다. 이러한 문제는 학업 성적만으로는 제대로 파악하기 어렵다. 하지만 실행 기능의 정도를 평가해보면 분쟁 지역에 만연한 문제가 드러난다.

도미니카 공화국 : 시각 장애 학생들을 위한 프로그램. 그곳에서 나는 시각 장애 학생들이 다니는 학교를 방문할 기회를 얻었다. 그 학교에서의 경험을 통해 나는 전 세계 시각 장애 아동들을 위한 모바일 학습 게임과 평가를 개발해보고자 하는 구상을 마음에 품게 되었다.

르완다 : 대담한 정보 통신 기술 구상. 르완다의 정보 통신 기술 장관이 나를 대통령 관저로 초대했다. 르완다 정보 통신 기술의 성장을 위한 기반을 구축하기 위해 어떤 미래 전략을 세워야 할지 논의해보기 위해서였다. 그때 내가 제안했던 것은 대학 재학생들 가운데 학생들을 고용하여 수익을 창출하는 학생들에게 경제적 지원을 하게 되면 그 모델이 자연스럽게 지속되리라는 것이었다. 또한 나는 그들에게 소프트웨어 개발 및 휴대전화 부품 조립과 관련된 회사 등 더 많은 통신 관련 회사들을 유치할 것을 권장했다. 그렇게 하면, 앞으로 10년 뒤 르완다는 아프리카에서 대표적인 소프트웨어 개발국 중 하나가 될 수 있다고, 그곳 정보 통신 기술부에서 주관한 심포지엄에서 연설했다.

페루 : 글로벌 리더/글로벌 영향. 남미의 대학 총장들에게 연설을 해달라는 요청을 받았다. 그 행사를 주관한 곳은 대학 순위에서 상위권에 속하는 대학이었다. 내가 전달하고자 했던 요지는 짧고 분명했다. 글로벌 리더라고 주장하는 대학이라면 반드시 그들이 진실을 추구하는 사람들의 통합된 단체로서 전 세계에 영향을 미치고 있다는 증거를 제시할 수 있어야 한다는 것이었다. 왜 우리는 대학 캠퍼스를 꼭 대도시에다 둬야만 하는가? 부룬디의 시골 마을이나 인도의 불가촉천민들이 모여 사는 곳에 캠퍼스를 두면 안 될 이유라도 있나?

인도 : **플러그 컴퓨터** plug computer : 컴퓨터 주변기기, 가정이나 사무실 환경에 적합하도록 구성된 콤팩트 컴퓨터. 그곳에서 시골 마을 아이들과 함께 인력거 건전지를 시험 삼아 활용해본 적이 있었다. 스마일SMILE의 전력 자원으로서의 가능성을 타진해보기 위해서였다. 그 전까지 전력 자원을 모색하기 위해 나는 핸드 크랭크, 태양열판, 풍력, 자전거를 시도해봤다. 실험실에서 볼 때는 혁신적인 것처럼 보였던 그것들은 실제 현장에서는 그렇지가 않았다. 나는 이제 일상 속에 있는 것들을 찾아 거기서 출발해야 했다. 인도에서는 시골에서조차 엄청나게 많은 인력거와 오토바이가 다니고 있다는 걸 깨달았다. 거기에 쓰이는 건전지는 디자인 방식의 특수성 때문에, 방전 가능성이 있어 상대적으로 전력이 낮다. 하지만 높은 전류량으로 엔진의 시동을 거는 데는 문제가 없다. 오토바이 건전지의 특성 때문에 우리는 전기가 없는 마을에서도 모바일 학습 워크숍을 진행할 수 있었다. 워크숍이 끝나면 그 건전지를 다시 오토바이에 달고 충전했다. 훗날 스마일 플러그SMILE Plug로 재탄생된, 건전지로 전력을 공급하는 모바일 학습 서버의 가능성에 대해 생각하기 시작한 것도 바로 이러한 경험 때문이다. 앞을 못 보는 아이들이 교육받는 공동체를 찾아갔을 때, 나는 그 아이들을 위해 고안된 모바일 학습 게임들을 실험해볼 수 있었다. 아이들은 게임의 재미를 알아갔다. 그뿐 아니라 그 게임에서 요구되는 다양한 수준의 난제들을 완결해내기도 했다. 나는 너무 고무되어 앞으로 신체장애를 지닌 학생들을 위한 미래 모바일 교육과 평가 프로그램을 개발하리라 생각했다. 하지만 이런 나의 꿈은 능력 부족으로 실현시키지 못했다.

아르헨티나 : 미시오네Missione 지방에서 비영리단체가 운영하는 교육 센터와

시골 마을 학교를 방문했다. 학생 개개인에 따른 맞춤형 학습, 사전 사후 검토, 언제 어디서든 가능한 교육. 이것이 모바일 학습이 기존의 학습 모델들과 차별화된 특성이다. 더욱 중요한 점은 세계 대부분의 교실에서는 엄격한 교수주의 모델하에서 교사는 설명하고 학습자는 외우는 교육이 이뤄지고 있다는 사실이다. 21세기 교실에서는 이러한 모델이 더 이상 효과적이지 않다. 이제 교사는 더 이상 유일한 지식과 정보의 원천이 아니기 때문이다. 학생들은 필요한 정보나 지식이 있으면 인터넷으로 직접 찾아볼 수 있다. 학생들에게 필요한 것은 강의가 아니라 지도guidance이다. 우리는 학생들이 탐구하고, 질문을 만들고, 정보를 검증하고, 자신들의 이성적 판단을 발표할 엄청난 기회들을 빼앗고 있다. 교사들이 그 모든 진짜배기 학습을 다 해버리면 학생들로선 수준 높은 학습 기회를 가져볼 여지가 없는 것이다. 이것이 지금까지 변함없이 전 세계 많은 교실에 만연한 교수주의이다. 모바일 기술을 활용하면 효과적으로 효율적으로 팀 상호작용, 다매체 창작, 또래 활동 평가, 디지털 가상 실재 조직, 학습 내용의 기록과 나눔과 같은 학습 활동을 촉진시킬 수 있다. 그런 가능성을 외면한 지금의 교육 현실은 엄청난 기회들을 낭비하고 있는 것이다.

우루과이 : 가장 중요하게는, 교육학 모델이라면 명확해야만 한다는 것이다. 모바일 학습은 개별형 맞춤 교육, 사전 사후 검토, 언제 어디서나 가능한 모델이다. 팀 상호작용이나 다매체 창작과 발표 도구로서도 활용할 수 있다. 하지만 오엘피시OLPC, The One Laptop per Child : 매사추세츠 공과대학 미디어 연구소의 교수진이 세운 비영리단체이자 아이들에게 컴퓨터를 보급하려는 프로젝트가 보급한 45만 대가 넘는 노트북 컴퓨터 가운데 고작 25퍼센트만이 사용되고 있었다. 그렇다면

나머지 75퍼센트의 노트북은 어떻게 된 건지 의아했다. 오엘피시 프로젝트는 엄청난 잠재력을 가지고 있지만, 거기엔 분명한 교육학 모델이 없는 게 아닌가 하는 의구심이 들었다. 콘텐츠의 중요성이 부각되고 있다. 현지의 상황에 응용 가능하고 맥락에 적절하게 활용 가능한 콘텐츠가 중요하다. 그러나 콘텐츠를 확보한 기술만으로는 부족하다. 다시 한 번 강조하지만 분명한 교육학 모델 속에 내장된 콘텐츠-기술이어야 한다. 또한 누군가 교육 기술 프로젝트를 지속시키는 데 관심이 있는 사람이라면 그보다 더 중요하게 여겨야 할 것이 있다. 바로 프로젝트와 관련된 이해당사자들이 어떤 가치관을 가지고 있는지를 이해하는 것이 매우 중요하다는 사실이다.

스마일 플러그의 탄생 : 마벨사 Marvell Inc. 오엘피시의 제조사가 스마일 서버와 연결할 모바일 무선 서버, 무선 라우터, 모든 걸 박스 하나에 넣을 수 있는 저장고 storage all in one box 를 디자인했다. 앞으로 그들이 어떤 계획을 갖고 있는지 장기적으로 얼마나 이 일에 전념할지 나는 잘 모른다. 하지만 교육에 미치는 영향을 고려할 때 마벨의 이러한 디자인들은 대단히 고무적인 장치인 것만은 분명하다.

탄자니아 2012~2013년 : 시골 마을 학교의 자원 등을 고려해볼 때 탄자니아의 상황은 누가 봐도 르완다보다는 낫고 부룬디보다는 훨씬 나은 형편이었다. 스마일 SMILE을 실행하기 위해 탄자니아를 처음으로 방문했을 때의 일이다. 처음에 학생들이 만들어낸 질문들은 단순한 암기 회상 차원의 것들이었다. 예를 들면, 탄자니아의 수도는 어디인가? 등이었다. 몇 가지 문제점이 보였다. 교사들은 학문적으로 제대로 훈련되어 있지 않았을 뿐만 아니라 교육학 연수도 받은 적이 없었다. 전기는 불안정하고, 학생들은 교과서도 갖고 있지 않았다. 듣고 암기하기에 국한된 수업 중 학생들이 보인 학습 태도는 극도로 수동적이었다.

연이어 몇 번 더 방문하면서 우리가 깨달은 것은 학생들이 스마일 수업에서 더 나은 질문들을 만들어내고 있다는 점이었다. 그들은 몇 가지 주제를 섞어 질문을 만들기 시작했으며, 그 질문들의 심도도 훨씬 깊어져갔다. '탄자니아의 수도는 어디인가?'와 같은 단순 암기 회상 차원의 초기 질문에서 '왜 탄자니아의 수도가 도도마인가?'와 같은 비판적 사고를 불러일으키는 질문으로 전환되었다. 또 하나 우리가 깨달은 것이 있었다. 대부분의 경우 스마일 세션의 원활한 진행을 촉진시키는 데 교사들이 더 이상 효과적이지 못하다는 사실이었다. 교사들은 학생들이 만들어내는 질문에 대한 답을 알고 있지 못했을뿐더러 고차원 질문들로 분류되는 것들을 둘러싼 논의를 촉진시키는 방법도 몰랐다. 한 문제를 해결하면 새로운 문제가 생겼다. 즉 학생들을 더 똑똑하게 만들긴 했는데, 그러다 보니 학생들이 교사보다 더 똑똑해지는 상황이 벌어진 것이다. 아무래도 내가 상황을 해결해보겠다고 한 것이 그만 문제를 더 복잡하게 만든 것 같았다.

나는 스마일 프로젝트를 지속시키는 데 평화 봉사 단원들과 현지 비영리단체들과의 협력이 얼마나 중요한지 절감했다. 덕분에 우리는 추가된 세 곳의 학교에서도 스마일을 진행할 수 있었다. 그러나 몇 안 되는 숙련된 교사들이 여러 학교를 돌아가며 수업을 진행해야 하고 평화 봉사 단원들이 본국으로 돌아가게 되는 상황이 생기면 프로젝트를 지속시키기가 대단히 어려워진다.

태국 2012년 12월 : 타마카야Thamakaya 불교 단체와 손을 잡고 네 군데 학교에서 스마일 수업을 진행했다. 불교 학교 한 곳. 초등학교 한 곳. 고등학교한 곳. 사범대학 한 곳. 그때 알게 된 건, 스님들은 어떤 보상도 요구하지않는다는 점이었다. 그들은 진지하게 스마일을 배워서, 그들 스스로 3천여 명이 넘는 학생들을 훈련시켰다. 그들은 스마일을 실행하고 향상시키는 데 정말 어떤 보상도 바라지 않았다. 그들은 디지털 기술을 활용하여학생들을 교육하는 데 열정적인 듯 보였다. 태국 정부는 이미 학생 한 명당 한 대의 태블릿을 배치했다. 스마일은 적시에 도입되어 오엘피시 프로젝트를 강화했다. 한 가지 흥미로운 점은, 정부가 교사들에겐 오엘피시를보급하지 않았다는 사실이다. 그들을 프로젝트에서 배제한 것이다.

그 스님들은 향후 6개월간 5천 명을 훈련시킬 계획이다. 놀라울 뿐이다. 질문을 토대로 한 학습이라는 개념이 좋은 평가를 받았던 덕분이다. 상황에 맞춰 즉흥적으로 진행되는 스마일 수업의 특성을 고려할 때, 그분들은 대단히 창의적인 이들이다.

2. 스마일SMILE 프로그램

부록2는 폴 김 교수가 발명한 SMILE 프로그램에 관한 간략한 설명으로, 스탠퍼드 대학 비즈니스 스쿨에서 운영하는 사회혁신리뷰 저널에 게재되었던 글을 요약한 글이다.

스마일, 즉 질문을 토대로 한 스탠퍼드 모바일 학습 환경은 세계 곳곳에서 수천 명의 아이들이 더 나은 질문 능력을 키우는 데 활용되고 있다. 이 프로그램을 통해 어린 1학년생에서 어른들에 이르는 학생들은 질문을 창조하고 발표하고 교환하고 대답하고 평가하고 나아가 그들 스스로 혹은 그들의 또래 친구들이 만들어낸 질문에 대해 성찰할 기회를 갖는다. 이러한 기회는 그대로 교사들에게도 주어진다. 프로그램을 진행하면서 교사들은 다루는 주제와 관련된 활동 등을 과제로 내줄 수 있고, 학생들은 질문을 창조할 수 있다. 그 질문에 대해 다른 친구들은 등급을 매기거나 피드백을 줄 수 있다. 교사는 학생들이 내놓는 질문과 대답들을 관찰할 수 있다. 질문 작업에선 학생들이 올린 사진들을 활용해보는 것도 좋다. 때로는 그에 대한 답이 정해져 있지 않은 경우도 있을 테고, 복수의 답일 때도 있을 것이다.

이 프로그램은 단순한 웹브라우저만 있다면 어떤 기기로도 활용할 수 있다. 인터넷이 연결된 곳이라면 어디서나 스마일 클라우드SMILE Cloud를 통해서 가능하다. 만일 전력 공급이나 인터넷 연결이 불안정한 시골 지역이라면 스마일 플러그SMILE Plug를 통해서 활용 가능하다. 참고로 스마일 플러그는 라즈베리 파이를 토대로 한 손바닥 사이즈의 서버로 건전지 하나로도 작동이 된다. 지금까지 스마일은 25개국 이상 70만 명의 교육자와 학생들에게 영향을 미쳤다.

평가 결과에 따르면, 스마일은 학생들의 비판적 사고 역량을 키우는데 특히 효과적이다. 프로그램에 참여하면 할수록 학생들은 좀 더 상위 차원의 질문들을 할 수 있게 된다. 예를 들어, 가나의 경우를 보자. 다섯 군데 시범학교에서 2년에 걸쳐 스마일 프로그램이 진행되었고, 그에 대한 평가 작업도 지속적으로 행해졌다. 교실에서 스마일을 활용한 지 3개월 만에 행해진 초기 평가에서는 학생들의 비판적 사고 역량에 통계적으로 이렇다 할 유의미한 개선 결과가 보이지 않았다. 그러나 1년 뒤. 학생들은 유의미한 향상 결과를 보였다. 특히 매일매일 스마일 프로그램을 진행하는 데 별다른 저항감을 느끼지 않는 교사들이 있는 경우 효과가 높았다. 1년간 학생들이 만들어내고 또래들이 평가한 질문들은 그 수가 3만 개를 넘는다. 그 과정에서 질문의 질적 수준은 점차 높아져갔다. '대통령 후보는 누구인가?'와 같이 알고 있는 것을 상기시키는 단순한 것에서 '대통령 후보들 가운데 다른 후보들과 차별화되는 후보는 누구인가? 그 이유는 무엇인가?'와 같이 비판적 사고를 요하는 좀 더 복잡한 질문으로 바뀌어간 것이다.

여기서 가장 중요한 교훈은, 비판적 사고 역량을 발전시키는 과정은 언어를 습득하는 과정과 그리 다르지 않다는 점이다. 즉 충분히 시간을 들이고 좋은 지도를 받아 폭넓게 경험해야 한다는 것. 스마일 프로그램을 소개하고 진행하면서 얻은 또 다른 중요한 교훈이 있다. 수행 과정과 관련된 구성 요소들 간의 관계가 총체적으로 얼마나 응집력 있게 이뤄졌는지에 따라 학습 성과가 각 학교마다 천차만별이었다는 점이다.

스마일 프로그램은 학교의 기존 커리큘럼 속에서 진행되고 있다. 그러다 보니 어떤 면에서 이 프로그램은 학교 계획표에 최소한도로 반영되어 있다. 그러나 그 영향력은 결코 만만치 않다. 스마일 프로그램이 지식 창고이자 질문자의 역할을 하는 동안 교사는 학생들과 함께 공동 탐구자 역할을 하게 함으로써, 가르치는 과정에 큰 전환을 가져오게 한다. 교실의 역학 변화는 스마일이 이뤄내는 혁신에서 중요한 부분이다. 유의미한 참여나 진정한 디지털 문해 능력보다 수동적인 학습 경험에 초점을 맞춘 대부분의 교육공학적 개입과 비교할 때 특히 그렇다. 물론 이러한 전환에 대한 저항도 분명히 존재해왔다.

종종 교사나 학생들에게 비판적 사고가 요구되는 질문들을 만들어내라고 하거나 그런 질문들에 대해 성찰해보라고 할 때, 그들은 처음엔 고개를 돌린다. 교사들은 지금까지 해왔던 강의식 수업에 좀 더 편안함을 느끼기 때문이다. 학생들도 전통적으로 배치된 교실에서 수동적으로 지식을 전달받는 데 익숙하기 때문이다. 경우에 따라서 학생들은 스마일 플러그를 활용해 위키피디아를 검색하거나 학습 자료를 찾아보고 교사들이 대답할 수 없는 질문들을 만들어낼 것이다. 이 과정에서 교사들은 그들이 더 이상 교실에서 지식이나 정보 습득의 유일한 원천이 아니라는 사실에 대해 불편해할 수도 있다. 중요한 지식의 출처로서 교사가 갖는 권위 의식을 내려놓도록 그들을 훈련시키는 것은 가장 큰 도전 과제이다.

특히 주입식 교육이 일반적인 개발도상국의 경우엔 더더욱 그렇다. 교사들이 이러한 탈바꿈에 익숙해지도록 하기 위해서 스마일에서는 동료 평가 제도를 도입하고 있다. 아울러 정기적으로 각 학교를 방문하여 연수와 지도를 해주는 '스마일 마스터'를 지원하고 있다.

너무 뻔하게 들릴지도 모르지만, 실행하는 프로그램이 좋을수록 그 결과도 더 좋다. 그러나 종종 교육 프로젝트들 중에는 교사들에게 모든 걸 넘긴 채 감독 관리 없이 교사 혼자 이를 실행하고, 학생들의 학습 결과는 실행의 차이가 결과에 미치는 영향을 간과한 채 측정되기도 한다. 스마일 프로그램의 경우엔, 다음과 같은 것에 초점을 맞추고 실행했을 때 좋은 결과가 나왔다. 교사가 상위의 비전을 갖도록 그 계기를 마련할 것. 교실의 모든 구성 요소가 제대로 통합되도록 할 것. 프로그램 실행 빈도를 높일 것. 스마일 프로그램은 실시간 학습 분석이나 데이터나 스마일 질문 등급제와 같은 데이터들을 활용해서 우수한 수행 교사들을 인식하도록 디자인되어 있기 때문에 좀 더 응집력 있는 실행이 가능하다. 사실 초기 데이터를 보면 스마일을 사용하고자 하는 교사들의 열의는 이 프로그램에 참여하고자 하는 학생들의 열의보다 학생들의 학습에 더 큰 영향을 미쳤다. 이러한 사실을 알게 되면 학교가 이 프로그램을 운용하는 데 필요한 교사 연수와 실행을 어떤 식으로 기획하고 지원해야 하는지 그 틀을 잡는 데 도움이 된다.

많은 난제에도 불구하고, 스마일과 같은 새로운 교육공학들은 교사들이 그들의 교실을 '직접 체험형 hands-on, 마음 집중형 minds-on' 학습 환경으로 전환시키는 데 도움이 될 수 있다. 하지만 전제가 있다. 그 교육공학들이 학생과 교사 모두가 동참하도록 디자인되어야만 한다는 것이다. 즉,

좀 더 깊이 있는 학습 성과가 확실하게 나타나게끔 충분한 시간을 할애하도록 디자인되어야 한다는 뜻이다. 그리고 교사들이 이 새로운 방식을 교실에 효과적으로 적용 통합시킬 수 있도록 그들을 대상으로 하는 적정 수준의 연수 프로그램을 시행해야 한다.

어떻게 하면 이러한 결과들을 더 많은 곳에서 이뤄낼 수 있을까? 이 질문은 글로벌 교육 공동체에게는 유용한 질문이다. 그리고 어쩌면 스마일 프로그램에서 상위 등급을 받을 수 있는 좋은 질문이기도 하다.

교육의 미래, 티칭이 아니라 코칭이다

초판 1쇄 발행 2017년 4월 2일
개정판 1쇄 발행 2020년 1월 10일
       2쇄 발행 2020년 9월 1일

지은이 폴 킴 · 함돈균
펴낸이 오세인 ∣ 펴낸곳 세종서적(주)

주간 정소연 ∣ 편집 최정미 ∣ 디자인 Heeya
마케팅 임세현 ∣ 경영지원 홍성우
인쇄 천광인쇄

출판등록   1992년 3월 4일 제4-172호
주소   서울시 광진구 천호대로132길 15, 세종 SMS 빌딩 3층
전화   마케팅 (02)778-4179, 편집 (02)775-7011 ∣ 팩스 (02)776-4013
홈페이지   www.sejongbooks.co.kr ∣ 블로그 sejongbook.blog.me
페이스북   www.facebook.com/sejongbooks ∣ 원고모집 sejong.edit@gmail.com

ISBN 978-89-8407-779-9 03370

이 도서의 국립중앙도서관 출판시도서목록(CIP)은 서지정보유통지원시스템
홈페이지(http://seoji.nl.go.kr)와 국가자료공동목록시스템(http://www.nl.go.kr/kolisnet)에서
이용하실 수 있습니다.(CIP제어번호: CIP2019052344)